"十三五"高等职业院校经济与贸易类融岗式示范教材

国际贸易实务

主　编　刘安华　郑　敏
副主编　胡欣婷　高淑娟

中国财富出版社

图书在版编目（CIP）数据

国际贸易实务 / 刘安华，郑敏主编 . —北京：中国财富出版社，2017. 6

（“十三五”高等职业院校经济与贸易类融岗式示范教材）

ISBN 978 - 7 - 5047 - 6499 - 7

Ⅰ. ①国…　Ⅱ. ①刘…②郑…　Ⅲ. ①国际贸易—贸易实务—高等职业教育—教材
Ⅳ. ①F740. 4

中国版本图书馆 CIP 数据核字（2017）第 132342 号

策划编辑 寇俊玲　　**责任编辑** 李　丽

责任印制 梁　凡　　**责任校对** 孙丽丽　　**责任发行** 王新业

出版发行 中国财富出版社

社　　址 北京市丰台区南四环西路 188 号 5 区 20 楼　　**邮政编码** 100070

电　　话 010 - 52227588 转 2048/2028（发行部）　010 - 52227588 转 321（总编室）

010 - 68589540（读者服务部）　010 - 52227588 转 305（质检部）

网　　址 http://www. cfpress. com. cn

经　　销 新华书店

印　　刷 北京京都六环印刷厂

书　　号 ISBN 978 - 7 - 5047 - 6499 - 7/F · 2767

开　　本 787mm × 1092mm　1/16　　**版　　次** 2018 年 6 月第 1 版

印　　张 17　　**印　　次** 2018 年 6 月第 1 次印刷

字　　数 352 千字　　**定　　价** 46. 00 元

前 言

随着改革开放的扩大，中国经济与世界经济的联系日益紧密。在实现中国梦这个伟大的时代背景下，对外贸易内容日渐丰富，形式日趋多样。外贸企业对外贸人才的需求提出了更高的要求。

《教育部关于全面提高高等职业教育教学质量的若干意见》（教高〔2006〕16 号）指出：“课程建设与改革是提高教学质量的核心，也是教学改革的重点和难点”“改革教学方法和手段，融‘教、学、做’为一体，强化学生能力的培养”。《国家中长期教育改革和发展规划纲要（2010—2020 年）》指出：“以服务为宗旨，以就业为导向，推进教育教学改革。实行工学结合、校企合作、顶岗实习的人才培养模式”。为了贯彻教育部对高职教育文件精神及适应外贸行业新变化对人才需求的新要求，总结教学经验，我们邀请相关高职院校骨干教师共同编写了本教材，其编写特色如下：

全书按照“理实一体化混合式”教学模式进行整体设计，实现“四个融合”：理论和实践有机融合、课堂教学与资源库利用有机融合、纸质教材与数字化教学资源有机融合、自主学习与教学资源有机融合。打破传统教材建设模式，具有创新性。

（1）内容新颖，体系完整。以国际贸易主要业务流程为基础，采用模块化、任务驱动式教学方法，全书共分 9 个模块，吸纳了最新的国际贸易理论知识和技能。

（2）结构新颖，知识学习、技能训练及素质培养一体化。每个模块以案例导入的形式提出任务，引起学生兴趣之后，再进行知识介绍和相关的技能训练。另外，设有知识巩固练习和能力提升训练，帮助学生掌握知识与技能。

（3）定位突出“以就业为导向”的高职教育理念，将“以能力为本位，以学生为中心”贯穿始终。教材编写思路清晰、体例结构安排符合国际贸易实务规律，知识内容有序衔接，完全符合我国高职教育的“以应用为目的，以必需、够用为度”的原则要求。

（4）根据国际贸易实务专业的特点要求，在关键处配有英文的专业词语的学习，为学生职业能力的培养和发展提供了保障。

本教材由辽宁经济职业技术学院刘安华老师和郑敏老师担任主编，辽宁经济职业技术学院的胡欣婷老师、黑龙江生物科技职业学院高淑娟老师担任副主编。具体分工如下：模块三、模块四、模块五、模块六、模块七由刘安华老师编写，模块一、模块二由胡欣婷老师编写，模块八由郑敏老师编写，模块九由高淑娟老师编写，全书由刘安华老师统稿。

本书既可作为高等职业技术院校国际贸易实务、报关与国际货运、国际商务、国际经济与贸易等经济管理类相关专业的教材，也可供国际贸易活动的从业者、国际贸易自学者、商务英语入门学习者自学参考。

为方便教师教学和学生自学，本教材配有教学课件等配套资源，如有需要请与出版社联系。

在编写过程中，我们借鉴、吸收了同类教材以及相关网站的内容，在此一并表示感谢。由于编者水平所限，书中难免存在疏漏和不妥之处，敬请广大读者和专家批评指正。

编　者

2017 年 3 月

目　录

模块一　认识国际贸易

任务一　国际贸易及基本概念

学习目标

知识目标

1. 掌握国际贸易的含义与相关概念；
2. 掌握国际贸易的分类方法。

能力目标

1. 能够理解外贸新闻报道中的概念；
2. 能够运用相关概念表述贸易现象。

任务导入

美国福特汽车公司的汽车底盘和车身在法国生产，发动机在英国生产，轮胎和车用玻璃在荷兰生产，车锁、方向盘、油箱以及前车轮在德国生产，输油管在挪威生产，传送皮带在丹麦生产，散热器和供暖系统在奥地利生产，车轴和挡风玻璃在日本生产，迈速表在瑞士生产，一般汽车用玻璃和汽缸在意大利生产，空气滤清器、电池盒、后视镜在西班牙生产，汽车音响系统在加拿大生产，美国自己只生产后轮和雨刷，最后在英国的哈利伍德组装。

思考：

(1) 上述案例中的现象说明了国际贸易的什么问题？

(2) 在上述大环境下，中国外贸应如何应对？

一、国际贸易的基本概念

1. 国际贸易的概念

国际贸易是指世界各国（或地区）之间货物或商品（Goods）和服务（Services）的交换活动，是世界各国在国际分工的基础上进行互相联系的主要形式。由于国际贸易是一种世界性货物和服务的交换，是世界各国对外贸易的综合，因此，又称为世界贸易（World Trade）或全球贸易（Global Trade）。以一个国家（或地区）为主体对其他一些国家（或地区）进行货物和服务的交换活动则称为这个国家（或地区）的对外贸易。由于这种交换活动是由货物和服务的进口和出口两部分构成，所以对外贸易（Foreign Trade）又称为进出口贸易（Import and Export Trade）或输出入贸易。在一些海岛国家或地区，如英国、日本等，将对外贸易称为海外贸易（Overseas Trade）。

国际贸易与对外贸易同时是跨越国界进行商品交换活动，但两者的角度不同，国际贸易着眼于全球范围，而对外贸易仅着眼于某个国家（或地区）。例如，我国和美国的贸易，称为中国的对外贸易，而从整个国际范围来看，则称为国际贸易。

2. 贸易额（值）

贸易额（值）是以货物或金额表示的贸易的规模，多用通用货币（如美元）表示，可以分为国际贸易额和对外贸易额。

国际贸易额是指一定时期内世界上所有国家（地区）的进口总额或出口总额按同一种货币单位换算后相加所得的和，所以，又称其为世界进口总额或世界出口总额。对外贸易额是以金额表示的一国（地区）在一定时期内的对外贸易规模，由一国（地区）在一定时期内从国外进口的商品（货物和服务）总额加上该国（地区）同一时期向国外出口的商品总额构成。对外贸易额是站在一个国家的角度看待该国的对外贸易发展状况，又可以分为出口贸易额和进口贸易额。

3. 贸易差额

贸易差额是指一国（地区）在一定时期内进口额与出口额之间的差额。其反映了一国（地区）的进出口贸易收支状况。一国（地区）的进出口贸易收支是国际收支中的重要组成部分，是影响一个国家国际收支的重要因素。如果在一定时期内一国（地区）出口额大于进口额，我们称之为贸易顺差，也称贸易出超。反之，称为贸易逆差，也称贸易入超。

4. 贸易的商品结构

贸易的商品结构是指各类商品（一般分为初级产品和工业制成品）在贸易中所占

的比重，可以分为国际贸易的商品结构和对外贸易商品结构。

国际贸易商品结构是指一定时期内各大类商品或某种商品在整个国际贸易中的构成，即各大商品或某种商品贸易额与整个世界出口贸易额相比，以比重表示。它可以反映出整个世界的经济发展水平、产业结构状况和科技发展水平。

对外贸易商品结构是指一定时期内一国（地区）进出口贸易中各种商品的构成，即某大类或某种商品进出口贸易与整个进出口贸易额之比，以份额表示。它可以分为出口商品结构和进口商品结构，可以反映出一国（地区）的生产力水平、科技发展水平以及在国际贸易中的实力地位和贸易效应。

二、国际贸易的分类

1. 按交易内容分类

（1）货物贸易。货物贸易（Commodity Trade）是指物质商品的进出口，由于物质商品看得见、摸得到，因此货物贸易通常又称为有形贸易。货物贸易中的进出口都要办理海关手续，并表现在海关的统计上，是一国国际收支的主要构成部分。

（2）服务贸易。服务贸易（Service Trade）是指服务商品的进出口，是以提供劳动的形式满足消费者需要并获取报酬的一种国际劳动活动，又称为无形贸易。

服务贸易通常不办理海关手续，在海关贸易统计上不反映，但反映在该国国际收支平衡表中，是一国国际收支的重要组成部分。

（3）技术贸易。技术贸易（Technology Trade）是指技术供应方通过签订技术合同，将技术有偿转让给技术接收方使用。

2. 按商品移动方向分类

（1）出口贸易。出口贸易（Export Trade）又称为输出贸易，是指将本国生产或加工的商品输往国外市场销售。

（2）进口贸易。进口贸易（Import Trade）又称为输入贸易，是指一国（地区）从国外市场购进的外国商品在国内市场销售。

（3）过境贸易。过境贸易（Transit Trade）又称为通过贸易，是指某种商品从甲国经由乙国向丙国输送销售，对乙国来说，就是过境贸易。这种贸易对乙国来说既不是进口也不是出口，仅仅是商品过境而已。

3. 按生产国与消费国在贸易中的关系分类

（1）直接贸易。直接贸易（Direct Trade）是指商品生产国与商品消费国直接进行商品的买卖，没有第三国参与。其中生产国是直接出口，消费国是直接进口。

（2）间接贸易。间接贸易（Indirect Trade）是指商品生产国与商品消费国之间没有直接发生贸易关系，而是通过第三国买卖商品的行为。商品通过第三国销售到消费国，对生产国来说是间接出口，对消费国来说是间接进口。

（3）转口贸易。转口贸易（Entrepot Trade）又称为中转贸易，是间接贸易的主要表现形式，是指商品生产国与消费国因某种原因不能直接进行商品买卖，而需通过第三国进行商品的买卖活动，从第三国的角度来说是转口贸易。

4. 按货物运输方式分类

（1）海运贸易。海运贸易（Trade by Seaway）是指通过海上各种船舶运送货物的贸易行为。国际贸易大部分的货物是通过海上运输的，运输工具主要是各种船舶，而集装箱的出现具备了运输量大、运输成本低、装卸时间短等优势。

（2）陆运贸易。陆运贸易（Trade by Roadway）是指通过陆上各种交通工具运输商品的行为。陆地相连的国家间的贸易通常采用这种方式，运输工具主要有火车、高铁、货车等。陆路运输能方便地做到门对门的运输服务。

（3）空运贸易。空运贸易（Trade by Airway）是指通过航空器具运送货物的行为。贵重而体积小的货物、鲜活商品，以及要求在途时间短的商品，为了争取实效，往往采用此种方式。

（4）多式联运贸易。多式联运（Multimodal Transport）是指采用海、陆、空等多种运输方式相结合运送商品的行为。多式联运是为了适应全球范围内迅速扩大的国际贸易量，而大陆桥的出现则更有利于多式联运的推广和运输时间的缩短。

（5）邮购贸易。邮购贸易（Trade by Mail Order）是指通过邮政系统进行的贸易。数量不多的货物如样品等通常采用这种方式，其主要优点是服务周到、方便客户。

任务二　国际贸易的政策与措施

学习目标

知识目标

1. 掌握征收关税的方法；
2. 了解非关税壁垒措施；
3. 掌握对外贸易政策。

能力目标

1. 能够运用相关理论分析问题；
2. 能简单分析中国贸易政策。

任务导入

美日汽车贸易战

日本汽车占美国市场1/4的份额，而美国汽车仅占有日本市场1.5%的份额。在双方的汽车零部件贸易中，美国则有128亿美元的逆差。1993年7月，日本虽然同意谈判解决汽车市场的开放问题，但实际上拒绝与美国进入谈判程序。因此美国要求日本向世界汽车商开放市场，而且要求日本市场应该具有相应的透明度。1995年5月16日，美国政府单方面宣布，根据美国1974年贸易法301节、304节，将对来自日本的豪华轿车征收100%的关税。出于对美国单边报复制度的不满，1998年11月25日，欧盟根据WTO（世界贸易组织）规定起诉了美国，认为“301条款”与WTO的相应规定不符，造成了欧盟利益丧失或受损，也损害了关税与贸易总协定和世界组织的目标。

思考：

美国制定贸易政策的目的是什么？

相关知识

一、对外贸易政策的目的和构成

对外贸易政策是各国在一定时期内对进口和出口贸易所实行的政策，是各国政府为了某种目的而制定的、对外贸活动进行管理的方针和原则。包含的基本因素有：政策主体、客体、目标、内容及政策手段。

1. 对外贸易政策的目的

（1）保护国内市场。

（2）扩大本国产品的国外市场。

（3）优化产业结构。

（4）积累发展资金。

（5）维护和发展同其他国家和地区的政治经济关系及其他。

2. 对外贸易政策的构成

对外贸易政策一般由三个部分构成。

（1）对外贸易总政策。根据定位，制定较长时间内发展对外贸易的基本方针和原则。

（2）进出口商品政策。根据实情，制定进出口商品的生产、销售、采购等政策。

（3）国别或地区政策。这是根据对外贸易总政策及世界经济政治形势，分别制定适应特定国家（地区）的对外贸易政策。

对外贸易政策的选择必须考虑到国际政治经济环境的影响，同时促进生产力发展，鼓励先进知识、技术、管理方法引入；实现经济增长，优化结构，提升竞争力，提高经济福利；达到外部均衡，维持国际收支平衡。

二、国际贸易措施

1. 关税措施

关税措施又称为关税壁垒，通过征收各种高额的进口税，形成对外国商品进入本国市场的障碍，可以提高进口商品的成本从而削弱其竞争能力，起到保护国内产品和国内市场的作用。

（1）关税的含义。关税是主权国家或单独关税区海关对进出关境的货物或物品征收的流转税，它是一国政府从本国经济利益出发，依据本国的海关法和海关税则，由海关代表国家所征收的税赋。关税与其他国内税赋一样，具有强制性、无偿性和固定性。

（2）关税的种类

1）按征税商品的流动方向划分

①进口税：海关对进口货物和物品所征收的关税。进口税有正税与附加税之分。正税即按税则法定税率征收的关税；此外征收的即为附加税。我国加入 WTO 后，于 2002 年 1 月 1 日再次调整了进口税则税目税率，将总税目数增加到 7316 个，其中 5332 个税目的税率有不同程度的降低。进口税是关税中最重要的一种，在许多废除了出口税和过境税的国家，进口税是唯一的关税。

②出口税：海关对出口货物和物品所征收的关税。目前，世界上大多数国家都不征收出口税。我国在 2002 年出口税则中仅对一小部分关系到国计民生的重要出口商品征收出口税，一共有 36 个税目，其中对 23 个税目实行出口暂定税率，其余的不征税。

③过境税：对外国经过本国国境运往另一国的货物所征收的关税。目前，世界上大多数国家都不征收过境税，我国也不征收过境税。

2）按征税优惠程度划分

①普通关税。普通关税适用原产于国家或地区以外的国家或地区的进口货物，普遍存在的。

②最惠国待遇关税。最惠国待遇是指缔约国双方相互之间给予的不低于现在和将来所给予任何第三国在贸易上的优惠、豁免和特权，体现在关税上，即为最惠国待遇关税。最惠国待遇既存在于两个国家之间，也通过多边贸易协定在缔约方之间实施。

最惠国待遇关税是适用于 WTO 成员间及与该国签订有最惠国待遇条款的贸易协定的国家或地区所进口商品的关税。

最惠国税率比普通税率低，二者税率差幅往往很大。最惠国税率高于特惠关税税率。目前，150 多个国家加入了世界贸易组织，其他国家也大都签订了双边贸易条约，相互提供最惠国待遇，享受最惠国税率。因此最惠国税通常称为正常关税。

③普遍优惠制。又称普惠制，是发达国家给予发展中国家出口产品的一种普遍的、非歧视的、非互惠性的减免关税的优惠制度，是在最惠国税率基础上进一步减税或全部免税的优惠待遇。普惠制项下的出口产品关税比最惠国税率还要低 1/3 左右。

④特惠关税。又称优惠税，是对来自特定国家或地区的进口商品给予特定优惠的低关税或免税待遇。使用特惠税的目的是为了增进与受惠国之间的友好贸易往来。特惠税有的是互惠的，有的是非互惠的。目前，仍在起作用且最有影响力的是洛美协定国家之间的特惠税，它是欧盟向参加协定的非洲、加勒比海和太平洋地区的发展中国家单方面提供的特惠关税。

3）按关税的征收方法划分

①从量税。它是按照商品的重量、数量、容量、长度和面积等计量单位为标准计征的关税。

从量税税额计算的公式是：

从量税税额 = 货物计量单位数 × 从量税率

大多数国家是以商品的重量为单位来征收，只不过有的按商品的净重计征，有的按商品的毛重计征，有的按法定重量计征。按从量税征收关税的特点是：手续简单，不需审定货物的规格、品质、价格，便于计算；税负并不合理，同一税目的货物，不管质量好坏、价格高低，均按同一税率征税，税负相同；不能随价格变动做出调整，当国内物价上涨时，税额不能随之变动，使税收相对减少，保护作用削弱；物价回落时，税负又相对增高，不仅影响财政收入，而且影响关税的调控作用，难以普遍采用。

②从价税。它是按照进出口商品的价格为标准计征的关税。其税率表现为货物价格的百分率。从价税税额的计算公式是：

从价税税额 = 进口货物总值 × 从价税率

征收从价税的一个重要问题是确定进口商品的完税价格。所谓完税价格，是指经海关审定的作为征收关税依据的货物价格，一般以 CIF（成本加保险费加运费）价为准。

按从价税征收关税的特点是：税负合理，同类商品质高价高，税额也高；质次价低，税额也低；加工程度高的商品和奢侈品价高，税额较高，相应的保护作用较大；

物价上涨时，税款相应增加，财政收入和保护作用均不受影响；但在商品价格下跌或者别国蓄意对进口国进行低价倾销时，财政收入就会减少，保护作用也会明显减弱；各种商品均可使用；从价税率按百分数表示，便于与别国进行比较；完税价格不易掌握，征税手续复杂，大大增加了海关的工作负荷。

由于从量税和从价税都存在一定的缺点，因此关税的征收方法在从量税和从价税的基础上又产生了混合税。

③混合税。它是征税时同时使用从量、从价两种税率计征，以两种税额之和作为该种商品的关税税额。

④选择税。它是指对某种商品同时定有从量和从价两种税率，征税时一般由海关选择其中税额较高的一种税率征税。在物价上涨时使用从价税，物价下跌时使用从量税。

2. 非关税措施

非关税措施（Non－tariff Measures，NTMs），又称非关税壁垒，指关税以外的一切限制进口的各种措施。包括数量限制措施和其他对贸易造成障碍的非关税措施。数量限制措施表现为配额、进口许可证、自动出口限制和数量性外汇管制等；其他非关税措施包括技术性贸易壁垒、动植物检验检疫措施、海关估价、原产地规则，以及当地含量要求、贸易平衡要求、国内销售要求等投资管理措施等。

（1）进口配额制（Import Quotas），是一国政府在一定时期内，对于某些商品的进口数量或金额加以直接限制，在规定时间内，超过配额的商品不许进口，或者需被征收较高的关税或罚款才能进口。进口配额有绝对配额与关税配额两种。

①绝对配额是指一定时期内，对某些商品的进口数量或金额规定一个最高额数，达到这个额数后，便不准进口。

②关税配额是指对商品的绝对数额不加限制，而对在一定时期内，在规定配额以内的进口商品，给予低税、减税或免税的待遇；对超过配额的进口商品则征收较高的关税。

（2）“自动”出口配额制（“Voluntary” Restriction of Export），是出口国家或地区在进口国的要求或压力下，“自动”规定某一时期内，某些商品对该国的出口限制，在限定的配额内自行控制出口，超过配额即禁止出口。

（3）进口许可证制，是指商品的进口事先要由进口商向国家有关机构提出申请，经过审查批准并发给进口许可证后，方能进口，没有许可证，一律不准进口。

为了简化各缔约方实施进口许可证的手续，GATT（关税及贸易总协定）在“东京回合”谈判中，制定了《进口许可证手续协议》，“乌拉圭回合”又达成了一个新的协议，目的是简化国际贸易中进口许可证使用的管理程序和习惯做法，使之具有透明度，并确保公平合理地应用和实施这些手续和做法。

（4）外汇管制，是指国家根据法令，对外汇买卖所实行的限制性措施。对外贸易与外汇有密切的关系，出口可收进外汇，进口要付出外汇，因而外汇管制必然直接影响到进出口贸易。进口外汇管制是限制进口的一种手段。在外汇管制下，出口商必须把他们出口所得到的外汇收入按官定汇率卖给外汇管制机关；进口商也必须在外汇管制机关按官定汇价申请购买外汇。

（5）进口押金制度，又称进口存款制。它要求进口商在进口商品时，必须预先按进口金额的一定比率和规定的时间，在指定的银行无息存放一笔现金。这样就增加了进口商品的资金负担，从而起到限制进口的作用。

（6）苛刻的技术、卫生、检验标准，一些国家为了限制进口，规定复杂、苛刻的工业产品技术标准、卫生检疫规定以及商品包装和标签规定，这些标准和规定往往以维护消费者安全和人民健康的理由来制定。有些规定十分复杂，经常变化，使外国产品难以适应，从而起到限制进口的目的。

3. 鼓励出口措施

（1）出口信贷

1）出口信贷的概念

出口信贷是一个国家为了鼓励出口，增强商品的竞争能力，通过本国银行对本国出口商（卖方）或国外进口商或进口方银行（买方）提供的优惠利率的贷款。出口信贷按贷款对象可分为卖方信贷和买方信贷。卖方信贷就是出口国银行向本国出口商提供的用于支持出口的优惠利率的贷款。买方信贷就是出口国银行向国外进口商或进口方银行提供的，用于支持本国商品出口的优惠利率的贷款。为了减少可能出现的风险，一般最高贷款额不超过贸易合同金额的85%，并由本国出口信贷担保机构担保。出口信贷的详细内容将在国际金融部分介绍。

2）出口信贷的特点

①贷款对象仅限于本国出口商、进口本国商品的进口商及进口方银行。

②贷款与出口项目相联系，贷款只用于购买本国特定的出口商品。

③贷款的利率一般低于市场利率，利差由政府补贴。

④贷款通常由出口国的官方或半官方信贷保险机构担保信贷风险。

⑤贷款一般为中长期贷款。

⑥贷款最高额一般不超过贸易合同金额的85%。

（2）出口信贷国家担保制

1）出口信贷国家担保制的概念

出口信贷国家担保制是指政府设置专门的机构或专业银行，为本国出口商或商业银行向国外进口厂商或银行提供信贷出面担保的一种方式。

2）出口信贷国家担保的特点

①担保的项目：政治与经济风险。

②承包金额：合同金额的70% ~85%，甚至100%。

③担保对象：本国出口商或本国商业银行。

④担保期限与费用：短期6个月，中长期两年或15 ~20年。

⑤保险费率一般较低。

（3）出口补贴。WTO《反补贴协议》对补贴的定义为：补贴是指成员方政府或任何公共机构提供的财政资助或其他任何形式的收入或价格支持，其目的是影响市场价格和比较优势，限制外国产品的进口，鼓励本国产品的出口。

补贴具有以下基本特点：补贴是一种政府行为，是一种财政措施，补贴的对象是国内生产者和销售者，补贴的结果是增强国内企业生产的产品在国内和国际市场上的竞争地位。

小贴士

美国的农业补贴

2007年7月27日，美国众议院通过其拟定的2007—2012年农业法案，计划在未来5年中向其农业提供总额为2860亿美元的补贴，平均每年向农业提供572亿美元补贴，高于目前每年480亿美元的水平。该法案不仅保留对玉米、大豆等农作物的补贴，还将补贴范围扩大到水果、蔬菜等作物。此举将进一步引发其他世界贸易组织成员对美国农业补贴政策的指责，使多哈回合谈判进一步陷入困境。此前，世界贸易组织农业谈判小组官员提出的妥协方案要求美国将补贴总体水平削弱到每年130亿~164亿美元。而发展中成员认为，美国应将其农业补贴削弱到略高于100亿美元的水平。

（4）商品倾销。WTO《反倾销协议》对倾销的定义为：如一产品自一国出口至另一国的出口价格低于在正常贸易过程中出口国供消费的同类产品的可比价格，即以低于正常价值的价格进入另一国的商业，则该产品被视为倾销。

（5）外汇倾销。外汇倾销是指一国政府利用本国货币对外贬值的机会扩大出口的措施。本币对外贬值可以促进出口，抑制进口。一国货币贬值以后，出口商品以外币表示的价格降低，提高了该商品的竞争能力，从而扩充出口；以本币表示的外国商品的价格提高，从而减少了进口。

4. 出口管制

出口管制是指国家通过法令和行政措施对本国出口贸易所实行的管理与控制。许多国家，特别是发达国家，为了达到一定的政治、军事和经济目的，往往对某些商品尤其是战略物资与技术产品实行管制、限制或禁止出口。

出口管制的形式如下。

（1）行政性命令：直接把某类产品列入禁止出口名单，或列入需要办出口许可证名单。

（2）提高税收成本：比如我国有鼓励出口的退税制度，限制出口就把那类产品退税率降低或取消。

（3）技术壁垒：加大质量技术监管条件，加大检验检疫标准，不达标不予出口；要限制某类进口与此类似。

任务三　国际贸易的方式

学习目标

知识目标

1. 掌握了解经销与代理、寄售与展卖的性质特点及其区别；
2. 掌握包销与独家代理的具体做法；
3. 了解加工贸易、补偿贸易与易货贸易的性质特点及其区别；
4. 了解跨境电子商务贸易方式。

能力目标

能够熟练掌握各种贸易方式的业务操作规范。

任务导入

美国某公司与香港A公司签订一份独家代理协议，指定香港公司为独家代理。在订立协议时，美国公司正在试验改进现有产品的性能，不久美国公司试验成功，并把这项改进后的同类产品，指定香港另一家公司做独家代理。

思考：

美国公司有无这种权利？为什么？

一、经销

1. 经销定义

经销（Distribution）是指进口商与国外出口商达成协议，承担在规定的期限和地域内购销特定商品义务的贸易方式。按经销权限的不同，经销方式可分为独家经销和一般经销两种。

（1）独家经销：也称包销，是指经销商在规定的期限和地域内，对指定商品享有独家专营权。出口商不得向经销地区内的其他客户出口同样商品，经销商也不得在经销地区之外销售其经销的商品。

（2）一般经销：也称定销，是指出口方根据经销协议向外国经销商提供在一定地区、一定时间内的经营某项商品的销售权，但没有专营权。出口方可在同一地区指定几家经销商。

2. 经销的特点

经销业务中的经销商是买方，供货商是卖方，二者是买卖关系。在这种买卖关系中，供货人按照协议规定向经销人供应指定的商品，经销人以自己的名义买进商品，自行销售，自负盈亏。即使经销人在协议规定的区域内转售此类商品，也是以自己的名义进行，接受转售商品的客户与国外供货商不构成合同关系。

经典案例

A 公司拟采用直接出口的方式将产品打入国际市场。A 公司精心组织了一批销售人员参加一个大型的出口商品交易会，其展台布置、产品陈列非常到位。销售人员的介绍和推销工作也十分积极。展销期间，来自 M 国的中间商 K 对 A 公司产品很感兴趣，并有意成交，但条件是 A 公司必须提供适当折扣。

问题：A 公司能否接受中间商 K 提出的要求？为什么？除采用价格折扣外，还有哪些激励中间商的措施？

案例评析：A 公司可以接受中间商 K 的要求。理由：①如不考虑其他因素，A 公司在能够承受的价格范围内，可以满足顾客的要求；②A 公司拟采用直接出口方式，为开拓新市场，可以对中间商采取一些促销措施。

除价格折扣外，激励中间商的措施还有：①降低售价，使中间商有利可图；②授予中间商独家经营权；③为中间商培训推销人员和服务人员；④向中间商提供信贷援助；⑤合作广告；⑥互购。

3. 经销协议

经销协议是经销商和供货商规定双方权利和义务、确定双方法律关系的契约。经销协议一般包括如下内容：经销商品的范围；经销数量和金额；作价方法；经销期限，经销商的宣传义务；规定不可抗力及仲裁条款。

二、代理

1. 代理的含义

代理（Agency）是指代理人按照委托人的授权，代表委托人与第三者订立合同或办理相关事宜，由此而产生的权利与义务直接由委托人负责的法律行为。

2. 代理的特点

委托人与代理人之间不是买卖关系，而是委托代理关系。委托人根据协议承担责任，代理根据委托人的授权进行活动所产生的权利和义务，直接对委托人发生效力。代理具有以下特点：

（1）代理人必须在委托授权的范围内进行活动。

（2）代理人只负责中间介绍，招揽订单，不承担履行合同的法律责任。

（3）代理人通常不垫付资金，不承担经营风险。

（4）代理人按交易量和事先约定的比率收取佣金。

3. 代理的类型

（1）总代理：是指代理商在一定地区和一定期限内不仅享受独家代销指定商品的权利，还有代表委托人从事商务活动和处理其他实务的权利。总代理实际上是委托人在指定地区的全权代表。

（2）独立代理：是指代理人在一定地区和期限内，享有代销指定商品的专营权。委托人在该期限、该地区只能委托该代理人推销其指定商品，即使委托人在这一期限和地区内直接同客户进行了交易，也要向独家代理人支付一定的佣金。

（3）一般代理：是指同一代理地区的某一期限内，委托人同事委派几个代理商代理其指定的商品。代理人一般不以自己的名义代表委托人与第三方签订合同，只提供信息和介绍业务。

4. 代理协议

代理协议也称代理合同，是用以明确委托人和代理人之间权利与义务的法律文件，协议内容由双方当事人按照契约自由的原则，根据双方的合意加以规定。业务中常见的销售代理协议主要包括以下内容：

（1）代理的商品和区域。

（2）代理商的权利与义务。

（3）委托人的权利与义务。

（4）佣金的支付。

5. 经销与代理的主要区别（见表1－1）

表1－1　　经销与代理的主要区别

贸易方式	基本当事人	合同性质	操作特点
经销	供货人与包销人	买卖	包销人自担风险，自负盈亏获取商业利润
代理	委托人与代理人	委托	代理人以委托人名义从事商业活动，后果由委托人承担，以佣金作为报酬

三、寄售

1. 寄售的含义

寄售是一种委托代售的贸易方式，指寄售人先将准备销售的货物运往国外寄售地，委托当地代销人按照寄售协议规定的条件代为销售后，再由代销人向货主结算货款。

在寄售方式中，寄售人和代销人之间是委托与受委托关系，而非买卖关系。与代理人可以用委托人名义，也可用自己的名义从事授权，代销人只能用自己的名义处理寄售协议中规定的事务，而且代销人同第三方所进行的法律行为不能直接对寄售人发生效力。

2. 寄售的特点

（1）寄售人和代销人之间是委托代销的关系，代销人并不拥有货物所有权，因此，不承担风险和费用，只收取佣金。

（2）寄售是由寄售人先将货物运至目的地商场，再经代销商向买方销售，因此，它是凭实物进行的现货买卖。

（3）寄售商品售出前所有权属寄售人。

3. 寄售协议

寄售协议是寄售人和代销人之间有关权利、义务及寄售条件的书面协议。寄售协议内容如下：

（1）明确委托代理关系。

（2）固定作价方法。

（3）明确货物出售前的费用风险由寄售人承担。

（4）明确规定佣金的支付条件。

（5）规定货款的收付方式。

四、展卖

展卖是指利用展览会和博览会及其他交易会形式，对商品实行展、销结合，以展促销的一种贸易方式。

展卖的做法主要有两种：一是将货物通过签约方式卖给国外客户，双方是一种买卖关系，由客户在国外举办或参加展览会。二是由双方合作，展卖时货物所有权不变，展卖出售的价格由货主决定。

展卖的方式主要有以下 3 种：

（1）国际博览会又称国际集市，是指在一定地点举办的由一国或多国联合组办、邀请各国商人参加交易的贸易形式。它不仅为买卖双方提供了交易场地，而且是产品介绍、广告宣传以及介绍新工艺、进行技术交流的重要方式。

（2）中国进出口商品交易会。

中国进出口商品交易会（China Import and Export Fair），又称“广州商品交易会”（Guangzhou Trade Fair），是我国各进出口公司在广州定期联合举办的、邀请国外客户参加的一种集展览与交易相结合的商品展销会，习惯上简称“广交会”。我国于 1957 年举办了首届广交会，以后每年春秋两季各举办一次。

（3）中国华东进出口商品交易会。

中国华东进出口商品交易会（East China Fair），简称“华交会”，由上海、江苏、浙江、安徽、福建、江西、山东、南京、宁波 9 省市联合主办。华交会是中国规模最大、客商最多、辐射面最广、成交额最高的区域性国际经贸盛会。

五、招标与投标

1. 招投标的含义

招标（Invitation to Tender）是指由招标人事先发出通知，说明采购的商品或兴办的工程及各种交易条件，邀请国内外投标人按照一定程序在指定期限内报价，即投标，并由招标人开标与评标，选择对其最有利的投标人达成交易的行为。当中标的投标人与招标人分属不同的国家，其签订的合同就属于国际间的买卖合同。

投标（Bid）是指投标人应招标人的邀请，按照招标的要求和条件，在规定的时间内向招标人递价，争取中标，达成交易的行为。

2. 招标与投标的特征

（1）招标的组织性，即有固定的招标组织结构和招标场所。

（2）招标、投标的公开性。招标机构要通过招标公告广泛通告有兴趣、有能力投标的供货商或承包商，并向投标人说明交易规则和条件以及招标的最后结果。

（3）投标的一次性。投标人只能应邀作一次性投标，没有讨价还价的权利。标书在投递之后，一般不得撤回或修改。

（4）招标、投标的公平性。在招标公告发出后，任何有能力履行合同的卖方都可以参加投标。招标机构在最后取舍投标人时，要完全按照预定的招标规则进行。招标所具有的组织性和公开性本身，也是招标投标公平和合理的有效保证。

3. 国际上常用的招标方式

（1）竞争性招标。国际竞争性招标是指招标人邀请几个甚至几十个投标人参加投标，通过多数投标人竞争，选择其中对招标人最有利的投标人达成交易。国际竞争性招标有下列两种做法。

①公开招标，是一种无限竞争性招标。采用这种做法时，招标人要在国内外主要报纸杂志上刊登招标广告，凡是对该项招标内容有兴趣的人有均等机会购买招标资料进行投标。

②选择性招标，又称邀请招标，是一种有限制的招标。采用这种方式通常做法是招标人不在报刊上刊登广告，而是根据自己具体的业务关系和情报资料由招标人对客商发出邀请，进行资格预审后，再由他们进行投标。

（2）谈判招标。谈判招标又称议标，它是非公开的，是一种非竞争性的招标。这种招标由招标人物色几家客商直接进行合同谈判，谈判成功，交易达成。与一般的通过谈判达成交易的做法相似。

（3）两段招标。两段招标是指无限竞争招标和有限竞争招标的综合方式。采用这种方式，则是先公开招标，再用选择性招标。

4. 招标、投标业务的基本程序

（1）招标前的准备工作。招标前的准备工作有很多，其中包括发布招标公告和资格预审等。

（2）投标。投标人在慎重研究标书后，一旦决定参加投标，就要根据招标文件的规定编制和填报投标文件。为防止投标人在中标后不与招标人签约，招标人通常要求投标人提供投标保证金或银行投标保函。最后，投标人将投标文件在投标截止日前送达招标人，逾期失效。

（3）开标、评标与决标。招标人在指定的时间和地点将全部寄来的投标书中所列的标价予以公开唱标，使全体投标人了解最高标价以及最低标价。开标后，有些可以当场决定由谁中标，有的还要由招标人组织人员进行评标。参加评标的人员原则上要坚持评标工作的准确性、公开性和保密性。评标后决标，最终选定中标人。

（4）中标签约。中标是从若干投标人中选定交易对象。中标者必须与招标人签约，否则保证金予以没收。为了确保中标人签约后履约，招标人仍然要求中标人缴纳履约保证金或出具银行履约保函。

小贴士

关于招投标

世界银行贷款规定，每份采购合同金额超过300万美元的，必须采取国际竞争性招标。

国内企业进行国际性招标时，必须执行我国的法律、法规。投标文件一经发出，即成为一个有效期较长的实盘，在有限期内不能撤销，在进行招标前，企业应将所需引进设备的技术规格和工程设计施工要求等技术资料准备齐全。招标机构以此作为编制招标文件的依据。由招标机构发出的招标通告，国内生产企业同样可以参加投标，并享受一定的优惠。利用世界银行贷款的招标项目，在招标过程中，需向世界银行报核如下几个文件：招标通告；资格审查报告；标书；评标结果；签订的供货合同。

六、拍卖

1. 拍卖的含义和特点

拍卖（Auction）是指由拍卖行接受货主的委托，在一定时间和地点，按照一定的章程和规定，以公开叫价的方法，把货物卖给出价最高的买主的一种现货交易方式。拍卖的特点：拍卖是一种公开竞卖的现货交易；是在一定的机构（拍卖行或拍卖公司）内有组织地进行的；具有自己独特的法律和规章。许多国家的买卖法中对拍卖业务有专门的非同一般的规定，各个拍卖行又订立了自己的章程和规则。

2. 拍卖的形式

（1）增价拍卖。增价拍卖也称英式拍卖，是最常用的一种拍卖方式。是指由拍卖人宣布最低起价，通过买主竞相加价，经拍卖人对最高价击槌，把货物卖给出价最高的买主。

（2）减价拍卖。减价拍卖也称荷兰式拍卖，是由拍卖人先喊出最高价，然后逐渐降低，直至有人表示接受为止。减价拍卖经常用于拍卖鲜活商品如水果、蔬菜等。

（3）密封递价拍卖。密封递价拍卖也称招标式拍卖，是由买方密封递价，定期开封后拍卖人将货卖给递价最高的买主。这种方式已失去公开竞买的性质。

3. 拍卖的一般程序

拍卖业务一般可分为准备阶段、正式拍卖、成交与交货三个阶段。

（1）准备阶段。参加拍卖的货主把货物运到拍卖地点，存入仓库，然后委托拍卖行进行挑选、分类、分级，并按货物的种类和品级分成若干批次。在规定时间内，允许参加拍卖的买主到仓库参看货物。

（2）正式拍卖。拍卖在规定的时间和地点开始，并按照拍卖目录规定的先后顺序进行，按照拍卖业务的惯例，在主持人的木槌落下之前，买主可以撤回其出价；货主在货物出售之前也可以撤回要拍卖的货物。

（3）成交与交货。拍卖成交后，拍卖行的工作人员即交给买方一份成交确认书，由买方填写并签字，标明交易正式达成。在买方付清货款后，买方凭拍卖行开出的提货单到指定的仓库提货，但必须在规定的期限内提货。

七、加工贸易

1. 加工贸易的含义

加工贸易是指经营企业从境外保税进口全部或部分原辅材料、零部件、元器件、包装物料，经加工或装配后，将制成品复出口的经营活动。

2. 加工贸易的种类

加工贸易分为来料加工和进料加工，两者的区别如表1－2所示。

表1－2　　来料加工与进料加工的区别

方式 区别	来料加工	进料加工
关系不同	双方是委托加工关系，来料及配件的所有权归供应方所有，成品运回供应方，属一笔交易	双方是买卖关系，双方的所有权改变，当事人改变，往往是两笔以上的交易
收益不同	来料加工的收入是加工费	进料加工的收入是原料与成品之间的差额，即外汇增值额，根据外汇增值率来计算加工成品的盈亏

（1）来料加工及特点。来料加工是指由国外客户提供原料、辅料，委托国内加工方按其要求进行加工，成品交由国外客户负责销售，国内加工方按合同规定收取工缴费。来料加工有以下特点：

①来料进口和成品出口是一笔交易，原料的供应商和成品的接收者是同一客商。

②来料加工的双方是委托加工关系，不是买卖关系，加工方对来料只有使用权没有所有权。

③承接来料加工的企业通常从事劳动密集型、中低技术型产品的加工。因此，加工点通常在发展中国家。

（2）进料加工及特点。进料加工是指经营单位或生产者用外汇购买进口的原材料、辅料、元器件、零部件配套件和包装物料，再由生产者加工成成品或半成品后销往国外市场。进料加工有以下特点：

①经营单位用外汇购买进口料件，加工成产品后外销。

②经营单位进口料件后自行决定产品生产数量、规格、款式。

③经营单位赚取从原材料到产品的附加值，需要自筹资金、自寻销路。

④料件进口和产品出口是两笔不同的交易，料件供应商和产品购买者之间没有必然的联系。

八、补偿贸易

1. 补偿贸易的含义

补偿贸易（Compensation Trade）又称产品返销，指交易的一方在对方提供信用的基础上，进口设备技术，然后以该设备技术所生产的产品，分期抵付进口设备技术的价款及利息。

2. 补偿贸易的形式

（1）直接产品补偿。即双方在协议中约定，由设备供应方向设备进口方承诺购买一定数量或金额的由该设备直接生产出来的产品。这种做法的局限性在于，它要求生产出来的直接产品及其质量必须是对方所需要的，或者在国际市场上是可销的，否则不易为对方所接受。

（2）间接补偿。也称商品换购，是补偿贸易中较常见的做法。当所交易的进口设备本身不生产物质产品，或设备所生产的直接产品并非对方所需或在国际市场上不好销时，可由双方根据需要进行协商，用回购其他产品来代替。

（3）劳务补偿。这种做法常见于来料加工或来件装配相结合的中小型补偿贸易中。具体做法：双方根据协议，往往由对方代为购进所需的技术、设备，货款由对方垫付。我方按对方要求加工生产后，从应收的工缴费中分期扣还所欠款项。

上述三种做法还可结合使用，即进行综合补偿。根据实际情况的需要，还可以部分用直接产品或其他产品或劳务补偿，部分用现汇支付等。

小贴士

由于补偿贸易内容复杂，难度较大，涉及面大，所以采用这种方式时，应注意下列事项：

（1）要根据生产建设的需要和产品出口的可能，正确选择补偿贸易的项目，同时要做好可行性研究，并不是任何项目都可采用补偿贸易的方式。

（2）通过补偿贸易进口的设备，一般并不是最先进的，而且价格较高，所以，洽谈时要特别注意其质量的可靠性、性能的先进性及价格的合理性。

（3）要正确确定返销或回购产品的品种、数量和质量，既要防止不切实际的规定，又要防止冲击正常的贸易。

（4）要订好补偿贸易协议，在协议中要合理确定偿还期限，并选择适当的订价货币，以避免汇率变动的风险。

九、易货贸易

1. 易货贸易的含义

易货贸易是指在换货的基础上，把等值的出口货物和进口货物直接结合起来的贸易方式。

传统的易货贸易，一般是买卖双方各以等值的货物进行交换，不涉及货币的支付，也没有第三者介入，易货双方签订一份包括相互交换抵偿货物的合同，把有关事项加以确定。在国际贸易中，使用较多的是通过对开信用证的方式进行易货。

2. 易货贸易的特点

（1）是一次性交易的行为。

（2）只有互买互卖的双方当时人，不涉及第三方。

（3）双方只签署一份合同且双方交换的货物载明在合同之上，并能立即执行。

（4）其执行期限较其他方式所需时间短。

（5）具有局限性，包括地区和对象。

（6）双方如有一方未及时出运货物或供非所需，则另一方就会吃亏。

3. 易货贸易的形式

（1）直接易货，又称为一般易货。从严格的法律意义上来讲，易货就是指以货换货。这种直接易货形式，往往要求进口和出口同时成交，一笔交易一般只签订一个包括双方交付相互抵偿货物的合同，而且不涉及第三方。它是最普遍也是目前应用最广泛的易货形式。

（2）综合易货，多用于两国之间根据记账或支付（清算）协定而进行的交易。由两国政府根据签订的支付协定，在双方银行互设账户，由双方银行凭装运单证进行结汇并在对方国家在本行开立的账户进行记账，然后由银行按约定的期限结算。

易货贸易和补偿贸易的区别如表1－3所示。

表1－3　易货贸易和补偿贸易的区别

区别＼方式	易货贸易	补偿贸易
产品互换性质	基本上以商品作为清偿工具	在信贷基础上商品互换（以机器设备换回直接或间接产品），互换商品的周期较长，一般仍以货币作为双方清偿的工具
进出口商品的时间	进口与出口基本上能够同时进行	先进后出，机器设备的进口和成品出口往往间隔的时间较长
贸易与生产的关系	易货贸易与生产没有关系	出口机器设备的一方，不仅关心机器设备的运转情况，同时也关心机器设备生产产品的质量。因为这些产品往往就是偿还的产品，直接影响设备出口方的利益

十、商品期货交易

1. 期货交易的含义

期货交易又称期货合同交易，是指在期货交易所内按一定规章制度所进行的期货合同买卖。它是在商品交易所早期的现货交易的基础上发展起来的一种特殊的交易方式，交易的双方一般都没有卖出或买进真正货物的要求，不发生实际货物的转移，只是买进和卖出同等数量的（期货）合同，从中取得或支付价格差额。

著名的期货交易所有芝加哥商品交易所、纽约商品交易所、伦敦金属交易所等。交易的品种有谷物、棉花、咖啡、可可、橡胶、油料、有色金属、金银等初级产品。

2. 期货交易的特点

（1）期货交易只需交纳5%～10%的履约保证金就能完成数倍乃至数十倍的合约交易。由于期货交易保证金制度的杠杆效应，使之具有“以小博大”的特点，交易者可以用少量的资金进行大宗的买卖，节省大量的流动资金。

（2）期货市场中可以先买后卖，也可以先卖后买，投资方式灵活。

（3）所有期货交易都通过期货交易所进行结算，且交易所成为任何一个买者或卖者的交易对方，为每笔交易做担保，所以交易者不必担心交易的履约问题。

（4）交易信息完全公开，且交易采取公开竞价的方式，使交易者可在平等的条件下公开竞争。

（5）期货交易是一种规范化的交易，有固定的交易程序和规则，一环扣一环，环环高效运作，一笔交易通常在几秒钟内即可完成。

十一、跨境电子商务

1. 跨境电子商务的含义

跨境电子商务，又称跨境电商，是指分属不同关境的交易主体，通过电子商务平台达成交易、进行支付结算，并通过跨境物流送达商品、完成交易的一种国际商业活动。

2. 跨境电子商务的特点

（1）全球性（Global）。网络是一个没有边界的平台，具有全球性和非中心化的特征。依附于网络发生的跨境电子商务也因此具有了全球性和非中心化的特性。电子商务与传统的交易方式相比，其重要特点在于电子商务是一种无边界交易，丧失了传统交易所具有的地理因素。

（2）无形性（Intangible）。网络的发展使数字化产品和服务的传输盛行。而数字化传输是通过不同类型的媒介，例如数据、声音和图像在全球化网络环境中集中进行的，这些媒介在网络中是以计算机数据代码的形式出现的，因而是无形的。

（3）匿名性（Anonymous）。由于跨境电子商务的非中心化和全球性的特性，因此很难识别电子商务用户的身份和其所处的地理位置。在线交易的消费者往往不显示自己的真实身份和自己的地理位置，重要的是这丝毫不影响交易的进行，网络的匿名性也允许消费者这样做。在虚拟社会里，隐匿身份的便利导致自由与责任的不对称。人们在这里可以享受最大的自由，却只承担最小的责任，甚至逃避责任。

（4）即时性（Instantaneously）。对于网络而言，传输的速度和地理距离无关。传统交易模式，信息交流方式如信函、电报、传真等，在信息的发送与接收间，存在着长短不同的时间差。而电子商务中的信息交流，无论实际时空距离远近，一方发送信息与另一方接收信息几乎是同时的，就如同生活中面对面交谈。某些数字化产品（如音像制品、软件等）的交易，还可以即时清结，订货、付款、交货都可以在瞬间完成。

（5）无纸化（Paperless）。电子商务主要采取无纸化操作的方式，这是以电子商务形式进行交易的主要特征。在电子商务中，电子计算机通信记录取代了一系列的纸面交易文件。用户通过网络发送或接收电子信息，整个信息发送和接收过程实现了无纸化。

（6）快速演进（Rapidly Evolving）。互联网是一个新生事物，现阶段它尚处在幼年时期，未来发展具有很大的不确定性。但税法制定者必须考虑的问题是网络必将以前所未有的速度和无法预知的方式不断演进。基于互联网的电子商务活动也处在瞬息万变的过程中，短短的几十年的电子交易经历了从EDI（电子数据交换）到电子商务零售业的兴起的过程，而数字化产品和服务更是花样百出，不断地改变着人类的生活。

小贴士

《国务院办公厅转发商务部等部门关于实施支持跨境电子商务零售出口有关政策意见的通知》

电子商务出口在交易方式、货物运输、支付结算等方面与传统贸易方式差异较大。现行管理体制、政策、法规及现有环境条件已无法满足其发展要求，主要问题集中在海关、检验检疫、税务和收付汇等方面。

针对上述问题，《国务院办公厅转发商务部等部门关于实施支持跨境电子商务零售出口有关政策意见的通知》（以下简称《意见》）提出了六项具体措施。

一是建立电子商务出口新型海关监管模式并进行专项统计，主要用以解决目前零售出口无法办理海关监管统计的问题；

二是建立电子商务出口检验监管模式，主要用以解决电子商务出口无法办理检验检疫的问题；

三是支持企业正常收结汇，主要用以解决企业目前办理出口收汇存在困难的问题；

四是鼓励银行机构和支付机构为跨境电子商务提供支付服务，主要用以解决支付服务配套环节比较薄弱的问题；

五是实施适应电子商务出口的税收政策，主要用以解决电子商务出口企业无法办理出口退税的问题；

六是建立电子商务出口信用体系，主要用以解决信用体系和市场秩序有待改善的问题。

通知同时要求，自《意见》发布之日起，先在已开展跨境贸易电子商务通关服务试点的上海、重庆、杭州、宁波、郑州5个城市试行上述政策。自2013年10月1日起，上述政策在全国有条件的地区实施。

同步训练

知识巩固

一、单项选择题

1. 海岛国家，如英国、日本，也常用（　　）来表示对外贸易。

A. 国外贸易　　B. 外国贸易　　C. 商业贸易　　D. 海外贸易

2. 一国关境与其国境相比（　　）。

A. 关境可以小于国境　　B. 关境可以大于国境

C. 关境可以等于国境　　D. 以上都不对

3. 以货物通过关境为标准统计的进出口标准称为（　　）。

A. 有形贸易　　B. 无形贸易　　C. 总贸易　　D. 专门贸易

4. 转口贸易又称（　　）。

A. 间接贸易　　B. 进口贸易　　C. 出口贸易　　D. 对外贸易

5. 贸易顺差是指（　　）。

A. 出口总额大于进口总额　　B. 进口总额大于出口总额

C. 国际收支为正　　D. 国际收支为负

6. 当一定时期内一国进口总额超过出口总额时，称为（　　）。

A. 贸易顺差　　B. 贸易逆差　　C. 贸易失衡　　D. 贸易平衡

7. 通常所说的国际贸易额是单指（　　）而言。

A. 世界进口总额　　B. 世界出口总额

C. 世界进出口总额　　D. 世界进口差额

8. 具体商品的进出口属于（　　）。

A. 有形贸易　　B. 无形贸易　　C. 进出口贸易　　D. 商品贸易

9. 当货物运输的过程中经过第三国的国境，对第三国来说这种贸易是（　　）。

A. 进口贸易　　B. 出口贸易　　C. 过境贸易　　D. 转口贸易

10. 以增加国家财政收入为主要目的的关税称为（　　）。

A. 差价关税　　B. 特惠关税　　C. 财政关税　　D. 保护关税

11. 与从价税相比，从量税（　　）。

A. 在商品价格上涨时保护作用更强　B. 在商品价格下降时保护作用更强

C. 能够体现公平税负原则　　D. 目前被大多数国家采用

12. 税率最高的关税是（　　）。

A. 普遍优惠税　　B. 特惠税　　C. 普通税　　D. 最惠国税

13. A国规定2005年从B国进口打火机数量不得超过100万只，这种贸易限制措施属于（　　）。

A. “自动”出口配额　　　　B. 关税配额

C. 国别配额　　　　　　　D. 全球配额

14. 买方信贷是为了促进商品的出口，是一种约束性贷款，其贷款必须用于（　　）。

A. 进口商品　　　　　　　B. 出口商品

C. 购买债权国的商品　　　D. 购买债务国的商品

15. 包销协议从实质上说是一份（　　）。

A. 买卖合同　　　　　　　B. 代理合同

C. 寄售合同　　　　　　　D. 拍卖合同

16. 在寄售协议下，货物的所有权在寄售地出售前属于（　　）。

A. 代理人　　B. 寄售人　　C. 代销人　　D. 包销人

17. 拍卖的特点是（　　）。

A. 卖主之间的竞争　　　　B. 买主之间的竞争

C. 买主与卖主之间的竞争　D. 拍卖行与拍卖行之间的竞争

18. 投标人发出的标书是一项（　　）。

A. 不可撤销的发盘　　　　B. 可撤销的发盘

C. 可随时修改的发盘　　　D. 有条件的发盘

19. 来料加工和进料加工（　　）。

A. 均是一笔交易　　　　　B. 均是两笔交易

C. 前者是一笔交易，后者是两笔交易　D. 前者是两笔交易，后者是一笔交易

二、多项选择题

1. 当进口总额超过出口总额时，可称之为（　　）。

A. 贸易顺差　　B. 贸易逆差　　C. 贸易赤字　　D. 出超　　E. 入超

2. 按货物移动方向不同，国际贸易可分为（　　）。

A. 直接贸易　　B. 进口贸易　　C. 出口贸易　　D. 过境贸易　E. 转口贸易

3. 某国在1992年贸易规模为：出口380亿美元，进口312亿美元，这一年该国贸易状况为（　　）。

A. 顺差68亿美元　　　　　B. 净出口68亿美元

C. 入超68亿美元　　　　　D. 净进口68亿美元

E. 贸易总额692亿美元

4. 按贸易是否有第三国参加，国际贸易可分为（　　）。

A. 直接贸易　　B. 进口贸易　　C. 出口贸易　　D. 间接贸易　E. 转口贸易

5. 下列属于无形贸易的是（　　）。

A. 服装贸易　　B. 技术服务　　C. 劳务输出　　D. 运输　　E. 保险

6. 按参加国的数量多少，国际贸易可分为（　　）。

A. 单方贸易　　B. 多方贸易　　C. 双边贸易　　D. 多边贸易　E. 单边贸易

7. 关税的特点有（　　）。

A. 强制性　　B. 间接性　　C. 无偿性　　D. 固定性　　E. 直接性

三、判断题

1. 由于国际贸易是一种世界性的商品和劳务的交换活动，所以国际贸易也可以称为世界贸易。（　　）

2. 进口贸易额与出口贸易额两者相加即为一国的对外贸易额，是反映一国对外贸易规模的重要指标之一。（　　）

3. 对外贸易额又称为对外贸易值，指用货币表示的一定时期内（通常为一年）一国的对外贸易总值。（　　）

4. 有形贸易是指有形商品的进出口，在通过一国海关时，必须向海关申报，并列入海关的贸易统计，是国际收支的重要项目。（　　）

5. 无形贸易包括国际服务贸易和国际技术贸易，国际服务贸易是构成国际无形贸易的主体。（　　）

6. 海关是设在关境上的国家行政管理机构。（　　）

7. 关税税率的高低在一定程度上反映一国的经济发展水平。（　　）

8. 绝对配额在一定时期内对某些商品的进口数量或金额规定一个最高限额，达到这个限额后就禁止进口。（　　）

9. 一些国家还往往针对某个国家采取相应的限制性的关税壁垒，这就使关税壁垒比非关税壁垒更具有歧视性。

10. 招标投标是一种竞卖方式，对买方比较有利。（　　）

11. 寄售方式中代销人需承担风险。（　　）

12. 国际货物拍卖是一种公开的竞卖方式。（　　）

13. 拍卖最常见的方式是由低到高的增价拍卖方式。（　　）

14. 加工贸易方式下，双方当事人之间均不存在买卖关系。（　　）

15. 开展加工贸易时，原料和成品的所有权均未发生转移。（　　）

能力提升

案例分析

（1）我国每年向欧盟出口酱油1.6万吨，产值800多万美元。美国、日本等国已明确指认“三氯丙醇4种异构体对人体可产生不同程度致癌效应”。1999年10月，欧盟对中国出口的部分酱油抽查，在40%的干重的情况下，要求每千克酱油中三氯丙醇含量不得超过0.02毫克。抽查发现，中国三氯丙醇严重超标，随即全面禁止中国酱油进口。经中国出入境检验检疫局检验证实，酿造酱油不存在三氯丙醇问题，只有配制酱油中才可能含有三氯丙醇。2001年5月欧盟代表团来中国对14家企业生产的酱油进行抽查，其中13家企业生产的广式酱油都是配制的，只有河北石家庄珍级集团有限公司的酱油是酿造的。配制酱油占我国出口量的50%，配制的酱油则不可避免地和三氯丙醇挂上钩，几百万美元的市场份额将从此失去。

试问：中国配制酱油生产厂家该怎么办？

（2）甲国A公司与乙国B公司签订了一份代理协议书，B公司委托A公司为某品牌化妆品在甲国的独家代理。随后，A公司积极配合B公司在甲国对此化妆品进行宣传和推广销售工作。但B公司不久又独自在甲国市场发展了几家代理商，这对A公司的业务造成了一定的影响，A公司要求从其他几家代理商的业务中提取佣金，但B公司不肯。

试问：B公司的做法是否妥当？为什么？

（3）我某公司新研制出一种产品，为打开销路，公司决定将产品运往俄罗斯，采用寄售方式出售商品。在代售方出售商品后，我方收到对方的结算清单，其中包括商品在寄售前所花费有关费用的收据。

试问：寄售方式下，商品寄售前的有关费用应由谁承担？为什么？

模块二 交易磋商与合同签订

任务一 交易前准备

学习目标

知识目标

熟悉交易前的准备工作。

能力目标

1. 熟悉寻找客户的途径和方法；
2. 掌握对潜在客户进行资信调查的技能。

任务导入

2016 年 9 月 10 日，金悦公司业务员陈强从网上看到加拿大国际贸易公司求购时尚女包的信息，想与其建立初步业务关系。

加拿大国际贸易公司的具体资料如下：

Mr. Danny James

FOX TRADING CO.，CANADA

TEL NO.：（+01）78096575 FAX NO.：（+01）7701321

E－MAIL：danny@ fox. com

思考：

以公司业务员陈强的身份，撰写一封与加拿大国际贸易公司建立业务关系的信函。

相关知识

国际市场情况错综复杂，变化多端，为了保证每一笔交易获得成功，给贸易方和贸易国带来应有的贸易利益，在正式交易前，应做好以下工作。

一、国际市场调研

在交易磋商之前，必须从调查研究入手，通过各种途径广泛收集市场资料，加强对国外市场供销状况、价格动态、政策法令措施和贸易习惯等方面的调查研究，以便择优选择适当的目标市场和合理地确定市场布局。国际市场调研的范围和内容包括环境调研、商品市场调研、竞争状况调研。

1. 环境调研

环境调研的目的在于对经济大环境有一个总体的了解，以便正确地选择目标市场和更好地贯彻我国的对外方针、政策。具体有如下 5 种：

（1）一般概况调研。涉及的因素包括人口、面积、气候、函电文字、通用语言、电器电压、度量衡制等。

（2）政治情况调研。涉及的因素包括政局的稳定性、政府对对外贸易的干预程度、政府颁布的经济贸易政策，民族情绪及进出口国双边关系等。

（3）经济情况调研。涉及的因素包括主要的物产资源、工农业生产、财政金融、就业状况、收入状况等。

（4）对外贸易情况调研。涉及的因素包括主要进出口商品贸易额、进出口贸易的主要国别地区、国际支付能力、主要贸易港口、对外贸易和外汇管制政策、海关税率和商检措施，民法和商法以及与我国进行贸易的情况等。

（5）运输条件调研。包括港口及其设备、港口惯例、对外航线等。

2. 商品市场调研

商品市场调研的目的在于了解产品的市场行情，以便掌握出口商品的价格及交易的其他条件，具体有如下 4 种：

（1）市场需求调研。包括市场需求总量、需求结构、需求的满足程度和潜在的需求量等。

（2）消费者调研。包括消费者的购买行为方式、动机和偏好；消费水平及消费习惯等。

（3）销售情况调研。包括该类产品过去几年在当地的销售量、销售总额、生产规模、价格变化、销售趋势等。

（4）价格调研。包括价格水平、影响价格变动的因素及价格变化趋势等。

3. 竞争状况调研

竞争状况调研的范围包括目标市场主要竞争对手的产品特性、价格水平、盈利能力、市场份额、竞争策略等，了解竞争对手所具有的优势和弱点，预测自身产品的竞争力和市场前景。

二、选择交易对象

通过各种途径调查了解客户的政治文化背景、资信状况、经营范围和能力等方面的情况。

1. 了解客户的途径

了解客户的途径很多，例如，通过银行或其他金融机构（如保理商和出口信用保险公司）、国外专业征信机构（如日本伊藤忠商事）、国外工商团体和同业公会（如香港三鸟同业公会）、驻外商务机构等渠道了解客户；或通过与客户的实际业务接触，从中考察，还可通过国内外举办的交易会、展览会、技术交流等方式，主动接触、了解客户。此外，还可查阅工商名录、厂商年鉴等资料。建立客户档案，对客户进行动态管理，严格控制贸易风险。

2. 了解客户的信息

客户信息主要包括以下5个方面：

（1）客户的背景：主要是指客户的政治、经济背景及其对我们的态度。凡愿意在平等互利的原则前提下同我方进行友好往来、贸易合用的客户，我们都应积极地与他们交往。

（2）社会地位：主要是了解客户在该国、该地区的实际影响，以及在社会、政治、经济组织中的地位及影响力。

（3）经营能力：主要是了解客户的企业历史、企业规模、企业近几年经营发展状况，客户的经营能力，业务往来关系等。

（4）经营范围：主要是指企业生产或经营的商品是哪一类，经营的性质是代理商、生产商还是零售批发商等，这类调查也是非常重要的。

（5）资信状况：了解注册资本的大小、营业额的大小、资产及负债状况、企业资信评估级别、客户商业道德和经营作风等。

三、制订商品经营方案

商品经营方案是厂商在一定时期内对外推销某种或某类商品的具体安排，是对外磋商和交易的依据，也是整个进出口交易活动的指导。一般来说，对大宗或重点推销的商品，通常逐个制订经营方案；对一般商品，则按大类制订经营方案；对一些中小商品或成交量不大的商品，仅需要制订简单的价格方案。商品经营方案一般包括以下内容。

1. 国内货源情况

外贸企业为了及时交货，必须对自己的国内货源进行组织。主要包括国内生产能力、可供出口的数量以及商品的品质、规格和包装等情况。一个成熟的外贸企业应该有自己固定的并有良好往来关系的国内货源供应商。这样企业一方面可以在供货成本上比竞争对手有明显优势，另一方面还可以为企业进一步对货源的生产及运储等活动进行监控打下良好的基础。

2. 国外市场情况

国外市场情况主要包括市场容量、消费、生产、贸易的基本情况，主要进出口国家的交易情况，今后可能发展变化的趋势，对商品品质、规格、包装、性能、价格等各方面要求，国外市场经营该商品的基本做法和销售渠道等。

3. 出口经济效益

出口经济效益包括出口成本、出口盈亏率和出口换汇成本等。通过核算同类商品在不同时期的出口经济效益，有助于出口商改进经营管理；而对同类商品出口到不同国家和地区的经济效益的比较，则可以为选择市场提供依据。

4. 销售计划和措施

销售计划包括分国别和地区按品种、数量与金额列明销售的计划进度，以及按销售计划采取的措施，如对客户的利用、贸易方式、收汇方式的应用，对价格、佣金和折扣的掌握等。

5. 选配贸易谈判人员

对外贸易谈判是有关各方当事人对某项贸易活动有待解决的重大问题进行的会谈，为了保证交易磋商顺利进行，事先应选派精明能干的谈判人员，他们应具有较强的业务素质，精通外语，通晓法律，了解市场行情，掌握谈判技巧，随机应变。另外，所选择的洽谈人员应包括商务、技术、法律、财务等领域的专业技术人员。一场国际商务谈判应配备多少人员才合适，应根据谈判及交易内容的繁简、技术性的强弱、时间长短以及谈判双方人员的素质等因素来确定。

任务二　认知交易磋商

学习目标

知识目标

1. 了解交易磋商的形式、内容和一般程序；
2. 掌握发盘的含义及其构成条件，发盘的有效期、撤回和撤销；
3. 掌握接收的含义及其构成条件，接受的生效和撤回。

能力目标

1. 能够正确处理国际贸易询盘、发盘、还盘、接受4个业务环节；
2. 能够安排磋商业务。

任务导入

我国广州A公司向韩国釜山B公司发盘，发盘中说“可供应最先进的扫描仪100台，现货。每台538美元，CIF韩国釜山，订立合同后5天内装船，以不可撤销的即期L/C（信用证）付款，请尽速电复”。韩国釜山B公司收到我国广州A公司发盘后，立即复电：“我方接受贵方发盘，请在订立合同后立即装船”。后因我方货代员接洽租船订舱事宜时，发生了交通事故，无法继续工作。因此将此工作转交其他人员办理，等到联系好天利达海洋运输公司，租到合适的舱位时已是15天之后的事情了。于是，双方就合同是否有效发生了争议。

思考：

（1）A公司与B公司之间的买卖合同是否生效？

（2）A公司与B公司之间的交易磋商应如何改进？

相关知识

一、交易磋商的形式

交易磋商在形式上可分为口头磋商和书面磋商两种。

1. 口头磋商

口头交易磋商（Oral Business Negotiation）主要是指在谈判桌上面对面的谈判，如参加各种交易会、洽谈会以及贸易小组出访、邀请客户来我国洽谈交易等，此外，还包括通过国际长途电话进行的交易磋商。口头磋商方式由于是面对面的直接交流，可以缩短洽谈的时间，提高对问题的理解速度和透明度，从而可以加速磋商和提高达成交易的速度。

2. 书面磋商

书面交易磋商（Written Business Negotiation）是指通过信函、电报、电传、传真和电子邮件等通信方式来洽谈交易。目前，较多企业使用传真及电子邮件磋商交易。随着现代通信技术的发展，书面洽谈越来越简便易行，而且费用与口头磋商相比要低廉一些，是日常业务的普遍做法。

二、交易磋商的内容

交易磋商的内容，涉及拟签订买卖合同的各项条款，其中包括交易商品的品名、品质、数量、包装、价格、装运、支付、保险以及商品检验、索赔、仲裁和不可抗力等。其中以前六项为主要内容或主要交易条件，因为买卖双方欲达成交易、订立合同，必须至少就这六项交易条件进行磋商并取得一致意见。至于其他交易条件则被定义为合同的一般交易条件。特别是检验、索赔、不可抗力和仲裁，虽非成立合同所不可缺少的内容，但是为了提高合同质量、防止和减少争议的发生以及便于解决可能发生的争议，买卖双方在交易磋商时也不应忽视。

然而，在实际业务中，并非每次交易都需要把所有条款全部列出来，逐条商讨。因为，普通的商品交易一般都使用固定格式的合同，而合同中的商检、索赔、仲裁、不可抗力等条款通常作为一般交易条件已印在合同中，只要对方没有异议，就不必逐条重新协商，这些条件也就成为双方进行交易的基础。在许多老客户之间，有的事先已就“一般交易条件”达成协议，或者双方在长期的交易过程中已经形成一些习惯性的做法，或者双方已订有长期的贸易协议，在这种情况下，也不需要在每笔交易中对各项条款逐一重新协商。这对于加速磋商的进程、缩短磋商的时间和节约费用支出，都是十分有益的。

三、交易磋商的一般程序

进出口交易磋商的一般程序可概括为询盘、发盘、还盘和接受四个环节。其中，发盘和接受是达成一笔交易不可缺少的两个基本环节。

1. 询盘

询盘（Enquiry）是指交易的一方有意购买或出售某一种商品，向对方提出有关交易条件的询问。询盘可由买方发出；也可由卖方发出，可采用口头方式，也可采用书面方式。询盘是为了试探对方对交易的诚意和了解其对交易条件的意向，其内容可以是只询问价格，也可询问其他交易条件，要求对方发盘。询盘只是询盘人与被询盘人之间的一般性的商务联系，只起到邀请对方发盘的作用，对双方都没有法律上的约束力。询盘虽然不是交易磋商的必经步骤，但它往往是一笔交易的起点，所以作为被询盘的一方，应对接到的询盘给予重视，并作及时的答复和恰当的处理。

询盘实例：

Dear Sirs,

We need your quotation for 100 M/T soybean. Items include packaging, delivery time, and price term is CIF. Port of destination: Singapore.

Looking forward to your reply.

Best regards,

Tracy

Manager of MINC

尊敬的先生：

我方需要你方100公吨大豆的报价，包括包装、交货时间、报价价格是到岸价格、目的港新加坡。

期待您的回复。

特雷西

MINC公司经理

2. 发盘

发盘（Offer）又称发价或报价，在法律上称为“要约”，是买卖双方中的一方（发盘人），向对方（受盘人）提出各项交易条件，并且愿意按这些条件与受盘人达成交易、订立合同的一种表示。在实际业务中，发盘通常是一方在收到对方的询盘之后提出的，也可以是在没有对方询盘的情况下直接发出。

发盘多由卖方发出，这种发盘称作售货发盘（Selling Offer），也可以由买方发出，称作购货发盘（Buying Offer）或递盘（Bid）。

发盘实例：

兹发盘200公吨中国松香，WW级铁桶装，每公吨CFR纽约195美元，5月装运，不可撤销，即期信用证支付，限本月20日复到。

Offer Chinese rosin WW grade iron drum 200 M/T USD195 per M/T CFR New York May shipment irrevocable sight L/C reply here 20th.

（1）发盘的定义和构成发盘的必备条件。《联合国国际货物销售合同公约》（以下简称《公约》）第14条第1款对发盘的解释是：“向一个或一个以上特定的人提出的订立合同的建议，如果十分确定并且表明发盘人在得到接受时承受约束的意旨，即构成发盘。一个建议如果写明货物并且明示或暗示规定数量和价格或规定如何确定数量和价格，即为十分确定。”《公约》第15条第1款又规定：“发盘于送达被发盘人时生效。”

根据上述解释，构成一项发盘，必须具备下列条件。

①发盘应向一个或一个以上特定的人提出。所谓“特定的人”，是指在发盘中指明个人姓名或企业名称的受盘人。提出此项要求的目的在于，把发盘同普通商业广告、向国外客商寄发商品目录及价目单和其他宣传品的行为区分开来。

②发盘内容十分确定。第一，应标明货物的名称；第二，应明示或暗示地规定货物的数量或规定确定数量的方法；第三，应明示或暗示地规定货物的价格或规定确定

价格的方法。

凡包含上述三项基本因素的订约建议，即可构成一项发盘。如果发盘被对方接受，买卖合同即告成立。至于所缺少的其他内容，如货物的包装、品质、装运和支付条件，可在合同成立后，按双方已确立的习惯做法、惯例或《公约》第三部分有关买卖双方义务的规定予以补充。

尽管如此，为了防止误解和可能发生的争议，在实际业务中，我们在对外发盘时，最好将品名、品质、数量、包装、价格、装运和支付条件等主要交易条件一一列明。

③表明发盘人受其约束。这是指发盘人在发盘时向对方表示，在得到有效接受时双方即可按发盘的内容订立合同。这种表示，可以是明示也可以是暗示。明示的表示，发盘人可在发盘时明确说明或写明“发盘”“发实盘”或明确规定发盘有效期等。暗示的表示，则应与其他有关情况结合起来考虑，包括双方磋商的情况，双方已确立的习惯做法、惯例和当事人随后的行为。

④要传达到受盘人。发盘只有在传达到受盘人时才生效。发盘人用信件或电报向受盘人发盘，如果该信件或电报在传递中遗失，以致受盘人未能收到，则该发盘无效。

（2）发盘的有效期。在国际货物买卖中，凡是发盘都有有效期，作为对方表示接受的时间限制，超过发盘规定的时限，发盘人即不受其约束。

发盘人对发盘有效期可作明确的规定，也可不作明确的规定。明确规定有效期并非构成发盘的必要条件，如果发盘中没有明确规定有效期，受盘人应在合理时间内接受，否则无效。何谓“合理时间”（Reasonable Time），需视交易的具体情况而定，一般按惯例处理。根据《公约》的规定，采用口头发盘时，除发盘人发盘时另有声明外，受盘人只能当场表示接受，方为有效。

采用函电成交时，常见的明确规定有效期的方法主要有以下几种：

①规定最迟接受的期限。例如，限×月×日复到此地。

②规定一段接受的期限。例如，发盘的有效期为 5 天。以这种方法规定有效期，存在发盘有效期计算的起讫问题。

此外，当发盘规定有效期时，还应考虑交易双方因营业地点不同而发生的时差问题。

（3）发盘的撤回。是指发盘人将尚未被受盘人收到的发盘予以取消的行为。按《公约》第 15 条第 2 款规定：“一项发盘，即使是不可撤销的，也可以撤回，如果撤回通知在发盘送达受盘人之前或同时送达受盘人。”这一规定是基于发盘到达受盘人之前对于发盘人没有产生约束力，所以，发盘人可以将其撤回。可见“撤回”的实质是阻止发盘的生效。

在业务实践中，发盘人如果发现发盘中内容有误或市场情况有变，可争取在发盘到达受盘人之前，立即以更快速的通信方式撤回该项发盘。需要注意的是：首先，现代通信方式快捷无比，电传、传真、电子邮件等，在发出的同时对方已收到，已没有余地撤回。因此，发盘之前要研究妥当，以免到时无法撤回，产生麻烦。其次，应估计到有时撤回通知未能如愿在发盘送达受盘人之前或同时送达受盘人，这时该发盘已生效，对发盘人已产生约束力，如果取消该发盘，就不是撤回的问题了。

（4）发盘的撤销。是指发盘人将已经被受盘人收到的发盘予以取消的行为。

关于发盘能否撤销的问题，英美法与大陆法存在严重的分歧。英美法认为，在受盘人表示接受前，即使发盘中规定了有效期，发盘人也可以随时予以撤销，这显然对发盘人有利。而大陆法主张，发盘原则上对发盘人具有约束力，一项发盘一经送达受盘人，即生效后就不得撤销，除非发盘人在发盘中注明不受约束。

为了调和上述两大法系在发盘可否撤销问题上的分歧，《公约》采取了折中的办法。《公约》第 16 条规定："在未成立合同之前，发盘得以撤销，如撤销通知于受盘人发出接受通知之前到达受盘人。但在下列情况下，发盘不得撤销：（a）发盘人表明接受发盘期限或以其他方式表示发盘是不可撤销的；（b）受盘人有理由信赖该发盘是不可撤销的，而且已本着对该项发盘的信赖采取了行动。"

上述规定表明，发盘在一定条件下可以撤销，而在有些条件下又不得撤销。可撤销的条件是在受盘人发出接受通知之前将撤销的通知传达到受盘人。

不可撤销的条件有：一是发盘规定了有效期，在有效期内不能撤销；如果没有明确规定有效期，但以其他方式表示发盘不可撤销，如在发盘中使用了"不可撤销""在未获贵公司答复前不另向其他人发盘"等字样，那么在合理时间内该项发盘不能撤销。二是受盘人有理由信赖该发盘是不可撤销的，并采取了一定的行动。如受盘人曾发出询盘，称某工程需要某设备，请发盘。在收到发盘后，本着对该发盘的信赖，与该工程联系洽谈，则这项发盘就不能撤销。

应该指出，内容完整、确定的发盘，能够撤销的是很少的。

（5）发盘的失效。是指发盘法律效力的消失。关于发盘失效的问题，《公约》第 17 条规定："一项发盘，即使是不可撤销的，于拒绝通知送达发盘人时终止。"这就是说，当受盘人不接受发盘的内容，并将拒绝的通知送到发盘人手中时，即使发盘的有效期尚未届满，原发盘也失去效力，发盘人不再受其约束。

此外，在业务实践中还有以下几种情况造成发盘的失效。

①受盘人做出还盘。

②发盘人依法撤销发盘。

③发盘人规定的有效期届满。

④人力不可抗拒的意外事故造成发盘的失效。

⑤在发盘被接受前，当事人丧失行为能力、死亡或法人破产等。

发盘实例：

Dear Joni，

We well received your enquiry. We quote below as you required：

Name of commodity：Soybean

Quality：Grade A

Packaging：In bulk

Quantity：100M/T

Price：CIF Singapore USD1. 80

Payment terms：Irrevocable L/C

Delivery date：No later than 20/12/2016

Any further questions，please feel free to let me know.

Best regards，

琼妮，您好：

我们收到了您的询盘，按您的要求，我方报价如下：

品名：大豆

品质：A 级

包装：散装

数量：100 公吨

价格：每公吨大豆 USD1. 80 CIF 新加坡

付款条件：不可撤销信用证

交货日期：不迟于 2016 年 12 月 20 日

如有任何疑问，请随时让我知道。

此致！

3. 还盘

还盘又叫还价（Counter Offer），它是指受盘人在接到发盘后，不同意或不完全同意发盘人在发盘中提出的条件，为了与发盘人进一步磋商交易条件，对发盘提出修改意见，或做出变更的表示。还盘可以用口头方式或者书面方式表达，可以是针对价格，也可以是针对品质、数量、装运和支付方式等重要交易条件提出修改意见。

还盘实例：

你 10 日电收悉，还盘每公吨 185 美元 CFR 纽约，26 日复到。

Your cable 10th counter offer till 26th our time USD185 per M/T CFR New York.

还盘的形式可有不同，有的明确使用“还盘”字样，有的则不使用，只是在内容中表示出对发盘的修改。

虽然从法律上讲，还盘并非交易磋商的必经环节，但是，在实际业务中，还盘的情况还是很多的，有时一项交易须经过还盘再还盘，甚至要经过数十次的讨价还价，才能做成。

需要注意的是，从法律意义上说，还盘是对发盘的一种拒绝，还盘一经做出，原发盘即失去效力，发盘人不再受其约束。一项还盘等于是受盘人向原发盘人提出的一项新的发盘。还盘做出后，还盘的一方与原发盘人在地位上便发生了变化，还盘者由原来的受盘人变成新盘的发盘人，而原发盘人则变成了新盘的受盘人。新受盘人有权针对还盘内容进行考虑，决定接受、拒绝还是再还盘。

既然还盘一经做出，原发盘的效力便终止，即使原发盘规定的有效期尚未届满，所以，如果还盘人在还盘后又反悔，要想重新接受原发盘，那只有在原发盘人表示同意后，合同才成立。当然，如果还盘方能成功地撤回还盘并在原发盘的有效期内表示接受，合同是成立的。

还盘实例：

Dear Mr. Black,

Thanks for your offer. After our carefully study, we found your price is on the high side. We know your goods are of high quality, but we do hope you kindly reduce the price approximately by 5% for long term cooperation.

We look forward to your reply.

Best regards,

布莱克先生，您好！

谢谢您提供的发盘，经过我们仔细研究，我们认为你方价格太高，我们知道您的商品质量好，但为了我们的长期合作，我们希望您能降低5%的价格。

期待您的回复。

此致！

4. 接受

接受（Acceptance）在法律上称“承诺”，是买方或卖方同意对方在发盘中提出的各项交易条件，并愿按这些条件与对方达成交易、订立合同的一种肯定表示。

一方的发盘经另一方接受，交易即告达成，合同即告订立，双方就应分别履行其所承担的合同义务。

（1）接受的定义和构成接受的条件

《公约》第18条第1款对接受作了如下定义：“被发价人声明或做出其他行为表示同意一项发价，即是接受。缄默或不行动本身不等于接受。”

构成上述有效的接受，必须具备以下条件。

①接受必须由受盘人做出。这一条件与发盘的第一个条件是相呼应的。发盘必须向特定的人发出，发盘的约束力是约束发盘人对特定的受盘人而不是对任何其他人承担义务，即表示发盘人愿意按发盘的条件与受盘人订立合同，但并不表示他愿意按这些条件与其他任何人订立合同。因此，接受也只能由受盘人做出才具有效力，其他任何人对发盘表示同意，都不能导致合同成立，不能构成接受。

②接受必须表示出来。表示接受，必须以口头或书面的声明向发盘人明确表示出来，另外，还可以用行为表示接受。缄默或不行动，即不做任何方式的表示，不能构成接受。

根据《公约》规定，声明可以是书面的，也可以是口头的。一般来说，发盘人如果以口头发盘，受盘人即以口头接受；发盘人如果以书面形式发盘，受盘人即以书面形式来表示接受。

在业务实践中，受盘人还可以用其他行为表示接受。《公约》第 18 条第 3 款对此作了说明："如果根据该项发盘或依照当事人之间确立的习惯做法或惯例，受盘人可以做出某种行为，例如用以发运货物或支付价款有关的行为来表示同意，而无须向发盘人发出通知，则该接受于该项行为做出时生效，但该行为必须在上一款规定的期间内。"根据这一规定，受盘人可以用与发货或付款有关的行为表示对发盘的接受，而不向发盘人发出接受通知。用这种行为表示的接受，也构成有效接受。

③接受必须在发盘的有效期内传达到发盘人。发盘中通常都规定有效期，接受必须在发盘的有效期内传达到发盘人。这一期限有双重意义：一方面，它约束发盘人，使发盘人承担义务，在有效期内不能任意撤销或修改发盘的内容，过期则不再受其约束；另一方面，发盘人规定有效期，也是约束受盘人只有在有效期内做出接受，才有法律效力。

④接受必须与发盘相符。接受必须与发盘相符，凡有实质性的新增、限制或修改的接受，都不能视为有效接受，而应视为还盘。根据《公约》规定，有关货物价格、品质、交货时间和地点，当事人对另一方当事人的责任范围或解决争端等的附加或不同条件，均视为实质上变更发盘的条件。但是，有时受盘人在接受时顺便提出某些非实质性变更，如果不影响交易，应该看作是一项有效接受，不能当作还盘处理。除非发盘人不同意并及时提出异议，否则合同将按对原发盘添加或更改的交易条件达成。

（2）逾期接受

如果接受通知超过发盘规定的有效期限，或发盘未具体规定有效期限而超过合理时间才传达到发盘人，就成为一项逾期接受，或称迟到的接受。对于这种迟到的接受，发盘人不受其约束，不具有法律效力。但也有例外的情况，《公约》第 21 条第 1 款规定："逾期接受（Late Acceptance）仍有接受的效力，如果发价人毫不迟延地用口头或书面将此种意见通知被发价人。"《公约》第 21 条第 2 款规定："如果载有逾期接受的信件或其他书面文件表明，它是在传递正常、能及时送达发价人的情况下寄发的，则该项逾期接受具有接受的效力，除非发价人毫不迟延地用口头或书面通知被发价人，他认为他的发盘已经失效。”按《公约》规定，如果发盘人于收到逾期接受后，毫不迟延地通知受盘人，确认其为有效，则该逾期接受仍有效力。另外一种情况是，一项逾期接受，从它使用的信件或其他书面文件表明，在传递正常的情况下，本应该能及时送达发盘人，但由于出现传递不正常的情况而造成延误，这种逾期接受仍可被认为是有效的，除非发盘人毫不迟延地用口头或书面形式通知受盘人，表示他的发盘已经失效。

（3）接受的生效和撤回

《公约》规定，接受于接受通知送达发盘人时生效。对口头发盘必须立即接受，但情况有别者不在此限。

在接受的撤回问题上，《公约》第 22 条规定：“接受得予撤回，如果撤回通知于原接受生效之前或同时送达发盘人。”由于接受送达发盘人时才产生法律效力，故撤回接受的通知，只要先于原接受通知或与原接受通知同时送达发盘人，则接受撤回。接受生效后，合同已经成立，接受是不能撤回的。

接受实例：

Dear Mr. Brown,

We have received your offer of soybean, and we are pleased to confirm buying soybean from you on the terms and conditions in your offer.

We enclose our Sales Confirmation in duplicate, a copy of which please sign and return to us for our file.

Best regards,

布朗先生，您好！

我们已经收到您关于大豆的发盘，我们非常愿意按照发盘的条件从你方购买大豆。

兹随函附寄我方销售确认书一式两份，其中一份请签退予我方，以便我方存档。

此致！

任务三　签订买卖合同

知识目标

1. 了解合同条款；

2. 熟悉合同模板。

能力目标

1. 能够起草合同；
2. 能够分析合同；
3. 具备签订合同的能力。

任务导入

我国A公司拟参加某宾馆室内装修投标，为更确切地估算投标标底，向美国B公司询价购买300套卫浴设备，并说明："这一询价的目的是为了更准确地估算投标的价格，投标日期为8月8日，开标日期为8月25日。"B公司于8月1日向A公司发出出售300套卫浴设备的要约。A公司认为价格合理，据此计算标底，并于8月8日递交了投标书。但B公司发出要约后，因货源紧张，价格上涨，遂于8月15日发出撤销要约的通知。A公司收到后当即表示不同意撤销要约。8月25日开标时，A公司中标。A公司于8月26日对B公司8月1日的要约做出承诺。B公司回电称其要约已经撤销，合同不成立，而A公司则坚持合同成立。

思考：

请根据《公约》分析A、B公司间的合同是否成立？为什么？

相关知识

一、合同有效成立的条件

在国际贸易中，买卖合同于何时成立是一个十分重要的问题。根据《公约》的规定，接受送达发盘人时生效，接受生效的时间，实际上就是合同成立的时间。但是，合同是否具有法律效力，还要视其是否具备了一定的条件，不具备法律效力的合同是不受法律保护的。因此，了解和掌握合同有效成立的条件非常重要。一般来说，一项有法律约束力的合同，需具备下列条件。

（1）当事人必须在自愿和真实的基础上达成协议。《中华人民共和国合同法》第3条规定："合同当事人的法律地位平等，一方不得将自己的意志强加给另一方。"第4条规定："当事人依法享有自愿订立合同的权利，任何单位和个人不得非法干预。"

（2）当事人必须具有订立合同的行为能力。这是指签订合同的双方或各方当事人必须具有合法的行为能力，并能理解合同条款。没有法律能力、法律能力有限、没有签订合同能力的人签订的任何合同均是无效的。

（3）合同必须有对价和合法的约因。所谓对价（Consideration），即指当事人为了取得合同利益所付出的代价。例如，在买卖合同中，买方得到卖方提交的货物必须支付货款，而卖方取得买方支付的货款必须交货，买方支付和卖方交货就是合同的“对价”。所谓约因（Cause），即指当事人签订合同的直接目的。买卖合同只有在有“对价”或“约因”的情况下，才是有效的，无对价或无约因的合同，是得不到法律保护的。

（4）合同的标的和内容必须合法。几乎所有国家的法律都要求当事人所订立的合同必须合法，并规定凡是违反法律、违反公共秩序以及违反善良风俗或道德的合同，一律无效。《中华人民共和国合同法》第7条规定：“当事人订立、履行合同，应当遵守法律、行政法规，尊重社会公德，不得扰乱社会秩序，损害社会公共利益。”

（5）合同必须符合法律规定的形式。世界上大多数国家，只对少数合同才要求必须按法律规定的特定形式订立，而对大多数合同一般不从法律上规定应当采取的形式。《联合国国际货物销售合同公约》第11条规定：“买卖合同无须以书面订立或证明，在形式方面不受任何其他条件的限制，买卖合同可以包括人证在内的任何方法证明。”《中华人民共和国合同法》第10条规定：“当事人订立合同，有书面形式、口头形式和其他形式。”

二、书面合同的签订

在国际贸易实践中，交易达成后，买卖双方往往需签订一份正式的书面合同，将双方的权利、义务等明文规定下来。

1. 签订书面合同的意义

（1）作为合同成立的证据。依照各国法律的要求，凡是合同都必须能被证明，提供证据，以证明合同关系的存在。当双方在事后发生争议提交仲裁或诉讼时，仲裁庭和法庭也要先确定双方之间是否已建立了合同关系，将要求当事人对合同成立提供证据。对于用函电磋商达成的交易，证据显然不成问题。但是对于通过口头谈判达成的交易，书面合同的作用就特别重要了，如不用一定的书面形式加以确定，合同将由于不能被证明而难以得到法律的保护。因此，尽管有许多国家的法律中并不否认口头合同的效力，但在国际贸易中，一般多数要求签订书面合同。这就是通常所说的“空口无凭、立字为据”。

（2）作为履行合同的依据。在国际贸易中，合同的履行涉及企业内部的许多部门和企业外部的许多机构，如运输公司、保险公司、银行等，过程也相当复杂。口头合同如不转变成书面合同，几乎无法履行。即使通过信件、电报、电传、电子邮件等达成交易，如不将分散于多份信函、电报、电传、电子邮件中的双方协议一致的条件集中归纳到一份书面合同上来，也将难以正确履行合同。因此，买卖双方不论通过口头还是书面磋商，在达成交易后，都要求将商定的交易条件、各自应享有的权利和承担的义务，全面清楚地在一个文件上用文字规定下来，作为履行合同的依据。

（3）书面形式是合同生效的条件。如果买卖双方磋商时，一方提出以最终签订书面合同为准，则在书面合同签订之前，合同不能生效。此时，签订合同是合同生效的条件。此外，按规定应采用由一国政府机构审批的合同，也就是有一定格式的书面合同。

2. 书面合同的形式

国际上对货物销售合同的书面形式没有特定的格式和限制，有正式的合同（Contract）、确认书（Confirmation），也有协议（Agreement）、备忘录（Memorandum）等形式，此外，还有订单（Order）和委托订购单（Indent）等。

在我国外贸业务中，书面合同主要采用两种形式：一种是条款完备、内容较全面的正式合同，另一种是内容较简单的确认书。

（1）合同。业务中常用的合同主要有销售合同（Sales Contract）和购货合同（Purchase Contract）。销售合同是指卖方草拟提出的合同，购货合同是指买方草拟提出的合同。合同的内容比较全面，除商品的名称、规格、包装、数量、单价、装运港和目的港、交货期、付款方式、运输标志、保险、商品检验等条款外，还有异议索赔、仲裁、不可抗力等条款。它的特点在于：内容比较全面，对双方的权利和义务以及发生争议后如何处理，均有详细的规定。签订这种形式的合同，对于明确双方的责任、避免争议的发生都是有利的。因此，对大宗商品或成交金额较大的交易，一般应采用这种合同形式。

（2）确认书。确认书有销售确认书（Sales Confirmation）和购货确认书（Purchase Confirmation）两种。前者由卖方草拟，寄交进口商会签（Counter - sign），后者由进口商草拟，寄交出口商会签。确认书属于一种简式合同，它的内容一般包括商品的名称、规格、包装、数量、单价、装运港和目的港、交货期、付款方式、运输标志、保险、商品检验等条款。对于异议索赔、仲裁、不可抗力等条款，一般都不予列入。这种格式的合同，适用于金额不大、批数较多的小土特产品和轻工产品，或者已订有代理、包销等长期协议的交易。

上述两种形式的合同，虽然在格式、条款项目和内容的繁简上有所不同，但在法律上具有同等的效力，对买卖双方均有约束力。

在外贸业务中，合同或确认书通常一式两份，由双方合法代表分别签字后各执一份，作为合同订立的证据和履行合同的依据。

（3）订单（Order），是经过交易磋商达成协议后，由买方向卖方发出的。其效力等于国外买方的购货合同或确认书。

3. 书面合同的内容

合同的基本内容由约首、正文和约尾三个部分组成。

（1）约首（Head of Contract）是合同的首部（Preamble），包括合同的名称、编号、订约的日期、订约地点、买卖双方的名称及序言等内容。在规定这部分内容时，一般应注意：对于双方的名称，应用全名，不能用简称；地址要详细列明；合同的序言，表示双方订立合同的意愿和执行合同的保证，对双方具有约束力，因此在规定序言时也应慎重考虑。

（2）正文（Body of Contract）是合同的主要部分，具体列明各项交易条件或条款（Terms and Conditions），如品名、品质规格、数量、单价、包装、交货时间与地点、运输与保险、支付方式以及检验、索赔、不可抗力和仲裁条款等。这些条款体现了双方当事人的权利和义务。

（3）约尾（End of Contract）是合同的尾部，包括合同使用的文字、效力、份数、附件的效力以及双方签字等。这也是合同不可缺少的重要组成部分。

4. 签订书面合同应注意的问题

（1）要注意合同各条款间的内在联系。

（2）合同内容要体现国家对外贸易原则和有关方针政策。

（3）合同条款要明确、完善和肯定。

书面合同范本如下。

正　本

(ORIG NAL)　　　　**南京市天天进出口有限公司**

NANJING TIANTIAN IMPORT&EXPORT CO., LTD

中国江苏南京市文昌西路58号

NO. 58 WEST WENCHANG ROAD NANJING JIANGSU CHINA

电话（Tel）：（86）25－84575678 传真（Fax）：（86）25－84575678

销售合同　　　　合同号 NO：______

SALES CONTRACT　　　　日期 DATE：______

The Buyers：______________________________

Address：______________________________

电话（Tel）：　　　　传真（Fax）：

双方同意按下列条款由卖方售出下列商品：

The Buyers agree to buy and the Sellers agree to sell the following goods on terms and conditions as set forth below：

（1）商品名称、规格及包装 Name of Commodity, Specifications and Packing	（2）数量 Quantity	（3）单价 Unit Price	（4）总值 Total Value
	（装运数量允许有　%的增减） (Shipment Quantity　% More or Less Allowed)		

（5）装运期限：

Time of Shipment：

（6）装运口岸：

Port of loading：

（7）目的口岸：

Port of Destination：

（8）保险：由______方负责，按本合同总值的110%投保______险。

Insurance：To be covered by the ______ for 110% of the invoice value against ______.

（9）付款：凭保兑的、可转让的、可分割的即期有电报套汇条款/见票/出票______天期付款信用证，信用证以______为受益人并允许分批装运和转船。该信用证必须在______前开到卖方，信用证的有效期应为上述装船期后第15天，在中国______到期，否则卖方有权取消本售货合约，不另行通知，并保留因此而发生的一切损失的索赔权。

Terms of Payment：By confirmed，transferable and divisible letter of credit in favor of ______ payable at sight with TT reimbursement clause/______ days'/sight/date allowing partial shipment and transshipment. The covering Letter of Credit must reach the Sellers before ______ and is to remain valid in ______. China until the 15th day after the aforesaid time of shipment，failing which the Sellers reserve the right to cancel this Sales Contract without further notice and to claim from the Buyers for losses resulting therefore.

（10）商品检验：以中国______所签发的品质/数量/重量/包装/卫生检验合格证书作为卖方的交货依据。

Inspection：The Inspection Certificate of Quality/ Quantity/ Weight/ Packing/ Sanitation issued by ______of China shall be regarded as evidence of the Sellers' delivery.

（11）装运唛头：

Shipping Marks：

其他条款：

OTHER TERMS：

1. 异议：品质异议买方须于货到目的口岸之日起30天内提出索赔，数量异议买方须于货到目的口岸之日起15天内提出索赔，但均须提供经卖方同意的公证行的检验证明。如责任属于卖方，卖方收到索赔后20天内答复买方并提出处理意见。

Discrepancy：In case of quality discrepancy，claim should be lodged by the Buyers within 30 days after the arrival of the goods at the port of destination，while for quantity discrepancy，claim should be lodged by the Buyers within 15 days after the arrival of the goods at the port of destination. In all cases，claims must be accompanied by Survey Reports of Recognized Public Surveyors agreed to by the Sellers. Should the responsibility of the subject under claim be found to rest on the part of the Sellers, the Sellers shall, within 20 days after receipt of the claim, send their reply to the Buyers together with suggestion for settlement.

2. 信用证内应明确规定卖方有权可多装或少装所注明的百分数，并按实际装运数量议付（信用证金额按本售货合约金额增减相应的百分数）。

The covering Letter of Credit shall stipulate the Seller's option of shipping the indicated percentage more or less than the quantity hereby contracted and be negotiated for the amount covering the value of quantity actually shipped. （The Buyers are requested to establish the L/C in amount with the indicated percentage over or below the total value of the order as per this Sales Contract.）

3. 信用证内容须严格符合本售货合约的规定，否则修改信用证的费用由买方负担，卖方并不负因修改信用证而延误装运的责任，并保留因此而发生的一切损失的索赔权。

The contents of the covering Letter of Credit shall be in strict conformity with the stipulations of the Sales Contract. Jn case of any variation there of necessitating amendment of the L/C, the Buyers shall bear the expenses for effecting the amendment. The Sellers shall not be held responsible for possible delay of shipment resulting from awaiting the amendment of the L/C and reserve the right to claim from the Buyers for the losses resulting therefore.

4. 除经约定保险归买方投保外，由卖方向中国的保险公司投保。如买方需增加保险额或需加保其他险，可于装船前提出，经卖方同意后代为投保，其费用由买方负担。

Except in cases where the insurance is covered by the Buyers as arranged, insurance is to be covered by the Sellers with a Chinese insurance company. If insurance for additional amount and /or for other insurance terms is required by the Buyers, prior notice to this effect must reach the Sellers before shipment and is subject to the Sellers' agreement, and the extra insurance premium shall be for the Buyers' account.

5. 因人力不可抗拒事故使卖方不能在本售货合约规定期限内交货或不能交货，卖方不负责任，但是卖方必须立即以电报通知买方。如果买方提出要求，卖方应以挂号函向买方提供由中国国际贸易促进委员会或有关机构出具的证明，证明事故的存在。买方不能领到进口许可证，不能被认为系属人力不可抗力范围。

The Sellers shall not be held responsible if they fail, owing to force Majeure cause or causes, to make delivery within the time stipulated in this Sales Contract or cannot deliver the goods. However, the Sellers shall inform immediately the Buyers by cable. The Sellers shall deliver to the Buyers by registered letter, if it is requested by the Buyers, a certificate issued by the China Council for the Promotion of International Trade or by any competent authorities, attesting the existence of the said cause or causes: The Buyers' failure to obtain the relative Import License is not to be treated as Force Majeure.

6. 仲裁：凡因执行本合约或有关本合约所发生的一切争执，双方应以友好方式协商解决；如果协商不能解决，应提交中国国际经济贸易仲裁委员会，根据该会的仲裁规则进行仲裁。仲裁裁决是终局的，对双方都有约束力。

Arbitration: All disputes arising in connection with this Sales Contract or the execution thereof shall be settled by way of amicable negotiation. In case no settlement can be reached, the case at issue shall then be submitted for arbitration to the China International Economic and Trade Arbitration Commission in accordance with the provisions of the said Commission. The award by the said Commission shall be deemed as final and binding upon both parties.

卖方（Sellers）：　　　　买方（Buyers）：

同步训练

知识巩固

一、单项选择题

1. 在交易磋商中，有条件的接受是（　　）。

A. 还盘的一种形式　　B. 接受的一种形式

C. 发盘的一种形式　　D. 发盘的邀请

2. 发盘的撤回与撤销的区别在于（　　）。

A. 前者发生在发盘生效后，后者发生在发盘生效前

B. 前者发生在发盘生效前，后者发生在发盘生效后

C. 两者均发生在发盘生效前

D. 两者均发生在发盘生效后

3. 下列属于发盘的是（　　）。

A. 该报价装运期 15 日复到有效

B. 你 17 日电每公吨 20 英镑 18 日复到

C. 你 17 日电可供 100 打参考价每件 5 美元

D. 你 17 日电接受，但用 L/C 替代 D/P 可商量

4. 关于接受的生效，英美法系实行的原则是（　　）。

A. 投邮生效　　B. 签署日生效

C. 到达生效　　D. 双方协商

5. 交易磋商的两个基本环节是（　　）。

A. 询盘和接受　　B. 发盘和签合同

C. 接受和签合同　　D. 发盘和接受

6. 认为商业广告不能视为发盘的法系是（　　）。

A. 英美法系　　B.《联合国国际货物销售合同公约》

C. 大陆法系　　D. 我国

7. 据《联合国国际货物销售合同公约》规定，下列为一项发盘必须具备的基本要素的是（　　）。

A. 货名　品质　数量　　B. 货名　数量　价格

C. 货名　价格　支付方式　　D. 货名　品质　价格

8. 下列为有效接受的是（　　）。

A. 你 17 日电接受，但用 L/C 替代 D/P

B. 你 17 日电接受，如能将装运期改为 5 月，我方可接受

C. 你 17 日电接受，但交货时须提供原产地证明

D. 受 R 公司委托，接受你方 17 日电条件

9. 有权签订对外贸易合同的为（　　）。

A. 自然人　　B. 法人

C. 法人或自然人　　D. 自然人或法人且需取得外贸经营权

10. 根据《联合国国际货物销售合同公约》规定，合同成立的时间是（　　）。

A. 接受生效的时间　　B. 交易双方订书面合同的时间

C. 在合同获得国家批准时　　D. 当发盘送达受盘人时

二、多项选择题

1. 我国外贸企业所使用的买卖合同包括（　　）。

A. 正式书面合同　B. 确认书　　C. 协议书

D. 口头协议　　E. 商品目录

2. “你 10 日电我方接受，但支付条件为 D/P，而非 L/C 即期。”该电文是（　　）。

A. 有效接受　　B. 还盘　　C. 对原发盘的拒绝

D. 对发盘表示有条件的接受　　E. 实质性变更发盘条件

3.《联合国国际货物销售合同公约》规定，一项已生效的发盘不能撤销的条件是（　　）。

A. 发盘规定了有效期　　B. 发盘未规定有效期

C. 发盘中明确规定该发盘是不可撤销的　D. 发盘中未表明可否撤销

E. 受盘人有理由信赖该发盘不可撤销，并采取了行动

4. 在实际外贸业务中，交易洽商程序中必不可少的两个法律环节是（　　）。

A. 询盘　　B. 发盘　　C. 还盘　　D. 接受

5. 在国际贸易中，合同成立的有效条件是（　　）。

A. 当事人必须具有签订合同的行为能力

B. 合同必须有对价或约因

C. 合同的形式和内容必须符合法律的要求

D. 合同当事人的意思表示必须真实

三、判断题

1. 询盘、发盘和接受是洽商交易不可缺少的步骤。（　　）

2. 询盘又称询价，即向交易另一方询问价格。（　　）

3.《联合国国际货物销售合同公约》规定发生效的时间为发盘送达受盘人时。（　　）

4. 发盘在其生效前是可以修改或撤回的。（　　）

5. 按《联合国国际货物销售合同公约》规定，接受生效的时间实际上就是合同订立的时间。（　　）

6. 我国法律同其他国家法律一样，均认为只要是自然人或法人均可签订对外贸易合同。（　　）

7. 我国签订的涉外经济合同，必须以书面方式订立，否则此合同无效。（　　）

8. 一项有效的发盘，一旦被受盘人无条件地全部接受后，合同即告成立。（　　）

9. 交易磋商是签订买卖合同的必经阶段和法定程序。（　　）

10. 接受和发盘一样也是可以撤销的。（　　）

能力提升

一、实训设计

请根据下面双方洽商的内容，帮卖方天津泰佛公司拟一份出口销售确认书。

卖方：天津泰佛纺织品进出口公司 TIANJIN TIFERT TEXTILES IMPORT & EXPORT CO. 86，ZHUJIANG ROAD，HEXI DISTRICT，TIANJIN，CHINA

买方：新加坡海外贸易公司 OVERSEAS TRADING CO.，LTD.

100 JULAN SULTAN #01 – 20 SULTAN PLAZA，SINGAPORE

双方经多次洽商，于 2010 年 9 月 17 日达成一笔交易，内容主要有袜品（PANTY STOCKING）CIF 新加坡每打 15 美元；数量 10000 打；不可撤销即期信用证见票 30 天付款；装运期 2010 年 11 月；投保一切险。

二、案例分析

（1）某公司与外商磋商进口机械设备。经往来电传磋商，已就合同的基本条款初步达成一致，但我方最后所发表示接受的电传中有“以签署确认书为准”的文字。事后，外商拟定合同书，要我方确认。但我方认为某些条款的措辞尚待进一步商讨，同时发现该商品的市场价格趋降，因此未及时给予答复。外商连续来电催开信用证。我方回答拒绝开证。

试问：这一拒绝是否合理？

（2）甲贸易商欲进口货物一批，请国外乙公司发盘。5 月 1 日乙公司发出“5 月 31 日以前报价为每箱 2 美元 CIF 天津，共计 200 箱罐装沙丁鱼，7 月份纽约港装运”的电报，而甲贸易商则做出如下还价：“你 5 月 1 日的报价还盘为 5 月 20 日前每箱 1.8 美元 CIF 天津，共 200 箱罐装沙丁鱼纽约装运。”到 5 月 20 日甲贸易商仍未收到回电。鉴于该货价有上涨趋势，甲贸易商于 5 月 22 日发电如下：“你 5 月 1 日电……我们接受。”

试问：本案中，乙公司的原报价是否继续约束乙公司至 5 月 31 日？乙公司能否因货价看涨而不理会甲贸易商的接受？

（3）中方某外贸公司派遣贸易小组赴美购买设备，双方在纽约已就设备规格、单价、数量等主要条款达成协议。小组赴美时向对方表示，回京后缮制合同，由双方签字后生效。回京后，因用户撤销进口委托，导致合同无法签署，信用证也未开出。美方敦促中方履约，否则将在美起诉中方公司。

试问：中方应如何处理此案？

模块三　商品的标的条款

任务一　商品品名和品质条款的操作

学习目标

知识目标

1. 了解商品品名、品质的表示方法；
2. 掌握商品品质机动幅度和品质公差。

能力目标

1. 熟练规定品名条款；
2. 能编写合同中的商品品质条款；
3. 能够灵活应用各种品质表示方法。

任务导入

2015 年 12 月，辽宁省沈阳市童辉服装进出口公司（以下简称 A 公司）与美国洛杉矶 Big Wave Garments Co.，Ltd.（以下简称 B 公司）签订了 5000 件真丝女士绣花衬衫出口合同。洽谈中，B 公司看过 A 公司提供的样品，同意以样品作为交货的品质标准，随后很爽快地与 A 公司签订了销售确认书。

货到洛杉矶后，因销售确认书的品质说明中只简单写明了衬衫的规格、质料、颜色。买家很快提出“颜色不正、缝制工艺粗糙”，并且以纽约一家检验机构的检验证书作为依据要求退货和赔偿。A 公司回复称货物是凭样品成交。样品经 B 公司确认。而 B 公司强调指出合同中并没有写明“凭样品成交”字样；况且，A 公司没有封存样品作为证物。A 公司解释纺织品按常识会存在色差问题。B 公司回应合同中品质说明中没有注明所交货物会有色差。

几经沟通双方仍无法达成一致。这时A公司才意识到问题的严重性。为不影响未来的交易发展，便同意了B公司提出的降价要求。

思考：

（1）买方的要求是否合理？

（2）我方应汲取的教训是什么？

一、商品的品名

1. 商品品名

品名，即商品的名称（Name of Commodity），是指某种商品区别于其他商品的一种称呼或概念。在国际贸易中，交易双方在洽谈交易和订立货物买卖合同的过程中，往往看不到成交的标的物，一般只是凭商品的名称或对商品的描述来成交的。因此，在销售合同中就必须要列明商品的名称。例如，商品的品名：印花棉布（Commodity: Printing Cotton）。

2. 表明商品品名的方法

商品的品名在一定程度上体现了商品的自然属性、用途及主要的性能特征，其命名方法主要有以下几种：

（1）以其主要成分或原料命名——突出商品的质量与内涵，如冰糖燕窝、玻璃杯、羊皮鞋等。

（2）以其主要用途命名——有利于消费者按其需要购买商品，如旅游鞋、洗发水、保温杯等。

（3）以其自身的外观造型命名——有利于消费者从名称上了解商品特征，如平底锅、铅笔裤、哈伦裤等。

（4）以制作工艺命名——提高商品的威望，增强消费者的信心，如压榨花生油、脱脂奶粉等。

（5）以人物名字、名胜古迹命名——引起消费者兴趣，如西湖龙井茶、孔府家酒等。

（6）以褒义词命名——突出商品的使用效能、对象和特征，如脑白金、黄金搭档等。

3. 买卖合同中的品名条款

品名条款的规定是买卖双方首先要考虑的问题，品名条款的规定一般有3种形式，由交易双方酌情商定。

（1）在合同中“商品名称”或“品名”的标题下，列明买卖双方要成交的商品，例如，花生仁、红小豆。

（2）仅在合同的开头部分，列明双方同意成交某种商品的文句，例如，兹经买卖双方同意成交中国大米订立条款如下。（The undersigned sellers and buyers have agreed to close the Chinese Rice according to the terms and conditions stipulated below.）

（3）品名条款和品质条款合并在一起。因为大多数时候同一品名项下的货物有不同的品种、规格、等级等，所以，在签订合同品名条款时通常把反映货物品质的具体内容并在一起进行描述。例如，SORCH Brand men's shirt 100% cotton。

4. 规定品名条款应注意的事项

买卖双方在规定此条款时，应认真谨慎，注意下列事项：

（1）必须明确、具体，避免空洞笼统。在规定商品的名称时，应能确切反映商品的主要特点。在有些情况下，还必须列明商品的规格、等级、型号和产地等，即列明商品的品质条款。

（2）尽可能使用国际通用的名称。对不同的商品，有关国家的海关关税和进出口限制规定不尽相同，有些商品有多个名称，因而存在着同一商品因名称不同而交付不同的关税、班轮运费、仓储费等情况，因此，应尽可能使用国际通用的名称，以减少不必要的费用和手续。

（3）与 HS 编码相适应。中国于 1992 年 1 月 1 日起正式采用了由海关合作理事会制定的《商品名称及编码的协调制度》（*The Harmonized Commodity Description and Coding System*，HS），并据此编写了《中华人民共和国海关进出口税则》和《中华人民共和国海关统计商品目录》。目前，几乎所有的发达国家及大部分发展中国家都采用了《商品名称及编码的协调制度》，各国的海关统计及普惠制待遇等都按 HS 编码操作。因此，我国在采用商品名称时应与 HS 编码规定的商品名称相适应。

二、商品的品质

1. 商品品质的概念

商品品质（Quality of Goods）是指商品的内在素质和外观形态的综合。前者包括商品的物理性能、机械性能、化学成分和生物特性等自然属性，一般需要专业工具分析测试方可得到，如机械类产品的精密度、纺织品回潮率、化工商品的凝固点等；后者包括商品的外形、色泽、款式或透明度等，一般是指只要通过人们的感官就能直接感觉到的商品外在特征，如商品的结构、款式、造型等。

2. 商品品质的表示方法

在国际货物买卖中，商品种类繁多，特点各异，故商品品质的表示方法也多种多样。归纳起来，主要分为两大类：一类是凭实物表示，另一类是凭文字说明表示。

（1）凭实物表示。凭实物表示商品品质又可分为看货买卖和凭样品买卖两种方法。

①看货买卖（Sales by Goods）。看货买卖是买卖双方履行合同时的品质标准以所看到的商品的实际品质为准进行交易，通常是先由买方或其代理人到卖方场所验看货物，达成共识后进行交易。当买卖双方采用看货成交时，买方或代理人通常先到卖方存放货物的场所验看货物，一旦达成交易，卖方就应按对方检验看过的商品品质标准交货。只要卖方交付的货物与买方检验看过的货物相符，买方就不得对品质提出异议。

在国际贸易中，由于交易双方远隔两地，交易洽谈主要以函电的方式进行，所以采用看货成交的可能性非常有限。看货买卖这种做法，多用于寄售、拍卖和展卖的业务中。

②凭样品买卖（Sales by Sample）。样品通常是从一批商品中抽出来的，或由生产、使用部门设计、加工出来的，足以反映和代表整批商品品质的少量实物。凡以样品表示商品品质并以此作为交货依据的，称为“凭样品买卖”。

在国际贸易中，按照样品提供者的不同，凭样品买卖可分为下列几种。

a. 凭买方样品买卖（Sales by Buyer's Sample）。凭买方样品买卖是指由买方提供样品并作为交货的品质依据。其买卖合同一般订明：“品质标准以买方样品为依据。”

b. 凭卖方样品买卖（Sales by Seller's Sample）。凭卖方样品买卖是指由卖方提供样品并作为交货的品质依据。其买卖合同一般订明：“品质标准以卖方样品为依据。”

c. 凭对等样品买卖（Sales by Counter Sample）。在国际货物买卖中，卖方对以买方样品成交的合同往往持谨慎态度，为避免日后的交货品质与买方样品不符而招致纠纷，卖方可根据买方提供的样品，加工复制出一个类似的样品交买方确认，这种经确认后的样品，称为“对等样品”（Counter Sample）或“回样”（Return Sample），也有称之为“确认样品”（Confirming Sample）。对等样品实质上是把“凭买方样品买卖”转变为“凭卖方样品买卖”。

无论凭何种样品买卖，卖方所交货物品质必须与样品完全一致，这是凭样品买卖的基本要求，否则就会招致买方的拒收或索赔等纠纷。如果卖方没有完全把握做到交货品质与样品品质完全一致，则应尽量在合同条款中规定一些弹性条款，如“品质与样品大致相同”，或“品质与样品相似”。

此外，以介绍商品为目的而寄出的样品，最好标明“仅供参考”（for Reference Only）字样，以免与标准样品混淆。

（2）凭文字说明表示。凭文字说明表示商品品质，是指用文字、图表、图片等方式来说明成交商品的品质。具体表示品质的方法可分为以下几种。

①凭规格买卖（Sales by Specification）。商品规格是指一些足以反映商品品质的主要指标，如化学成分、含量、纯度、性能、尺寸、容量、长短、色泽等。商品不同，用以说明商品品质的指标也不同。买卖双方用商品的规格确定品质的方法，称为凭规格买卖。这种方法比较方便、准确，在国际贸易业务中应用较广。

例一，素绉缎 100% 真丝，幅宽 55/56 英寸，匹长 38/42 码，重量 16.5 姆米（Plain Satin Silk 100% silk，width 55/56 inches，length 38/42 yds，weight 16.5 m/m.）

例二，Fish Meal（鱼粉）

Protein（蛋白质）	55% min
Fat	9% max
Moisture	11% max
Salt	4% max
Sand	4% max

②凭等级买卖（Sales by Grade）。商品的等级是指同一类商品按规格上的差异，分为品质优劣各不相同的若干等级。凭等级买卖时，由于不同等级的商品具有不同的规格，为了便于履行合同和避免争议，在品质条款列明等级的同时，最好规定每一等级的具体规格。这对简化手续、促进成交和体现按质论价等方面，都有一定的作用。例如，出口的钨砂，根据其三氧化钨含量的不同可分为特级、一级和二级。

小贴士

我国出口的冻带骨兔肉，按净重的等级分为以下 4 级

特级：每只净重不低于 1500 克；

大级：每只净重不低于 1000 克；

中级：每只净重不低于 600 克；

小级：每只净重不低于 400 克。

③凭标准买卖（Sales by Standard）。商品的标准是指政府机关或商业团体统一制定和公布的标准化的品质指标。根据制定者的不同，商品的标准分为企业标准、商业团体标准、国家标准、区域标准和国际标准。由于各国制定的标准经常进行修改，因此在援引标准时，必须标明采用标准的版本和年份。例如，利福平，符合 1993 年版英国药典。

思 考

资料：大连A公司与美国B公司成交红枣一批，合同与信用证均写的是三级品。但发货时A公司发现三级红枣告罄，于是改以二级红枣交货，并在发票上加注："二级红枣，仍按三级红枣计价。"

讨论：这种以好顶次、原价不变的做法妥当吗？

④凭说明书和图样买卖（Sales by Descriptions and Illustrations）。在国际贸易中，有些机、电、仪等技术密集型产品，因其结构和性能复杂，很难用几个简单的指标来说明品质的全貌，通常以说明书并附以图样、照片、设计图纸、分析表及各种数据来说明具体性能和结构特点。按此方式进行的交易，称为凭说明书和图样买卖。

⑤凭商标或品牌买卖（Sales by Trade Mark or Brand Name）。商标（Trade Mark）是指生产者或商号用来识别所生产或出售的商品的标志，往往由一个或几个具有特色的单词、字母、数字、图形或图片等组成。品牌（Brand Name）是指工商企业给制造或销售的商品所冠的名称。商标或品牌自身实际上是一种品质象征，只适用于一些品质稳定的加工产品。人们在交易中可以只凭商标或品牌进行买卖，无须对品质提出详细要求，因为商标或品牌本身实际上就是一种品质象征。例如，日本索尼彩电、中国海尔冰箱等，仅凭商标就能确定其品质标准。

⑥凭产地名称买卖（Sales by Name of Origin）。凭产地名称买卖是指以商品的产地名称作为买卖双方确定交易商品的品质条款。在国际货物买卖中，有些产品，因产区的自然条件、传统加工工艺等因素的影响，在品质方面具有其他产区的产品所不具有的独特风格和特色，对于这类产品，一般可用产地名称来表示品质。例如，云南白药、四川榨菜、北京烤鸭等。

此外，对于某些品质变化较大而难以等级化或标准化的农副产品，有时采用"良好平均品质"（Fair Average Quality，FAQ）这一术语来表示其品质。"良好平均品质"是指一定时期内某地出口货物的平均品质水平，一般是指中等货，也称大路货。例如，某种农产品的某个生产年度的中等货或某一季度、某一装船月份在装运地发运同一种商品的"平均品质"。由于这种方法表示的品质含糊，因此，在标明大路货的同时，通常还需约定具体规格作为品质依据，例如：

中国花生仁（China Groundnut）"FAQ" 2015

水分最高（Moisture Max.）8%

不完善粒最高（Imperfect Grains Max.）3%

含油量最低（Oil Content Min.）50%

上好可销品质（Good Merchantable Quality，GMQ），一般是指卖方所交货物应为“品质上好，合乎商销”。这种买卖条件多用于无法利用样品或无国际公认标准可循的买卖，如木材、冷冻鱼虾等商品交易。这种“标准”的含义更为含混不清，我国一般不采用。

3. 商品品质条款

常见的规定方法有以下两种。

（1）品质机动幅度（Quality Range）。表示商品品质的方法不同，合同中品质条款的内容也各不相同。在凭样品买卖时，交易双方为了避免争议和履行合同，在合同条款中常规定弹性条款，即品质机动幅度，如“品质与样品大致相同”“品质与样品相似”或其他类似条款。常见的品质机动幅度表示方法可归纳如下：

①规定一定的范围，即规定卖方所交商品的品质允许有一定的差异范围。例如，漂布，幅阔35/36英寸。

②规定一定的极限，即对所交货物的品质规格，规定上下极限，即最多、最少、最高、最低为多少等。例如，花生含水量最大为13%，含油量最小为46%。

③规定上下差异，即对所交货物的品质规定在一定指标上下浮动的范围。例如，鸭绒的含绒量为85%，允许上下浮动1%。

例如，灰鸭绒，含绒量90%，允许1%增减。

Grey Duck's Down with 90% down content, 1% more or less allowed.

在品质机动幅度范围内的货物，买方无权拒收，一般不另行计算增减价。但有些货物，经买卖双方协商同意，也可在合同中规定按交货的实际品质加价或减价，即为品质增价条款。

（2）品质公差（Quality Tolerance）。品质公差是指工业制成品在加工过程中所产生的国际上公认的误差。在品质公差范围内，被认为是符合品质条款要求的货物，买方无权拒收，也不得要求调整价格，这项要求主要适用于工业制成品。

4. 规定品质条款应注意的问题

（1）正确使用表示商品品质的方法。采用何种表示品质的方法，应视商品的特点而定。一般来说，凡能用一种方法表示品质的，不宜同时用两种或两种以上的方法来表示。

（2）要有科学性和灵活性。确定出口商品的品质条款时，内容和文字应注意科学性、严密性、准确性。但对有些商品，特别是品质规定不易做到完全统一的商品，如某些农副产品、轻工业品及矿产品等，要有一定的灵活性，规定合理的品质机动幅度或品质公差。

（3）实事求是规定品质指标。确定品质指标必须符合买卖双方的具体要求和能力，既不能定得过高，也不宜定得过低，以免影响合同的顺利履行。

经典案例

上海宏达外贸公司向美国出口一批芝麻，合同规定水分最高为13%，杂质不超过2%。成交前，宏达公司曾向美方寄过样品，签约后宏达公司又电告对方“成交货物与样品相似”。货到美国后，买方出具了货物品质比样品低6%的检验证明，并要求赔偿2000美元。宏达公司拒绝赔偿，并指出，这批货是经过挑选的。因为是农产品，不可能做到与样品完全一致，但不至于比样品低6%。但由于我方留存的样品遗失，对自己的申述无法提供依据，最后只好赔付差价款而结案。

问题：我方在交易中哪里出了问题？为什么？

案例评析：

1. 根据国际贸易有关法律规定：既凭样品又凭规格达成的交易，卖方所交货物必须既与样品一致，又要符合规格的要求。否则，买方有权拒收货物，并可提出索赔要求。

2. 本案例中，合同规定水分最高13%，杂质不超过2%。从合同规定看，在这笔进出口交易中，双方以商品的规格作为表示商品品质的方法，并以此作为交检商品的依据，属凭规格买卖，只要交货符合合同规定，我方即为履约。但是，成交前我方向对方寄送样品时未声明是参考样品，签约后又电告对方成交货物与样品相似，这个电报可以理解为：交货与样品相似是合同中品质规格条款的补充。因此，从整个交易过程来判断，这笔交易不是仅凭规格买卖，而是既凭规格又凭样品的买卖。

实际业务模拟操作

你是广州东方外贸公司业务员接到国外客户订购芝麻一批，需要制定合同条款，其中品名、品质条款应如何制定。

资料：芝麻，水分（最高）8%，杂质（最高）6%，含油量（最低）50%（如实际装运货物的含油量每增减1%，价格应相应增减1.50；水分每增减1%，则价格相应减增1%）。

请拟定合格品质条款。

操作：芝麻 Sesame seeds

水分（最高）8% Moisture (max.)

混合物（最高）8% Admixture (max.)

含油量（最低）50% Oil Content (min.)

(Should the oil content of the goods actually shipped be 1% higher or lower, the price will be accordingly increased or decreased by 1.5%; Should the moisture of the goods actually shipped be 1% higher or lower, the price will be accordingly decreased or increased by 1%)

任务二　商品数量条款的操作

学习目标

知识目标

1. 掌握常用的计量单位；
2. 了解商品计量数量的度量衡制度。

能力目标

1. 能够灵活应用举办短装条款；
2. 能准确规范应用计量单位。

任务导入

我国某出口公司向日本出口驴肉一批，合同规定：每箱净重16.6千克，共1500箱，合计24.9公吨，而且在所有单据上也都注明了24.9公吨。但货抵日本海关后，经查验每箱实际净重为20千克，计1500箱，合计为30公吨。

由于单据上的净重与货物实际净重不符，日本海关对进口商进行了严格的盘查，并认为我方少报重量有帮助客户逃税的嫌疑。后经我方反复解释才未予深究，但多装的5.1公吨驴肉不再退还，也不补付货款。

思考：

谈一谈你对本案例的看法。

相关知识

一、数量条款

1. 数量条款的含义

数量条款是指买卖双方对交易商品以一定的度量衡单位表示的商品的重量、数量、长度、面积、体积、容积等进行磋商，达成共识并签订合同中的款项。

2. 列明数量条款的意义

数量条款是不可缺少的合同主要条款之一。在国际贸易中，买卖双方必须确定合同中的数量条件，否则，不能构成合同。《联合国国际货物销售合同公约》（CISG）规定，按约定的数量交付货物是卖方的一项基本义务。如果卖方交货数量大于约定的数量，买方可以拒收多交的部分，也可以收取多交部分中的一部分或全部，但应按合同价格付款。如果卖方交货数量少于约定的数量，卖方应在规定的交货期届满前补交，但不得使买方遭受不合理的不便或承担不合理的开支，即使如此，买方也可保留要求损害赔偿的权利。可见，我们必须正确掌握合同中的数量条款，这对买卖双方履行合同意义重大。

二、计量单位和计重方法

1. 计量单位

国际贸易中使用的计量单位很多，不同的度量衡制度有不同的计量单位，而究竟采用何种计量单位，主要取决于商品的种类、特点和各国的商业习惯。在国际贸易中，通常有公制（Metric System）、英制（British System）、美制（US System）和国际标准计量组织在公制基础上颁布的国际单位制（International System of Units，SI）四种度量衡制度。

度量衡制度的不同导致同一计量单位所表示的数量也不同。例如，公制规定的每公吨等于1000公斤，英制规定每长吨为1016公斤，美制规定每短吨为907公斤；同样是容积单位的蒲式耳，英制与美制规定的大小也不同。根据《中华人民共和国计量法》规定，我国采用国际单位制计量单位，国际单位制计量单位和国家选定的其他计量单位为国家法定计量单位。自1991年1月起，除个别特殊领域外，我国已不再允许使用非法定的计量单位。从国际贸易的实际情况来看，经常采用的计量方法和计量单位有六类，如表3－1所示。

表3－1　常见的计量方法和计量单位

计量方法	计量单位	主要使用的商品
按重量计量	公吨（metric ton）、长吨（long ton）、短吨（short ton）、公斤（kilogram）、磅（pound）、盎司（ounce）、克（gram）、克拉（carat）	农副产品、矿产品、初级产品（黄金、白银等贵重商品，通常采用克或盎司来计量；而钻石类的商品，则采用克拉来计量）
按数量计量	件（piece）、双（pair）、套（set）、打（dozen）、卷（roll）、令（ream）、罗（gross）、袋（bag）、包（bale）、部（unit）、箱（case）、张（plate）	大多数工业制成品

续　表

计量方法	计量单位	主要使用的商品
按长度计量	米（meter）、英尺（foot）、码（yard）、英寸（inch）	金属绳索、丝绸、布匹等
按面积计量	平方米（square meter）、平方英尺（square foot）、平方码（square yard）	玻璃、木板、地毯、皮革等
按体积计量	立方米（cubic meter）、立方英尺（cubic foot）、立方码（cubic yard）	木材、天然气、化学气体等
按容积计量	蒲式耳（bushel）、公升（liter）、加仑（gallon）	各种谷物和液体商品

为了保证国际贸易的顺利进行，经常需要对计量单位进行换算。常用计量单位换算，如表 3－2 所示。

表 3－2　　常用计量单位换算一览表

1 盎司＝28.3495 克	1 千克＝35.2736 盎司
1 磅＝0.4536 千克＝16 盎司	1 千克＝2.2046 磅
1 长吨＝1016 千克	1 短吨＝907 千克
1 码＝0.9144 米＝3 英尺	1 米＝1.0936 码
1 英尺＝12 英寸＝0.3048 米	1 克拉＝0.2 克＝200 毫克
1 公升＝1000 毫升＝0.21998 英加仑＝0.26417 美加仑	1 公吨＝7.35 桶
1 桶＝42 美制加仑＝136 千克	1 蒲式耳＝36.369 升
1 平方米＝10.76391 平方英尺	1 平方英尺＝0.0929 平方米
1 平方米＝1.308 立方码	1 立方码＝27 立方英尺

思　考

资料：深圳华新公司向国外出口一批货物，双方洽谈时约定出口数量 100 公吨，每公吨 300 美元，但在签合同时只规定为“100 吨，每吨 320 美元”。货到目的地港后，外商以短吨为计量单位，认为我方多供 9.3 吨而拒绝收货。

讨论：本案例中双方为什么会产生纠纷？

2. 计算重量的方法

在国际贸易中，按重量计量的商品很多。根据一般的商业习惯，计算重量的方法主要有以下几种。

（1）按毛重计算。毛重（Gross Weight）是指商品本身的重量加包装物的重量。这种计重办法一般适用于粮食、大豆、饲料等低值商品。

（2）按净重计算。净重（Net Weight）是指商品本身的重量，即毛重减去包装物后的商品实际重量。在国际贸易中，大部分商品都是按净重计算的，不过有些价值较低的农产品或其他商品，有时也采用“以毛作净”（Gross for Net）的办法计重，即以毛重当作净重计价。例如，蚕豆100公吨，单层麻袋包装，以毛作净。

在国际贸易实际操作中，如果销售合同没有规定商品计重的方法，根据惯例，应按照净重计算。以净重计算，则必须从毛重中减去包装物的重量（皮重）。国际贸易中计算皮重的方法主要有以下几种。

①按实际皮重计算。实际皮重（Actual/Real Tare）是指包装物的实际重量，它是对商品的包装物逐件称量后所得的总和。

②按平均皮重计算。平均皮重（Average Tare）主要适用于商品的包装整齐划一、重量相差不大的商品。此方法是从整批货物中抽出一定件数的包装物，称其重量，计算每件的平均重量，然后用计算出的平均重量乘以包装物的件数，得到包装物的总重量。这种方法使用比较普遍，习惯上也称为标准皮重。

③按习惯皮重计算。习惯皮重（Customary Tare）中的商品包装材料和规格比较定型，皮重已为市场所公认，买卖双方只需按照公认的包装物重量计算整批商品的皮重。

④按约定皮重计算。在约定皮重（Computed Tare）方法下，商品包装物的重量是以买卖双方约定的皮重计算。在实际业务中，究竟采用哪种方法，主要取决于商品包装的特点、交易数量的多少以及买卖双方的交易习惯。但无论采用何种方法，买卖双方都应该在合同中明确规定，以免日后产生不必要的纠纷。

（3）按公量计算。公量（Conditioned Weight）是指在计算货物重量时，用科学方法抽去商品中的水分，再加上标准含水量所求得的重量。棉花、羊毛、生丝等吸湿性比较强，所含水分受客观环境影响较大，其重量很不稳定，为了准确推算这类商品的重量，国际上通常采用按公量计算。其计算公式如下。

公量＝商品干净重＋公定含水量

＝商品干净重×（1＋公定回潮率）

＝商品净重×（1＋公定回潮率）÷（1＋实际回潮率）

（4）按理论重量计算。对于按固定规格生产和买卖的商品，只要其规格一致，每件商品的重量应该是相同的，所以一般可以用件数乘以每件的重量推算出总重量，即为理论重量（Theoretical Weight）。但是，这种计量方法是建立在每件货物重量相同的基础上，在实际业务中，只能作为计重时的参考。

（5）按法定重量和实物净重计算。有些国家的海关法规定，在征收从量税时，商品的重量是以法定重量（Legal Weight）计算的。法定重量是指商品重量加上直接接触商品的包装物料（如小瓶、小纸盒等），即商品重量加上销售包装的重量。法定重量减去销售包装重量后的商品重量，即为实物净重（Net Net Weight）。

三、合同中数量条款的内容

1. 数量条款的基本内容

销售合同中的数量条款，主要包括商品的数量和计量单位，按重量成交的商品，还要订明计算重量的方法。

对于一些成交数量大的散装商品，如粮食、矿砂、化肥和黄豆等，由于商品的自身特点或自然条件，包装方式或装运工具受限，卖方往往难以准确按合同规定的数量交货。为了顺利完成合同，避免纠纷，买卖双方在签订数量条款时通常还要加订数量机动幅度条款或溢短装条款（More or Less Clause）。

2. 数量机动幅度

在实际业务中，销售合同的数量机动幅度条款的订立方法主要有以下几种。

（1）合同中未明确规定数量机动幅度，但在数量前加“约”“大约”或类似的词语，用于信用证金额或信用证所列的数量或单价时，按照国际商会《跟单信用证统一惯例》，应解释为信用证金额或数量或单价有不超过10%的增减幅度。

（2）合同中未明确规定数量机动幅度时，《跟单信用证统一惯例》还规定：“除非信用证规定所列的货物数量不得增减，在支取金额不超过信用证金额的条件下，货物数量允许有5%的增减幅度，但数量以包装单位或个数计数时，此增减幅度不适用。”

（3）买卖双方在合同中明确规定数量机动幅度，即使用溢短装条款。溢短装条款的主要内容有：溢短装的百分比、溢短装的选择权、溢短装部分的作价。

数量机动幅度的选择权可以在卖方，也可以在买方，一般来说，通常由卖方决定，但在买方派船装运的情况下，也可由买方或船方决定。对于溢短装部分的货物，一般按合同价格计算货款。但对于价格波动频繁、幅度较大的商品，为防止行使数量机动幅度选择权的一方利用此条款获取额外利益，可采用按装船时或货到时的市价计算；也可在数量机动幅度条款中加订“此项机动幅度只是为了在船舶实际装载需要时，才能适用”。数量条款示例如下：

例一，中国大米2000公吨，5%溢短装由卖方决定。

CHINESE RICE 2000 M/T, 5% more or less at Seller's option.

例二，美葵2000公吨，以毛作净。卖方可溢短装5%，增减部分按合同价格计算。

AMERICAN SUNFLOWER SEEDS, gross for net, 5% more or less at Seller's option at contract price.

四、订立数量条款应注意的问题

（1）正确掌握成交货物的数量。成交数量应充分与市场供求、销售价格、客户资信、经营能力相适应。

（2）数量条款内容要明确具体。为了避免争议，合同数量条款的内容要明确具体。例如，在规定计量单位时，要订明是长吨、短吨还是公吨。

（3）明确按毛重或净重计算。对大宗交易货物，一定要明确是按毛重还是按净重计算，如未注明，按国际惯例应视为按净重计算。

经典案例

大连宏发进出口公司在某次广交会上与外商谈妥出口大米10000公吨，每公吨USD205 FOB大连。但我方公司在签约时，合同上只笼统地写10000吨。多方当事人主观上认为合同上的“吨”就是公吨（metric ton）。后来，外商来证要求，按长吨（long ton）供货。如果我方照证办理则要多交大米160公吨。折合美元32800美元。于是，双方发生争议。

问题：我方应该如何处理？从中应汲取的教训是什么？

案例评析：我方应积极与美商沟通，重新确认重量的计量单位问题。从本案中我方应汲取的教训是，在签订合同数量条款时，内容一定要明确完整，因为各国实行的度量衡制度不同。

实际业务模拟操作

合同中数量条款规定“10000M/T，5% more or less at the seller's option”。卖方正待交货时，该货物国际市场价格大幅度下跌。

讨论问题如下：

（1）如果你是卖方，你准备交货多少？

（2）如果你是买方，应如何避免卖方利用溢短装条款进行投机？

任务三　商品包装条款的操作

学习目标

知识目标

1. 掌握商品包装条款的主要内容和订立方法；
2. 熟悉运输包装标志的种类。

能力目标

1. 会设计制作商品的唛头；
2. 能正确订立商品的包装条款。

任务导入

某笔交易合同订明由卖方提供双层旧麻袋包装。装船时，卖方因这种麻袋缺乏就自行换成了单层新麻袋，也未要求对方额外支付费用。但对方认为卖方的包装不符合合同约定，因此提出索赔。

思考：

对方的要求是否合理？

相关知识

包装是指为了有效保护货物品质完好和数量完整，根据货物的特性，使用适当的材料或容器，将货物加以包封并进行装潢和印刷一定标志的一种措施。

在国际贸易中，除少数散装货物（Cargo in Bulk）和裸装货物（Nude Cargo）外，绝大多数货物都需要有适当的包装。包装具有三个基本功能：保护商品安全、方便运输作业、促进商品销售。

一、商品包装的种类

根据包装在流通过程中所起作用的不同以及国际贸易中的习惯做法，可以将包装分为销售包装和运输包装两种类型。

1. 销售包装（Sales Packing）

销售包装又称内包装（Inner Packing）、小包装（Small Packing）或称直接包装

(Immediate Packing)，是直接接触商品并随商品进入零售网点和消费者直接见面的包装。

（1）销售包装的分类。销售包装可采用不同的包装材料和不同的造型结构与样式，因而产生了销售包装的多样性。如堆叠式包装（Piling - up Pattern）、挂式包装（Hanging - up Pattern）、便携包装（Pattern for Carrying About）、易开包装（Pattern for Easily Opening）、礼品包装（Pattern for Showing Off a Gift）。

（2）对销售包装的要求。这类包装除必须具有保护商品的功能外，还应具有美化、宣传商品，便于商品销售和使用等功能。因此，进口方对销售包装的用料、造型结构、装潢画面和文字说明等方面，都有较高的要求。

销售包装要求做到：便于陈列（Easy to Display）、便于识别（Easy to Identify）、便于携带和使用（Easy to Carry and Use）、有艺术的吸引力（Artistically Attractive）以及包括包装装潢设计（Decorative Pictures）和包装文字说明（Verbal Instruction）。

销售包装上的画面，应能突出商品特点，同时也力求美观大方，富有艺术吸引力。画面的图形和色彩，应符合有关国家的民族习惯和爱好。

销售包装上的文字说明包括商标、品牌、品名、产地、数量、规格、成分、用途和使用方法等。文字说明必须简明扼要，与画面和谐统一，以达到宣传、促销的作用，同时还应符合有关国家标签管理条例的规定。

小贴士

包装上文字规定

希腊商业部规定，凡进口到希腊的外国商品包装上的字样，除法定例外者，均要以希腊文书写清楚。否则将追诉处罚代理商、进口商或制造商。包装上书写项目包括：代理商或公司名称，进口商或制造商全名（如两家以上也要逐一写明），上述商号公司营业地址与城市名称，制造国家名称，货品的内容和种类，货品净重量或液体货品毛重量。

加拿大政府规定，进口商品包装上必须同时使用英、法两种文字。销往香港的食品标签，必须用中文，但食品名称及成分，须同时用英文注明。销往法国的产品的装箱单及商业发票须用法文。包装标志说明，不以法文书写的应附法文译注。销往阿拉伯地区的食品、饮料，必须用阿拉伯文字说明。销往巴西的食品，要附葡萄牙文译文。

2. 运输包装（Shipping Packing）

运输包装又称外包装（Outer Packing）、大包装（Giant Packing），其主要作用在于保护商品、方便运输和防止出现货损货差。

（1）运输包装的种类。由于商品的特性、形状、运输方式不同，决定了运输包装的方式和造型多种多样，用料和质地也各不相同。买卖双方究竟采用何种运输包装，应在合同中具体订明。实际业务中，常见的包装分类标准和种类如表 3－3 所示。

表 3－3　　常见的包装分类标准和种类

分类标准	种　类
按包装方式分	单件运输包装、集合运输包装
按包装造型分	箱、袋、包、桶、捆等
按包装材料分	纸制、金属、木制、塑料、竹（柳、草）制品、玻璃制品、陶包装
按包装质地分	软包装、半硬包装、硬包装
按包装程度分	全部包装、局部包装

在国际贸易中，买卖双方究竟采用哪种运输包装，应根据商品的特点、形状、运输方式和自然条件等因素综合决定。在实际业务中，集合运输包装是一种很常见的包装方式，它是指将若干单件包装的商品组合在一起，将其装在一个大包装内的包装方式，主要分为集装包、集装袋、集装箱和托盘四种。目前，集装箱运输已经成了国际普遍采用的一种运输包装方式，尤其是在海洋运输中广泛运用，如图 3－1 所示。经常使用的集装箱尺寸有三种：20 英尺、40 英尺和 45 英尺集装箱，即 20ft × 8ft × 8ft6in、40ft × 8ft × 8ft6in、45ft × 8ft × 8ft6in8 三种规格。

图 3－1　集装箱

（2）运输包装的标志。商品的外包装上一般要刷包装标志，其作用是方便货物运输、装卸、仓储、检验，将货物安全、迅速地送达收货人。运输包装的标志按其用途可分为运输标志、指示性标志和警告性标志。

①运输标志（Shipping Mark）。运输标志又称唛头，通常是由三个简单的几何图形和一些字母、数字及简单的文字组成。主要内容包括：a. 目的地的名称或代号；b. 收、发货人的代号；c. 件号、批号。此外，还有原产地、合同号、许可证和体积与重量等内容。由于在实际业务中，买卖双方都根据自身需要来刷运输标志，内容差异较

大，联合国欧洲经济委员会为了统一运输标志，简化国际贸易程序，制定了一套标准的运输标志，包括以下几项内容：a. 收货人或买方名称的英文缩写字母或简称；b. 参考号，如运单号、订单号或发货票号；c. 目的地；d. 件号。例如：

ABC—收货人代号

99/CNO. 12345—参考号（订单号）

NEW YORK—目的地

1/50—件号（顺序号和总件数）

需要注意的是，标准的运输标志不使用几何图形或其他图形。这是为了便于刷制运输标志，节省时间和费用，以便于使用电子通信手段传递信息。

思 考

资料：信用证规定的唛头：“KD – SPTSC10/SPORTAR/HAMBURG/C/NO. 1 – UP”。实际出口货物 6500 箱，其中 ART. 32 的商品为 1500 箱，ART. 45 的商品为 2000 箱，ART. 48 的商品为 3000 箱。

讨论：在上述情形下，提单中的唛头一栏应如何填写？

②指示性标志（Indicative Mark）。指示性标志是一种操作注意标志（见图 3 – 2），指人们在装卸、运输和保管过程中需要注意的事项，通常都是以简单醒目的图形和文字在包装上标出，也称为注意标志。在文字使用上，最好采用出口国和进口国的文字。

图 3 – 2　指示性标志

③警告性标志（Warning Mark），又称危险货物包装标志（见图 3 – 3），凡在运输包装内装有爆炸品、易燃物品、有毒物品、腐蚀物品、氧化剂和放射性物资等危险货物，都必须在运输包装上标明各种危险品的标志，这主要是为了使装卸、运输和保管人员按货物特性采取相应的防护措施。我国出口危险货物的运输包装上，应刷制我国和国际海运所规定的两套危险品标志，以防货物到国外港口时，不能靠岸卸货，需要

移泊或改港绕航，导致危险发生。警告性标志如图 3－3 所示。

图 3－3　警告性标志

3. 中性包装和定牌生产

（1）中性包装（Neutral Packing）。是指既不标明生产国别、地名和厂商名称，也不标明原商标或品牌的包装。也就是说，在出口商品包装的内外，都没有原产地和厂商的标记。

在国际贸易中，中性包装是为了打破某些国家或地区的歧视和限制以及适应转口销售的需要，是出口国家厂商扩大出口的一种促进销售的手段。中性包装是国际贸易常见的做法，在买方的要求下，可酌情采用。

中性包装包括无牌中性包装和定牌中性包装两种。无牌中性包装是指包装上既无产地和生产厂商的名称，又无商标、品牌；定牌中性包装是指包装上无产地和生产厂商的名称，但有买方指定的商标、品牌。

（2）定牌生产（Original Design Manufacturer，ODM）。也叫贴牌生产，是指卖方按买方要求在其出售的商品或包装上标明买方指定的商标或牌号，这种做法叫定牌生产。

采用定牌生产，主要是为了利用买方（包括生产厂商、大百货公司、超级市场和专业商店）的经营能力和他们的企业商誉或名牌声誉，以提高商品售价和扩大销售数量。目前，我国大多数定牌生产的出口产品，都打上“中国制造”字样。

思　考

资料：某外商欲购一批“美特斯邦威”品牌女装，但要求改用外商提供的商标，且规定包装上不得注明“中国制造”字样。

讨论：我方是否可以接受？应注意什么问题？

小贴士

条码（Bar Code Mark）

商品销售包装上的条码是由一组带有数字的黑白及粗细间隔不等的平行条纹所

组成，这是利用光电扫描阅读设备为计算机输入数据的特殊的代码语言。它可由光电扫描器来读出信息，其中包括品名、品种、数量、生产日期、生产厂商及产地等，并据此在数据库中查询单价，进行货款结算，这既方便了顾客又提高了结算效率。目前国际上通用的条码有两种：一种是由美国、加拿大组织的统一编码委员会编制，其使用的物品标识符号为 UPC 码；另一种是欧洲物品编码协会编制，该组织后名为国际物品编码协会（International Article Number Association），使用的物品标识符号为 EAN 码。

为了适应国际市场的需要和扩大出口，1988 年 12 月我国建立了“中国物品编码中心”，负责推广条码技术，并对其进行统一管理。1991 年 4 月我国正式加入国际物品编码协会，该协会分配给我国的国别号为“690”“691”“692”（不包括港、澳、台地区）。此外，我国的书籍代码为“978”，杂志代码为“977”。

二、合同中的包装条款

包装条款一般包括包装材料、包装方式、包装规格、包装标志和包装费用的负担等内容。包装条款的具体内容由买卖双方在签订合同时确定，要尽量做到明确具体，避免使用“海运包装”“习惯包装”等模糊术语。

包装条款的示例如下：

例一，纸箱装，每箱 12 听，每听净重 500 克。

In cartons, per carton containing 12 tins of 500 g. net each.

例二，涤纶袋包装。50 磅装一袋，4 袋装一木箱。木箱用金属作衬里。包装费用由买方承担。

To be packed in poly bags, 50 pounds in a bag, 4 bags in a wooden case be lined with metal. The cost of packing is for buyer's account.

例三，布包，每包 20 匹，每匹 40 码。

In cloth bales each containing 20pcs of 40 yds.

三、订立包装条款时应注意的问题

（1）包装条款应明确具体，不宜采用“适合海运包装”和“习惯包装”之类的用语。

（2）要结合货物特点和不同运输方式选择包装要素。

（3）明确包装由谁供应和包装费用由何方负担。

（4）明确运输标志由何方提供或设计。

实际业务模拟操作

广州嘉华国际贸易公司与美国某公司签订一笔出口合同，新来的业务员小张负责草拟合同，合同相关包装条款如下“用涤纶包装，25 磅装一袋，4 袋装一箱，箱子需用金属做衬里的木箱。包装费没卖方不承担”。业务员小张应如何编写包装条款。

同步训练

知识巩固

一、单项选择题

1. 根据现有商品的实际品质进行买卖叫作（　　）。

A. 凭样品成交　B. 看货买卖　C. 凭规格买卖　D. 凭产地买卖

2. 卖方根据买方提供的样品加工复制出一个类似的样品提供买方确认，经确认的样品叫作（　　）。

A. 复样　B. 回样　C. 参考样品　D. 卖方样品

3. 在国际贸易中，对于某些品质变化较大而难以规定统一标准的农副产品，其表示品质的方法常用（　　）。

A. 良好平均品质　B. 看货买卖　C. 上好可销品质　D. 凭说明书买卖

4. 对工业制成品交易，一般在品质的条款中灵活制定品质指标，通常使用（　　）。

A. 品质公差　B. 品质机动幅度

C. 交货品质与样品大体相等　D. 规定一个约量

5. 适用于在造型上有特殊要求或具有色、香、味方面特征的商品表示品质的方式是（　　）。

A. 凭等级买卖　B. 凭样品买卖　C. 凭商标买卖　D. 凭说明书买卖

6. 目前国际贸易中使用最多的一类计量单位是（　　）。

A. 按重量计算　B. 按数量计算　C. 按体积计算　D. 按面积计算

7. 在国际贸易中最常见的计重方法是（　　）。

A. 毛重　B. 净重　C. 理论重量　D. 法定重量

8. 在合同中规定“中国桐油，良好平均品质，游离脂肪酸不超过 4%”。这种表示商品品质的方法属于（　　）。

A. 品质公差　B. 品质机动幅度　C. 数量机动幅度　D. 增减价条款

9. 出口生丝计算重量的方法通常是按（　　）计算的。

A. 毛重　B. 净重　C. 公量　D. 理论重量

10. 凡货样不能做到完全一致的，一般不宜采用（　　）。

A. 凭规格买卖　B. 凭等级买卖　C. 凭标准买卖　D. 凭样品买卖

11. 国外来证规定数量为 10000 公吨的散装货，总金额为 50 万美元，未标明溢短装，不准分批装运。根据《跟单信用证统一惯例》（UCP600）规定卖方发货，（　　）。

A. 数量可以有 10% 的伸缩

B. 数量和金额均可以有 5% 的伸缩

C. 数量可以有 5% 的伸缩，金额不得超过 50 万美元

D. 数量和金额均不得增减

12. 当货物是以重量计算价格时，如买卖价格上发生异议，根据《联合国国际货物买卖合同公约》的规定，应按（　　）计价。

A. 毛重　B. 净重　C. 理论重量　D. 法定重量

13. 下列包装标志中，属于指示性标志的是（　　）。

A. 小心轻放　B. 有毒品　C. 易燃物　D. 爆炸物

14. 所谓 Duplicate Sample 是指（　　）。

A. Original Sample　B. Type Sample

C. Keep Sample　D. Sample for Reference

15. 其品质条款如下：Feeding horse bean，moisture（max）15%，admixture（max）2%。其表示品质的方式为（　　）。

A. F. A. Q.　B. Sale by Descriptions and Illustrations

C. Sale by Standard　D. Sale by Specification

16. 我国采用的是以（　　）为基础的法定计量单位。

A. 公制　B. 市制　C. 米制　D. 国际单位制

17. 以毛重作为计算价格和支付货款的计量基础，此计重方法称为（　　）。

A. Net Weight　B. Gross Weight

C. Conditioned Weight　D. Gross for Net

18. 提示人们在装运、保管过程中应注意的事项的标志为（　　）。

A. Shipping Mark　B. Trade Mark

C. Indicative Mark　D. Product Code

19. 对溢短装部分货物的价格，如合同中无其他规定，一般按（　　）计算。

A. 装船时国际市场价格　B. 合同价格

C. 买方国家市场价格　D. 买卖双方议价

20. 我方向国外出口某商品 50M/T，每公吨 300 美元，合同规定数量可增减 5%。国外开来的 L/C 规定数量为约 50M/T。卖方交货时，市场价格下跌。我方应交货（　　）。

A. 45M/T　　B. 55M/T　　C. 52. 5M/T　　D. 47. 5M/T

二、多项选择题

1. 下列数量关系正确的是（　　）。

A. 1 =12 oz.（常衡）　　B. 3 grosses =36 dozens　　C. 1 bushel < 6gallons

D. 1 yard =36 inches　　E. 1 gallon > 3 liters

2. 采用公量作为计算重量的产品有（　　）。

A. 矿砂　　B. 大豆　　C. 羊毛　　D. 马口铁　　E. 生丝

3. 国际贸易中常用的度量衡有（　　）。

A. Metric System　　B. UN System　　C. US System

D. British System　　E. International System of Units

4. 在国际贸易中，商品的品质（　　）。

A. 可以用文字说明表示

B. 可以用样品表示

C. 可以用实物表示

D. 可以用样品和文字说明等多种方式结合起来表示

E. 就卖方而言，应尽可能地用两种或多种方式表示

5. 根据不同情况，买卖合同中“溢短装条款”的选择权（　　）。

A. 可以归卖方　　B. 可以归买方　　C. 一般归卖方，也可以归买方

D. 必要时可以归承运人　　E. 不可以归承运人

6. 运输包装的主要作用是（　　）。

A. 保护商品　　B. 防止货损货差　　C. 促进销售

D. 宣传商品　　E. 吸引客户

7. 在卖方同意接受买方提供包装时，合同中包括条款除一般内容外还要订明（　　）。

A. 寄送包装的方法　　B. 包装送达的日期

C. 送交包装迟延的责任　　D. 运费包括包装费用的负担

E. 包装的技术性能

8. 按照国际标准化组织的建议和推荐，标准运输标志的内容包括（　　）。

A. 收货人的英文缩写字母或简称　　B. 参考号

C. 目的地　　D. 件数号码　　E. 条形码

三、判断题

1. 在选择订立品质的方法时，一般不宜采用既凭样品又凭规格成交的表示品质的方法。（　　）

2. 在出售的商品或包装上标明卖方指定的商标或牌号，即为定牌生产。（　　）

3. 按国际贸易惯例，运输标志可以由卖方提供，而且不必在合同中做具体规定。

4. 按照买方来样复制一样品供买方确认，这一样品称为复样。（ ）

5. 在出口贸易中，为了明确责任，最好采用既凭样品买卖，又凭规格买卖的方法成交。（ ）

6. 运输标志一般由卖方确定并制作，不必在合同中规定。（ ）

7. 定农产品品质可有一定幅度的差异，这称为品质公差。（ ）

8. 凭样品成交时，谨慎的出口商一般采用凭买方样品成交。（ ）

9. 在定牌业务中，卖方务必注意买方指定的商标是否存在侵权行为。（ ）

10. 凭对等样品成交，实际上是将凭买方样品成交转为凭卖方样品成交。（ ）

11. 在出口合同中规定："中国籼米　水分14%，杂质1%，不完善率7%。"这种规定准确、合理，因而被广泛使用。（ ）

12. 在品质机动幅度和品质公差范围内，交货品质如有出入，一般不另行计算增减价。（ ）

13. 卖方为了在交货时有一定的灵活性，签订合同时最好在数量前加上一个"约"字。（ ）

能力提升

一、实训设计

1. 根据下列材料，用英文撰写合同条款。

（1）中国福建产毛绒玩具纸箱装，每箱12盒，每盒6件。

（2）中国浙江产304号食用薄铁板，500公吨。

（3）中国东北红豆A级，1000公吨，2%增减幅度，由卖方选择，增减部分按市场价格定。

（4）中国北京产女士针织套头羊毛衫每件塑料袋装，每10件装一纸箱。

（5）中国山东产大蒜2000千克，溢短装2%，由卖方选择，每2千克装一纸盒。

2. 根据下面资料用英语填制销售确认书中的相关项目。

青岛利华进出口公司业务员李丽与阿联酋客户经过交易磋商，双方就品质、数量、包装、价格等交易条件达成了一致。业务资料如下：

男式衬衫

Art No. 44（black）3000件，7.00美元/件 CIF迪拜

Art No. 88（blue）3000件，6.50美元/件 CIF迪拜

每件装一塑料袋，每20件装一纸箱

目的港：迪拜（Dubai）

合同号码：LHSC080930

订立合同日期：2016 年 9 月 30 日

二、案例分析

（1）出口合同规定的商品名称为“手工制造书写纸”（Handmade Writing Paper），买方收到货物后，经检查发现货物部分制造工序为机械操作，对方要求我方赔偿，而我方拒绝，主要理由是：①该商品的生产工序基本上是手工操作的，而且关键工序完全用手工；②该交易是经买方当面先看样品成交的，并且实际货物品质与样品品质一致，因此应该认为所交货物与商定的品质一致。

试问：你认为责任在谁？应如何处理？

（2）我国某出口公司与日本某商人按每公吨 500 美元 CIF 东京成交某产品 200 公吨，合同规定包装为 25 千克双线新麻袋，信用证付款。该公司凭证装运出口并办妥了结汇手续。事后对方来电称：该公司所交货物扣除皮重后实际到货不足 200 公吨，要求按净重计算价格，退回因短量多收的货款。该公司则以合同未规定按净重计价为由拒绝退款。

试问：该公司做法是否可行？为什么？

（3）合同中的数量条款规定“About 1000 M/T”或“1000 M/T 5% more or less at seller's option”条款，有无不同？在后一种规定条件下，卖方最多和最少可交多少公吨货物？这部分货物如何计价？

模块四　国际贸易术语与惯例、商品价格核算

任务一　国际贸易术语与惯例的认知

学习目标

知识目标

1. 了解与贸易术语相关的国际惯例；
2. 理解贸易术语的作用；
3. 掌握《2010 年国际贸易术语解释通则》中的主要贸易术语的解释。

能力目标

能合理选用贸易术语成交。

任务导入

2016 年，上海辉煌国际贸易公司向新加坡贸易公司出口香料 10 公吨，对外报价每公吨 2600 美元 FOB 上海，装运期为 10 月，集装箱装运。我方 10 月 16 日收到买方催装通知，为及时装船，公司业务员于 10 月 17 日将货物存于上海码头仓库，不料货物因当夜仓库火灾而全部灭失，以致货物损失由我方承担。

思考：

在这笔业务中，我方若采用 FCA 术语成交，是否需要承担案中的损失？为什么？

相关知识

贸易术语是在国际贸易的长期实践中形成的，它的出现推动了国际贸易的发展。但是，最初各国对贸易术语并没有统一的解释，为了减少分歧，陆续出现了一些有关

贸易术语的解释和规则，这些规则在国际上被广泛采用，从而形成了一般的国际贸易惯例。

一、贸易术语的含义和作用

1. 贸易术语的含义

贸易术语（Trade Terms）也被称为价格术语（Price Terms），是用一个简短的概念，如用“Free on Board”或三个英文字母缩写，如用“FCA”来表明商品的价格构成，明确买卖双方有关费用、风险和责任的划分，以确定买卖双方在交货和接货过程中应尽的权利和义务。

贸易术语所表示的贸易条件，主要分两个方面：第一，说明商品的价格构成是否包括成本以外的主要从属费用，即运费和保险，如 FOB 不包含运费、保费，运费和保费由买方承担；相反，CIF 的运费和保费都已经包含在货价中，由卖方承担。第二，确定交货条件，即说明买卖双方在交接货物方面彼此所承担的责任、费用和风险的划分。

2. 贸易术语的作用

贸易术语是在国际贸易的实践中产生的，它的出现推动了国际贸易的发展，其所起的作用主要体现在以下三个方面：

（1）有利于买卖双方洽商交易和订立合同。每种贸易术语都有其特定的含义，因此，买卖双方只要商定按何种贸易术语成交，即可明确彼此在交接货物方面所应承担的责任、费用和风险。这就简化了交易手续，缩短了洽商交易的时间，从而有利于买卖双方迅速达成交易和订立合同。

（2）有利于买卖双方核算价格和成本。贸易术语表示价格构成的因素，因此买卖双方在确定贸易术语时，必然要考虑采用的贸易术语中都包含哪些从属费用，这样有利于买卖双方进行比价，加强成本核算。

（3）有利于买卖双方解决履约中的争议。买卖双方商定合同时，如某些合同条款规定不明确，致使履约当中产生争议并不能依据合同的规定解决时，可以援引有关贸易术语的一般解释来处理，因为贸易术语的一般解释已经成为国际惯例，是大家所遵循的一种类似行为规范的准则。

二、与贸易术语有关的国际惯例

有关贸易术语的国际贸易惯例主要有三种，即《1932 年华沙—牛津规则》《1941 年美国对外贸易定义修订本》和《国际贸易术语解释通则》。

1.《1932 年华沙—牛津规则》(*WARSAW-OXFORD RULES* 1932)

《1932 年华沙—牛津规则》是国际法协会专门为解释 CIF 合同而制定的。19 世纪中叶，CIF 贸易术语在国际贸易中得到广泛采用，然而对使用这一术语时买卖双方各自承担的具体义务，并没有统一的规定和解释。对此，国际法协会于 1928 年在波兰首都华沙开会，制定了关于 CIF 买卖合同的统一规则，称之为《1928 年华沙规则》，共包括 22 条。其后，在 1930 年的纽约会议、1931 年的巴黎会议和 1932 年的牛津会议上，将此规则修订为 21 条，并更名为《1932 年华沙—牛津规则》，沿用至今。这一规则对于 CIF 的性质、买卖双方所承担的风险、责任和费用的划分以及货物所有权转移的方式等问题都作了比较详细的解释。

2.《1941 年美国对外贸易定义修订本》（*Revised American Foreign Trade Definitions* 1941）

《美国对外贸易定义》是由美国几个商业团体制定的。它最早于 1919 年在纽约制定，原称为《美国出口报价及其缩写条例》。后来于 1941 年在美国第 27 届全国对外贸易会议上对该条例作了修订，命名为《 1941 年美国对外贸易定义修订本》。这一修订本经美国商会、美国进口商协会和全国对外贸易协会所组成的联合委员会通过，由全国对外贸易协会予以公布。《美国对外贸易定义》中所解释的贸易术语共有 6 种，分别为：

（1）Ex（Point of Origin）（产地交货）。

（2）FOB（Free on Board）（在运输工具上交货）。

（3）FAS（Free Alongside Ship）（在运输工具旁边交货）。

（4）C&F（Cost and Freight）（成本加运费）。

（5）CIF（Cost，Insurance and Freight）（成本加保险费、运费）。

（6）Ex Dock（Named Port of Importation）（目的港码头交货）。

《1990 美国对外贸易定义修正本》中的 FOB 术语与 INCOTERMS 的解释有所不同，具体如下：

（1）根据《美国对外贸易定义修订本》，FOB 适用于各种运输方式，并非只适用于水上运输。如用于水上运输，则必须在 FOB 后加缀“Vessel”字样，并列装运港名称，才表明卖方在装运港船上交货，而 INCOTERMS 2010 中的 FOB 本身就表示在装运港船上交货。

（2）根据《美国对外贸易定义修订本》，FOB Vessel 卖方所承担的风险和费用是在货物于装运港确实装上船舶时终止，而不是 INCOTERMS 2000 及其以前版本一直采用的以装运港船舷为界，但 INCOTERMS 2010 对此已经做出修订，改为以装运港船上作为风险与费用的划分界限。

（3）对于出口税款及其他出口费用，FOB Vessel 规定由买方承担。而 INCOTERMS 中的 FOB 规定由卖方承担。

（4）对于申领出口许可证的责任，FOB Vessel 规定由买方承担，只有在买方提出请求，并由买方负担费用的情况下，FOB Vessel 的卖方才有义务协助买方取得由出口国签发的为货物出口或在目的地进出口所需要的各种证件。而 INCOTERMS 中的 FOB 规定由卖方承担。

（5）FOB Vessel 多用于美国厂商向美国出口商报价，即 FOB Vessel 既可以用于国际贸易，也可用于国内贸易，而 INCOTERMS 中的 FOB 主要用于国际贸易。

《美国对外贸易定义》主要在北美国家采用，由于它对贸易术语的解释，特别是对 FAS 和 FOB 术语的解释与国际商会制定的《国际贸易术语解释通则》有明显的差异，所以，在同北美国家进行贸易时应加以注意。

3. 《国际贸易术语解释通则》（*International Convention of Trade Terms INCOTERMS*）

1936 年国际商会（International Chamber of Commerce，ICC）制定了《国际贸易术语解释通则》，对国际贸易中普遍使用的价格术语，提供了统一的解释。此后，该通则分别于 1953 年、1967 年、1976 年、1980 年、1990 年、1999 年进行了六次修订和补充，形成了 2000 年 1 月 1 日正式生效的《2000 年国际贸易术语解释通则》（以下简称《2000 通则》）。为适应进入 21 世纪以来国际贸易实践的新态势，考虑到目前世界上免税区的增加，电子通信的普遍使用以及货物运输安全性的提高，国际商会于 2007 年对《2000 通则》再次进行修订，删除了《2000 通则》D 组术语中的 DDU、DAF、DES 及 DEQ，同时新增了两种 D 组贸易术语，即 DAT（Delivered at Terminal）与 DAP（Delivered at Place），最终形成《2010 年国际贸易术语解释通则》（以下简称《2010 通则》）。

思考

资料：中国某公司出口一批货物到法国，途中货物遭到暴风雨而全部损失，买卖双方因卖方是否该支付货款而发生争执。

卖方：我方已按规定交货，你方应付款。

买方：船已沉，我方没有收到货物，为何付款？

卖方：合同规定适用《2010 通则》，我方不承担运输途中的风险。

买方：可合同中规定“货物到达目的港时付款”

卖方：按照惯例，你方应该付款。

买方：按照合同，我方无须付款。

讨论：哪一方更有理？

三、常用的六种贸易术语

在国际贸易中，仅适用于海运并在装运港交货的三种术语最为常用，分别是FOB、CFR和CIF。随着集装箱运输和多式联运方式的不断普及，FCA、CPT和CIP术语也越来越多地在国际贸易中使用。因此，熟悉这六种主要贸易术语的含义、买卖双方的义务及在使用中应注意的问题，显得特别重要。

1. FOB术语

FOB，Free on Board（... named port of shipment），即船上交货（……指定装运港），是指卖方必须在合同规定的装运期内在指定的装运港将货物交至买方指定的船上，并负担货物越过船舷之前的一切费用和风险。该术语只适用于海洋运输和内河运输。

（1）买卖双方义务的划分

选择FOB进行贸易时，买卖双方的主要义务如下所示：

①卖方的主要义务：负责在合同规定的日期或期间内，在指定装运港将符合合同规定的货物交至买方指定的船上，并及时通知买方；办理货物出口手续；负担货物在装运港越过船舷之前的一切费用和风险；负责提供商业发票和证明货物已交至船上的通常单据。

②买方的主要义务：负责按合同规定支付价款；负责租船或订舱，支付运费，并给予卖方关于船名、装船地点和要求交货时间的充分通知；办理货物进口以及必要时经由另一国过境的一切海关手续；负担货物在装运港越过船舷之后的一切费用和风险；收取卖方按合同规定交付的货物，接收与合同相符的单据。

（2）采用FOB贸易术语成交需要注意的问题

①使用FOB术语，卖方在装运港将货物装上船时完成交货，而载货船由买方负责租船订舱，所以买卖双方必须注意船货衔接问题。如果处理不当，就会发生货等船或船等货的情况，势必会影响合同的正常履行。

思 考

如果由于买方未给予卖方有关船名、装船地点和要求交货时间的充分通知，或其指定的船只未按时到达，影响成交接收货物，此时货物损坏或灭失的风险何时转移？

②当使用集装箱运输货物时，卖方通常将货物在集装箱码头移交承运人，而不是交到船上，这时不宜使用FOB术语，而应使用FCA术语。

③当卖方装船后，必须及时向买方发出装船通知，以便买方及时办理投保手续。

④装船费用负担问题。采用 FOB 贸易术语成交，默认由卖方负责装船费用。如采用班轮运输，装卸费用等都包括在运费内；若采用程租船运输，买卖双方应在合同中就装货各费用由何方承担问题作出规定。在国际贸易中形成了 FOB 术语的变形，这种变形明确装船费用由谁负责的问题。常见的 FOB 术语变形，如表 4 – 1 所示。

表 4 – 1　　　　FOB 术语变形

FOB 术语的变形	装货费用规定
FOB liner terms（FOB 班轮条件）	装货费由支付运费的一方（即买方）负担
FOB under tackle（FOB 吊钩下交货）	卖方将货物置于船舶吊钩可及之处，从货物起吊开始的装货费用由买方负担
FOB stowed，FOBS（FOB 包括理舱）	卖方负责将货物装入船舱并负担理舱费在内的装货费用
FOB TRIMMED，FOBT（FOB 包括平舱）	卖方负责将货物装入船舱并负担平舱费在内的装货费用
FOB stowed and trimmed，FOBST（FOB 包括理舱、平舱）	卖方负责将货物装入船舱并负责理舱费和平舱费在内的装货费用

以上 FOB 术语的变形，只是为了明确装船费用由谁负担的问题，并不改变 FOB 术语的交货地点及风险划分的界限。

经典案例

上海某外贸公司与国外某客户按 FOB 条件出口一批货物，合同规定装运期为 2016 年 11 月。11 月 23 日，该公司派业务员林青将货物送到装运港，直到 11 月 29 日（星期五）货物顺利装上运往目的港的船上，并于当晚驶离装运港。林青高高兴兴休了 2 天假，12 月 2 日上班后，林青立即给进口商补发了一份装船通知，半小时后，林青收到一份传真，被告知载货船于 12 月 1 日晚在某海域发生海难，出口货物全部灭失。林青对此并不在意，认为货物已装船并驶出了装运港，风险由买方承担；如果是保险范围内的损失，买方可以找保险公司索赔，因为办理保险是买方的责任。

问题：林青的这种想法对吗？为什么？

案例评析：不正确。《2010 通则》规定，在 FOB 条件下，卖方应在装船完毕后及时向买方发出装船通知中，便于买方办理保险和做好接货准备。这里的“及时”应理解为卖方应在货物装船完毕后 24 小时内给予买方装运通知。

2. CFR 术语

CFR，Cost and Freight（... named port of destination），成本加运费（……指定目的港）。是指卖方必须在合同规定的装运期内在装运港将货物交至运往指定目的港的船上，负担货物越过船舷之前的一切费用和风险，并负责办理货运保险，支付保险费，以及负责租船订舱，支付从装运港到目的港的正常运费。该术语只适用于海洋运输和内河运输。

（1）买卖双方义务划分

①卖方主要义务：卖方必须签订或取得运输合同，支付将货物运至指定目的港所需的运费；在指定装运港按合同规定日期或在规定期限内，将货物装到买方指定的船上或通过“取得”已交付至船上货物的方式交货，并及时通知买方；负担货物在指定装运港交到船上之前的一切风险和费用；自负费用取得所需的出口许可和其他官方授权，办理货物出口所需的一切海关手续；提交商业发票及证明已按本规则履行交货义务的交货凭证或相等的电子信息。

②买方主要义务：买方负担货物在指定装运港交到船上之后的一切风险和费用；订立保险合同，支付保费；自付费用取得进口许可或其他官方授权，办理货物进口和从他国过境运输所需的一切海关手续；按合同约定收取货物，接受交货凭证，支付价款。

（2）采用 CFR 贸易术语成交需要注意的问题

①装船通知问题。卖方及时发出装船通知很重要，因为这关系到买方能否为进口货物及时办理保险的问题。

②卸货费用的负担问题。采用 CFR 条件成交，货物到达目的港的卸货费用由谁承担是一个问题。为了避免在卸货费负担问题引起争议，便产生了 CFR 术语变形，如表 4－2 所示。

表 4－2　　**CFR 术语变形**

CFR 术语的变形	卸货费用规定
CFR liner terms（CFR 班轮条件）	卸货费由支付运费的一方（即卖方）负担
CFR ex tackle（CFR 吊钩下交货）	卖方将货物从舱底吊起卸到船舶吊钩可及之处的费用，在船不能靠岸的情况下，租用驳船的费用和货物从驳船卸到岸上的费用，由买方负担
CFR landed（CFR 卸到岸上）	买方负担卸货费，其中包括驳运费在内
CFR ex ship's hold（CFR 舱底交货）	货运到目的港后，由买方自行启舱，并负担货物从舱底卸到码头的费用

3. CIF 术语

Cost Insurance and Freight（... named port of destination），成本、保险费加运费

(……指定目的港)，是指卖方必须在合同规定的装运期内在装运港将货物交至运往指定目的港的船上，负担货物越过船上之前的一切费用和风险，并负责办理货运保险，支付保险费，以及负责租船订舱，支付从装运港到目的港的正常运费。该术语只适用于海洋运输和内河运输。

(1) 买卖双方义务划分

卖方义务：卖方必须签订或取得运输合同，支付将货物运至指定目的港所需的运费；在指定装运港按合同规定日期或在规定期限内，将货物装到买方指定的船上或通过"取得"已交付至船上货物的方式交货，并及时通知买方；负担货物在指定装运港交到船上之前的一切风险和费用；自负费用办理货物运输保险；自负费用取得所需的出口许可和其他官方授权，办理货物出口所需的一切海关手续；提交商业发票、保险单及证明已按本规则履行交货义务的交货凭证或相等的电子信息。

买方义务：买方负担货物在指定装运港交到船上之后的一切风险和费用；自付费用取得进口许可或其他官方授权，办理货物进口和从他国过境运输所需的一切海关手续；按合同约定收取货物，接受交货凭证，支付价款。

(2) 采用 CIF 贸易术语成交需要注意的问题

①办理保险问题。在 CIF 合同中，卖方负有为货物办理货物运输保险的责任，而从风险角度讲，货物在装运港越过船舷以后的风险是由买方承担的。因此，卖方办理货物运输保险是代办的性质。

办理保险必须明确险别。不同险别，保险人承保的责任范围不同，收取的保险费率也不相同。一般的做法是在签订买卖合同时，在合同的保险条款中明确规定保险险别、保险金额等内容，这样卖方就应按照合同的规定办理投保；但如果合同中未能就保险险别等问题做出具体规定，根据《2000 通则》的解释，卖方只需投保最低的险别。但在买方要求时，并由买方承担费用的情况下，可加保战争险、罢工险等。

②象征性交货。交货方式有两种：实际交货 (Physical Delivery) 和象征性交货 (Symbolic Delivery)。实际交货指卖方要在规定的时间和地点，将符合合同规定的货物交给买方或其指定人。象征性交货，也称凭单交货，是针对实际交货而言的，指卖方只要按期在约定地点完成装运，并向买方提交包括物权证书在内的有关单证，就算完成了交货义务，而无须保证到货。

CIF 是一个典型的象征性交货术语。在这种交货方式下，卖方凭单交货，买方凭单付款。只要卖方按合同的规定将货物装船并提供齐全的、正确的单据，即使货物在运输途中已遭遇风险，造成货物的全部灭失或部分损坏，买方也不能拒收单据和拒付货款。反之，如果卖方提交的单据不符合要求，即使货物完好无损地到达目的地，买方仍有权拒付货款。

CIF 术语的这一性质，使得 CIF 合同成为一种“单据买卖”合同。因此，CIF 合同项下的买卖双方交割的并非是实际货物，而是代表货物所有权的装运单据，所以是一种象征性交货术语。

③卸货费用的负担。买方负担卸货费，但卖方应注意运输合同与买卖合同的协调，如果卖方按照运输合同在目的港发生了卸货费用，除非双方事先另在约定，卖方无权向买方要求补偿该项费用。

④习惯做法。实际业务中，CIF 也常用于陆运和空运。如 CIF 香港（陆运）、CIF 巴黎（空运）。

⑤以上对 CFR 的变形，同样适用于 CIF。

经典案例

我国某公司按 CIF 条件向欧洲某国进口商出口一批草编制品，向中国人民保险公司投保了一切险，并规定了用信用证方式支付。我出口公司在规定的期限、指定的我国某港口装船完毕，船公司签发了提单，然后去中国银行议付款项。第二天，该出口公司中接到客户来电，称装货的海轮在海上失火，草编制品全部烧毁，客户要求我出口公司出面向中国人民保险公司提出索赔，否则要求其退回全部货款。

问题：对客户的要求该公司应如何处理呢？为什么？

案例评析：我出口公司不应理赔，CIF 为象征性交货。以 CIF 条件成交，风险已经在装运港货装船上时转移给买方，其后的风险由买方负责，货物在运输途中灭失，应由买方向保险公司提出索赔。

4. FCA 术语

FCA，Free Carrier（... named place of delivery），货交承运人（……指定交货地点）。是指卖方只要将货物在指定的地点交给买方指定的承运人，并办理了出口报关手续，即完成交货。“承运人”指在运输合同中，承诺通过铁路、公路、空运、海运、内河运输或上述运输的联合方式履行运输或由他人履行运输的任何人。该术语适用于各种运输方式，包括多式联运。

（1）买卖双方义务划分

①卖方义务：卖方在其所在地或其他指定地点将符合合同约定的货物交给买方指定的承运人或其他人处置时，即完成交货；卖方完成货后必须及时通知买方；承担货交承运人之前的一切风险和费用；自负风险和费用取得出口所需的许可或其他官方授权，办理货物出口所需的一切海关手续；提供商业发票和通常的交货凭证或相等的电子信息，协助买方取得运输凭证。

②买方义务：买方必须自付费用签订自指定的交货地点起运货物的运输合同，并给予卖方充分通知；承担货交承运人之后的一切风险和费用；自负风险和费用取得进口所需的许可或其他官方授权，办理货物进口和从他国过境运输所需的海关手续；按合同约定收取货物，接受交货凭证，支付价款。

（2）采用FCA贸易术语成交需要注意的问题

①交货地点。使用FCA术语，尽可能清楚地写明指定交货地点内的交付点。如果在指定交货地点没有约定特定的交付点，且有不止一个交付点可供使用时，卖方可选择对其最方便的交付点。

②承运人。使用FCA术语时，若买方指定承运人以外的其他人收取货物，则当卖方将货物交给此人时，即视为已履行了交货义务。

③风险和费用。当买方提出要求并承担风险和费用时，卖方可以按通常条件签订运输合同，如果拒绝代为租用运输工具，卖方应立即通知买方。

④货与运输工具衔接的问题。为解决货与运输工具妥善衔接的问题，买卖双方必须加强信息沟通。例如，买方必须通知卖方所指定的承运人或其他人的姓名、运输方式、约定交付期限内所选择的具体收货时间、指定交货地点内交付点，如果买方未能给予卖方相应通知，或者其指定的承运人或其他人未在约定时间接管货物，则风险自约定的交货日期或交货期限届满之日起转移给买方，但以该项货物已清楚地确定为合同项下之货物为限；卖方完成交货后必须及时通知买方，向其提供取得保险所需的信息，买方指定承运人或其他人未在约定时间内收取货物时，卖方也应通知买方。

经典案例

北京华力公司向德国汉堡维克公司出口某商品40000箱，维克公司提出按FOB天津新港条件成交，而华力公司则提出采用FCA北京的条件。

问题：华力公司提出上述成交条件的原因。

案例评析：华力公司提出采用FCA的原因为：FCA术语适用于任何运输方式，北京是内陆城市，对华力公司而言，FCA北京交货更为方便，货物交给承运人时风险即转移给买方；如采用FOB天津新港条件交货，华力公司则要承担将货物运至天津新港越过船上为止的一切风险。使用FCA术语对卖方而言具有以下优点：①风险提前转移（货交承运人）；②提前交单收汇；③费用和风险减少。

5. CPT术语

CPT，Carriage Paid To（... named place of destination），运费付至（……指定目

的地）。是指卖方支付货物运至指定目的地的运费；在货物被交由承运人保管时，货物灭失或损坏的风险，以及货物交给承运人后发生的费用，即从卖方转移到买方。

（1）买卖双方义务划分

①卖方的主要义务：自付费用订立运输合同，在规定的日期或期限内将货物交付承运人接管，并及时给予买方充分的通知；办理出口报关手续，支付各种出口关税和费用；承担货物在指定地点交给承运人之前的一切费用和风险；负责提供商业发票或具有同等作用的电子单证，及证明货物已交给承运人接管的通常运输单据；根据买方要求，向买方提供必要的投保信息。

②买方的主要义务：受领符合合同规定的货物与单证，并支付货款；承担货物交承运人或第一承运人之后的一切费用和风险；办理货物进口所需的海关手续。

（2）采用 CPT 贸易术语成交需要注意的问题

①风险划分界限问题。买卖双方在合同中要尽可能清楚地确定交货地点，交货地点也是风险转移点。如果运输合同约定目的地涉及多个承运人，且双方不能就交货地点达成一致时，当卖方在某个完全由其选择且买方不能控制的点将货物交付给第一承运人时，风险转移给买方。

②责任和费用划分问题。CPT 术语后面要尽可能写明确切的指定地点，便于卖方签订将货物运至该目的地的运输合同，准确核算并支付运费；卸货费由买方支付，但卖方要注意运输合同与买卖合同的协调，如卖方按运输合同在指定目的地发生了卸货费用，除非双方另有约定，否则卖方无权向买方要求偿付。

经典案例

我公司以 CPT 条件出口一批轻工产品，公司按期将货物交给指定的承运人。但运输途中因天气原因延迟了半个月，因而错过了销售旺季，买方以此向卖方提出索赔。

问题：此项损失由谁承担？

案例评析：此项损失应由买方自己承担。因为按 CPT 术语成交的合同属于“装运合同”，其风险转移以“货交承运人”为界，即卖方将货物交给指定承运人时，风险就由卖方转移至了买方，所以，卖方按时将货物交给承运人以后产生的任何风险及造成的任何损失均由买方承担。

6. CIP 术语

CIP，Carriage and Insurance Paid to（... named place of destination），运费和保险费付至（……指定目的地）。是指卖方支付货物运至目的地的运费，并对货物在运输途中灭失或损坏的风险进行保险，订立保险合同，并支付保险费；在货物被交由承运人保管时，货物灭失或损坏的风险，以及货物交给承运人后发生的费用，即从卖方转移至买方。

买卖双方义务的划分如下所示。

卖方的主要义务：订立将货物运往指定目的地的运输合同，并支付有关运费；在合同规定的时间和地点将合同规定的货物交给承运人，并及时通知买方；承担将货物交给承运人之前的风险；自负费用投保货物运输险；办理货物出口所需的一切海关手续，支付关税及其他有关费用；提交商业发票和在约定目的地提货所用的通常运输单据，或具有同等作用的电子信息，并且自费向买方提供保险单据。

买方的主要义务：接收卖方提供的有关单据，受领货物，并按合同规定支付货款；承担自货物在约定地点交给承运人之后的风险；办理货物进口所需的海关手续，支付关税及其他有关费用。

按 CIP 贸易术语成交时，由于卖方要负担货物从装运地至目的地正常运费和约定的保险费，故卖方对外报价时，应当认真核算成本和价格，把将要支付的运费和保险费计到货价中去，卖方核算成本和价格时，应考虑运输距离、保险险别、各种运输方式和各类保险的收费情况，以及运价和保险费率的变动趋势，以防止对外盲目报价，买方对卖方的报价也应认真分析研究，切实做好比价工作，以免盲目成交。

思　考

从风险、责任及费用的角度分析货交承运人的三个贸易术语的异同，将结果填入表 4－3 中。

表 4－3　比较风险、责任、费用三个贸易术语的异同

贸易术语	风险	责任			费用
	何方承担货交承运人后的风险	何方订立运输合同	何方订立保险合同	何方支付目的地的运费	何方支付货运保险费
FCA					
CPT					
CIP					

《2010 通则》中六种常用的贸易术语的比较，如表 4－4 所示。

表 4-4　《2010 通则》中六种常用的贸易术语对照表

标准代码	中文含义	交货地点	责任		费用		风险界限	出口通关手续和费用	进口通关手续和费用	适用运输方式
			办理订舱	办理保险	支付运费	支付保险费				
FOB	装运港船上交货	装运港	买方	买方	买方	买方	货物装上船	卖方	买方	水运
CFR	成本加运费	装运港	卖方	买方	卖方	买方	货物装上船	卖方	买方	水运
CIF	成本加运费加保费	装运港	卖方	买方	买方	买方	货物装上船	卖方	买方	水运
FCA	货交承运人	出口国内陆或港口	买方	买方	买方	买方	货交承运人	卖方	买方	水运
CPT	运费付至目的地	出口国内陆或港口	卖方	买方	卖方	买方	货交承运人	卖方	买方	水运
CIP	运费保费付至目的地	出口国内陆或港口	卖方	卖方	卖方	卖方	货交承运人	卖方	买方	水运

四、《2010 通则》中的其他五种贸易术语

除 FOB、CFR、CIF、FCA、CPT、CIP 六种主要的贸易术语外，《2010 通则》对其他五种贸易术语 EXW、FAS、DAT、DAP、DDP 也分别做了解释。这些术语各有其不同的含义，适用于不同的贸易情况，也是进出口贸易业务中必须掌握的，交易双方可根据具体业务的需要灵活选用。

1. EXW 术语

EXW，Ex Works（... named place of delivery），工厂交货（……指定交货地点）。是指当卖方在其所在地或其他指定的地点（如工场、工厂或仓库）将货物交给买方处置时，即完成交货，卖方不办理出口报关手续或将货物装上任何运输工具。

EXW 虽译为工厂交货，但实际指定交货地点既可以是卖方所在地，如卖方工厂、仓库、车间等，也可以是其他指定地点，如卖方租用的公共仓库。EXW 是卖方承担责任最小的术语。

（1）买卖双方义务划分

①卖方义务：卖方在其所在地或其他指定的地点将符合合同约定的货物交给买方处置时，即完成交货，卖方必须给予买方收取货物所需的任何通知；卖方承担货物在

交货地点交给买方处置之前的所有费用和风险；货物需要包装时，卖方必须自付费用包装货物，使之适合运输标记，提供商业发票或相等的电子信息。

②买方义务：买方必须承担自交货地点收取货物之后的所有费用和风险。当有权决定在约定期限内的时间和指定地点内的接收点时，买方必须向卖方发出充分通知，否则买方必须从约定的交货日期或交货期限届满之日起，承担货物灭失或损坏的一切风险，但该项货物必须已清楚地确定为合同项下货物。如适用时，买方自付费用取得进出口许可或其他官方授权，办理货物进出口海关手续；买方按合同约定收取货物，提供已收取货物的相关凭证，支付价款。

（2）采用EXW贸易术语成交需要注意的问题

在EXW术语后面要尽可能清楚地写明指定交货地点内的交付点；卖方不需要将货物装上任何前来接收货物的运输工具；需要清关时，卖方无须办理出口清关手续；当买方提出要求并承担风险和费用时，卖方有义务及时向买方提供或协助买方取得货物进出口相关单证和信息，包括安全信息。

2. DAT术语

DAT，Delivered at Terminal（... named place of destination），运输终端交货（……指定港口或目的地的运输终端）。该术语是《2010通则》中的新增术语，适用于任何运输方式和同时使用多种运输方式的情况。是指卖方将货物运至买方指定的边境地点，将仍处于交货的运输工具上尚未卸下的货物交付买方，完成交货。

（1）买卖双方义务划分

①卖方义务：卖方必须签订运输合同，支付将货物运至指定港口或目的地的运输终端所发生的运费；在指定港口或目的地的运输终端将符合合同约定的货物从抵达的运输工具上卸下交给买方处置时即完成交货；卖方必须向买方发出所需通知，以便买方采取收取货物通常所需的措施；承担在运输终端交货之前的一切风险和费用；自负风险和费用取得出口所需的许可或其他官方授权，办理货物出口和交货前从他国过境运输所需的一切海关手续；提供商业发票及买方能够收取货物的凭证或相等的电子信息。

②买方义务：买方承担在运输终端交货之后的一切风险和费用；自负风险和费用取得进口所需的许可或其他官方授权，办理货物进口所需的一切海关手续；按合同约定收取货物，接受交货凭证，支付价款。

（2）使用DAT应注意的问题

①终点站包括任何地方，无论规定或不规定，都包括码头、仓库、集装箱堆场或公路、铁路、航空站。例如，DAT郑州新郑机场，DAT Zhengzhou Xinzheng Airport。卖方应承担将货物运至指定目的地和卸货所产生的一切风险和费用。

②建议当事人明确指定终点站，因为货物到达这一点前的风险是由卖方承担的，建议卖方签订一份与这种选择准备契合的运输合同。

③如果当事人希望卖方承担从终点站到另一地点的运输及管理货物所产生的风险和费用，则应使用 DAP 或 DDP 术语。

④DAT 术语要求卖方办理货物出口清关手续，但是卖方没有义务办理货物进口清关手续，并支付任何进口关税或办理任何进口报关手续。

3. DAP 术语

DAP，Delivered at Place（... named place of destination），目的地交货（……指定目的地）。该术语是《2010 通则》新增术语，适合于各种运输方式和多种运输方式 DAP 是指卖方在指定目的地将仍在运输工具上可供卸载的货物交由买方处置时，即完成交货。卖方承担将货物运送至指定地点的一切风险。例如，DAP 浦东南路 15 号，DAP 15 Pu Dong South Road，Shanghai。

（1）买卖双方义务划分

①卖方义务：卖方必须签订运输合同，支付将货物运至指定目的地或指定目的地内的约定地点所发生的运费；在指定目的地将符合合同约定的货物放在已抵达的运输工具上交给买方处置时即完成交货；卖方必须向买方发出所需通知，以便买方采取收取货物通常所需的措施；承担在指定目的地运输工具上交货之前的一切风险和费用；自负风险和费用取得出口所需的许可或其他官方授权，办理货物出口和交货前从他国过境运输所需的一切海关手续；提供商业发票及买方能够收取货物的凭证或相等的电子信息。

②买方义务：买方承担在指定目的地运输工具上交货之后的一切风险和费用；自负风险和费用取得进口所需的许可或其他官方授权，办理货物进口所需的一切海关手续；按合同约定收取货物，接受交货凭证，支付价款。

（2）使用 DAP 贸易术语成交需要注意的问题

①卖方需要承担货物运至指定目的地的一切风险。

②卖方需要承担货物到达目的地前的风险，建议买卖双方在合同中明确目的地，卖方签订合适的运输合同。

③如果卖方按照运输合同承担了货物在目的地的卸货费用，除非双方达成一致，卖方无权向买方追讨这笔费用。

④DAP 术语要求卖方办理货物出口清关手续，卖方没有义务办理货物进口清关手续、支付任何进口关税或办理任何进口海关手续，否则应当使用 DDP 术语。

4. DDP 术语

DDP，Delivered Duty Paid（... named place of destination），完税后交货（……指定

目的地）。指卖方在指定的目的地，将货物交给买方处置，并办理进口清关手续，准备好将在交货运输工具上的货物卸下交给买方，卖方承担将货物运至指定目的地的一切风险和费用，并有义务办理出口和进口清关手续。

（1）买卖双方义务划分

①卖方义务：卖方必须签订运输合同，支付将货物运至指定目的地或指定目的地内的约定地点所发生的运费；在指定目的地将符合合同约定的、已完成进口清关且可供卸载的货物交给买方处置时即完成交货；卖方必须向买方发出所需通知，以便买方采取收取货物通常所需的措施；承担在指定目的地运输工具上交货之前的一切风险和费用，包括出口和进口的关税；自负风险和费用取得出口和进口所需的许可或其他官方授权，办理货物出口、从他国过境运输和进口所需的一切海关手续；提供商业发票及买方能够收取货物的凭证或相等的电子信息。

②买方义务：买方承担在指定目的地运输工具上交货之后的一切风险和费用；按合同约定收取货物，接受交货凭证，支付价款。

（2）采用 DDP 贸易术语成交需要注意的问题

①在 DDP 的交货条件下，DDP 是卖方承担责任最大的术语。

②卖方承担货物到达指定地点前的费用和风险，建议买卖双方在合同中明确目的地，并由卖方签订适合的运输合同。

③如果卖方不能取得进口许可证，不建议当事人使用 DDP 术语。

小贴士

在实际业务中，DDP 术语适用于在一些自由贸易区及订有关税同盟的国家之间使用。DDP 术语属于实际交货，卖方的义务是将货物运到进口国内的指定目的地，实际交付买方。使用 DDP 术语之前，必须了解进口国海关管理的实际情况，对于一些结关困难、费时较多的国家，出口方必须慎用 DDP 术语。

5. FAS 术语

FAS，Free Alongside Ship（... named port of shipment），装运港船边交货（……指定装运港）。

（1）买卖双方义务划分

①卖方义务：卖方在约定的日期或期限内，将符合合同规定的货物在指定装运港交到买方指定的船边或“取得”已经这样交运的货物即为完成交货，并及时通知买方；承担货交装运港船边之前的一切风险和费用；自付风险和费用取得出口所需的许可或其他官方授权，办理货物出口所需的一切海关手续；提供商业发票和通常的证明其完

成交货义务的凭证或相等的电子信息。

②买方义务：买方自付费用订立从指定装运港到目的港的运输合同，并将船名、装船点和在需要时其在约定期限内选择的交货时间向卖方发出充分通知；负担货物在指定装运港交到船边之后的一切风险和费用；自付费用取得进口许可或其他官方授权，办理货物进口和从他国过境运输所需的一切海关手续；按合同约定收取货物，接受交货凭证，支付价款。

（2）采用FAS贸易术语成交需要注意的问题

①买卖双方以装运港船边为风险划分界限。

②当事人应尽力装货港，因为货物到达装运港船边之前的一切风险与费用由卖方承担，并且根据港口交付惯例相关费用可能会发生变化。

③卖方在船边交付货物或获得已经交付装运货物。这里的“获得”符合链式销售。

④当货物通过集装箱运输时，卖方通常在集装箱堆场将货物交给承运人，而不是在船边。在这种情况下，应当使用FCA术语。

⑤FAS术语卖方办理货物出口清关手续，但是卖方没有交付办理货物进口清关手续，并支付任何进口关税或办理任何进口报关手续。

实际业务模拟操作

宁波盛世进出口公司与加拿大多伦多MANDARS IMPORT&EXPORT CO.，LTD.公司经过交易磋商，于5月18日签订了买卖合同。合同采用CIF多伦多贸易术语成交，根据《2010通则》的规定，宁波盛世进出口公司作为出口商在该笔交易中应承担哪些责任和费用？货物交接过程中买方承担的风险何时转移给买方？

宁波盛世进出口公司（卖方）

操作：

承担责任：签订或取得运输合同，在指定装运港按合同规定日期或在规定期限内，将货物装到买方指定的船上或通过“取得”已交付至船上货物的方式交货，并及时通知买方。办理保险，取得所需的出口许可和其他官方授权，办理货物出口所需的一切海关手续；提交商业发票、保险单及证明已按本规则履行交货义务的交货凭证或相等的电子信息。

承担费用：支付将货物运至指定目的港所需的运费；负担货物在指定装运港交到船上之前的费用；自负费用办理货物运输保险；负担办理出口清关费用。风险转移界限：装运港船上。

任务二　商品价格的核算

学习目标

知识目标

1. 了解进出口商品的作价原则与方法；
2. 掌握常用贸易术语的价格构成；
3. 掌握常用贸易术语的价格换算。

能力目标

1. 能够拟定商品价格条款；
2. 核算出口商品价格；
3. 能够进行贸易术语的价格换算。

任务导入

明新特艺出口公司出口棉布到英国，正好该国中间商主动来函与该出口公司联系，表示愿意为推销棉布提供服务，并要求按每笔交易的成交额给予佣金4%。不久，经该中间商的中介作用，与当地进口商达成CIFC4%贸易条件、总金额为55000美元的交易，装运期为订约后2个月内从中国港口装运，并签订了销售合同。合同签订后，该中间商即来电要求我出口公司立即支付佣金2200美元。明新特艺出口公司复称：佣金需待货物装运并收到全部货款后才能支付。于是，双方发生争议。

思考：

该争议发生的原因是什么？应汲取什么教训？

相关知识

在国际贸易中，外贸业务人员最重要的一项工作就是如何快速、正确地核算有关商品的价格，这是专业素养的重要体现，特别是在交易会、电话沟通等洽谈场合，能够对价格做出准确、迅速的判断是赢得客户信赖和争取订单的关键，然而对价格准确地把握是在大量的工作基础之上的，除了前面提到的对商品的熟练掌握之外，还要正确掌握一些核算成本的技巧，主要体现在以下几个方面：

①价格表示方法。

②作价方法。

③价格术语的换算。

④佣金、折扣。

一、价格条款的基本内容

国际货物买卖合同中的价格条款一般包括单价和总值两个项目。合同中所确定的作价方法以及佣金折扣的运用也属于价格条款的内容。

1. 单价

国际货物买卖合同中的单价由计量单位、单位价格金额、计价货币和贸易术语4项内容组成。例如，USD200 PER CARTON CIF NEW YORK。

(1) 计价货币。国际贸易有别于国内贸易，我国国内贸易中的价格通常表示为“××元”，指的是人民币“元”。在国际贸易中，“元”有美元、欧元、日元、港元、加拿大元等多种，因此，使用哪种货币，合同中必须有明确的规定。目前在国际贸易中常见的币种如表4-5所示。

表4-5　　国际贸易中常见的币种

货币名称	ISO 国际标准	编号	习惯表示
美元	USD	502	US $
欧元	EUR	300	€
英镑	GBP	303	£
港币	HKD	110	HK $
日元	JPY	116	JP ¥
加拿大元	CAD	501	CA $
瑞士法郎	CHF	756	SFr
澳大利亚元	AUD	604	AU $
新加坡元	SGD	132	S $
人民币	CNY	142	RMB (¥)

(2) 单位价格金额。如果说价格条款是国际贸易销售合同的核心之一，那么单位价格金额就是价格条款的核心。在交易磋商过程中，进出口双方应慎重报价，避免报错价格而造成被动。价格经双方协商一致后，应正确填写在合同中。

(3) 计量单位。计量单位应该与合同数量条款中所用的计量单位相一致，如果数量用“公吨”表示，则单价也应用“公吨”表示，而不应用“长吨”或“短吨”。切忌使用易造成混淆的计价单位，如“吨”。

(4) 贸易术语。贸易术语是国际贸易销售合同单价的构成要素，用来说明成交价格的成本、风险、费用的构成。例如，某公司以每打 110 美元 CIF 香港价格出口服装，这一价格是怎样制定出来的？它包含卖方支出的哪些成本和费用？买方如何得知这一价格水平是否合理？这些问题都可以通过“CIF 香港”（贸易术语）来说明。

综上所述，商品单价表述如下：

USD	100	Per Dozen	CIF Hongkong
计价货币	单位价格金额	计量单位	贸易术语

2. 总值

总值（或总金额）是单价和数量的乘积。在总值项下一般也同时列明价格术语。总值所使用的货币必须与单价所使用的货币一致。

例一，单价：每公吨 250 英镑 CIF 哥本哈根，总值：13750 英镑。

Unit Price：at GBP250 per metric ton CIF Copenhagen

Total Value：GBP13750（Say Pounds Sterling Thirteen Thousand Seven Hundred And Fifty Only）

例二，单价：每件 70 美元 FOB 天津含 2% 折扣，总值：14840 美元。

Unit Price：at USD70 per piece FOB Tianjin Less 2% discount

Total Value：USD14840（Say US Dollars Fourteen Thousand Eight Hundred And Forty Only）

3. 制定价格条款应注意的问题

根据前面的分析和描述，我们可以总结出在制定价格条款时应注意的问题：①适当确定单价水平，防止偏高或偏低；②争取选择有利的计价货币或加订保值条款；③根据货源与船源选择适当的贸易术语；④采用较灵活的作价方法，避免承担价格风险。

思　考

下列出口单价的写法是否正确？

1. USD3. 68 CIF HONGKONG。
2. 300 英镑每箱 CFR USA。
3. USD Per Ton FOB London。
4. Fr95. 50 Per Doz FOBD2% 。
5. DM28. 85 CIFC2% Shanghai。

二、进出口商品的作价原则

在确定进出口商品价格时，必须遵循下列三项原则。

1. 按照国际市场价格水平作价

国际市场价格是以商品的国际价值为基础并在国际市场竞争中形成的，它是交易双方都能接受的价格，是确定进出口商品价格的客观依据。

2. 要结合国别、地区政策作价

为了使外贸配合外交，在参照国际市场价格水平的同时，也可适当考虑国别、地区政策。

3. 要结合购销意图作价

可在国际市场价格水平的基础上，根据购销意图来确定进出口商品价格，即可略高或略低国际市场价格。

国际市场价格

国际市场上没有一个统一价格。所谓的国际市场价格，是指商品的国际集散中心的市场价格、主要出口国（地区）当地市场的出口价格或主要进口国（地区）当地市场的进口价格。

三、影响价格的主要因素

我国国际贸易商品的作价原则是：在贯彻平等互利的原则下，根据国际市场价格水平，结合国别（地区）政策，并按照自身的经营成本、购销意图确定适当的价格。

国际贸易中的商品价格受多种因素影响，进出口作价除了应遵循上述基本的作价原则外，还应考虑下列因素。

1. 商品的质量和档次

在国际市场上，一般都贯彻按质论价的原则，即好货好价，次货次价。品质的优劣，档次的高低，包装装潢的好坏，式样的新旧，商标、品牌的知名度大小，都会影响商品的价格。

2. 运输距离

国际货物买卖，一般都要经过长途运输。运输距离的远近，影响运费和保险费的高低，从而影响商品的价格。因此，在确定商品价格时，必须认真核算运输成本，做好比价工作，以体现地区差价。

3. 交货地点和交货条件

在国际贸易中，由于交货地点和交货条件不同，买卖双方承担的责任、费用和风险也不同，确定进出口商品价格时，必须考虑这些因素。例如，同一运输距离内成交的同一商品，按 CIF 条件成交同按 DES 条件成交，其价格应当不同。

4. 季节性需求的变化

在国际市场上，某些节令性商品，如赶在节令前到货，抢行应市，即能卖上好价。过了节令的商品，往往售价很低，甚至以低于成本的“跳楼价”出售。因此，应充分利用季节性需求的变化，掌握好季节性差价，争取按对自身有利的价格成交。

5. 成交数量

按国际贸易的习惯做法，成交量的大小也影响价格。即成交量大时，在价格上应给予适当优惠，如采用数量折扣的办法；反之，如成交量过小，甚至低于起订量时，则可以适当提高售价。不论成交多少都是一个价格的做法是不当的，应当掌握好数量方面的差价。

6. 支付条件和汇率变动的风险

支付条件是否有利和汇率变动风险的大小，都影响商品的价格。例如，同一商品在其他交易条件相同的情况，采取预付货款和凭信用证付款方式下，其价格应当有所区别。同时，确定商品价格时，一般应争取采用对自身有利的货币成交，如采用对自身不利的货币成交时，应当把汇率变动的风险考虑到货价中去，即适当提高出售价格或压低购买价格。

7. 国际市场价格动态

在国际市场上，一些大宗商品，如原油、贵金属、橡胶等商品的期货交易价格受供求关系影响，价格经常会发生波动。另外，以这些大宗商品为原料的进出口商品，如塑料产品、电线电缆、汽车轮胎的进出口价格，会跟随这些大宗商品的期货价格而出现变化。

此外，交货期的远近、市场销售习惯和消费者的爱好等因素，对价格的确定也有不同程度的影响，必须通盘考虑和正确掌握。

四、作价方法

在国际货物买卖中，可以根据不同情况，灵活地分别采取下列各种定价方法。

1. 固定价格

固定价格是指在合同中明确地规定价格。在合同中规定固定价格是一种常规做法。它具有明确、具体、肯定、严格的特点，便于双方在执行合同过程中，减少对价格的争议。但是，由于国际市场商品价格行情多变，价格时涨时落，如果买卖合同中规定固定价格，那么这种定价方法在价格变化时，会给某一方造成损失，从而使履约发生困难。因此，为了减少风险，促成交易，也可以采用下面几种较灵活的定价方法。

2. 暂不固定价格

暂不固定价格是指在对价格的变动趋势难以把握时，合同中货物的价格暂不固定，但约定未来确定价格的依据和方法，具体价格届时再按约定的方法确定。例如，在合同中规定“以装船日某某交易所的收盘价为正式价格”。

3. 滑动价格

滑动价格是指先在合同中规定一个基础价格，正式价格在交货时或交货前一定时间，按工资、原材料价格变动的指数和指定的价格计算公式做相应调整，以确定最后价格。对于某些生产周期长的机械设备，由于原材料价格和工资指数可能发生变化，可考虑采用这种方法，如“以某机构在装船日前最新公布的工资、原材料指数和下面的公式计算正式价格”。

在一笔大宗交易分期交货的情况下，上述几种做法也可根据交货期的远近混合使用。

五、计价货币与支付货币

计价货币是指合同中规定用来计算价格的货币。支付货币是指用来支付货款的货币。根据国际贸易的特点，计价货币通常与支付货币为同一种货币，但也可以计价货币为一种货币，而支付货币为另一种甚至几种货币。计价货币可以是出口国或进口国货币，也可以是第三国货币，但必须是可自由兑换的货币。在出口业务中，应尽量使用币值稳定或具有上浮趋势的“硬”币；在进口业务中，应力争使用汇价较疲软且趋势下浮的“软”币，以减少汇率风险。同时，还要注意订立外汇保值条款，以减少汇兑损失。

经典案例

我公司拟从英国进口一批商品。经双方商定，我公司采用 D/P 三个月远期付款，且支付货币可在美元和英镑之间进行选择。谈判时根据英国政府公布的资料表明，英国的通货膨胀率比前一季度大幅度上升，国际收支逆差也比上年同期增长了 20%，造成了外汇市场恐慌。而同时美国的通货膨胀率和国际收支状况没有什么变化。

问题：我公司应选择何种货币作为计价货币？说明理由。

案例评析：我公司应选择英镑作为计价货币。因为根据英国政府公布的资料，英国通货膨胀率高于美国，国际收支逆差，英镑有所下浮趋势。根据进口采用软币计价的原则，应选择英镑作为计价货币。

六、进出口商品价格核算

1. 商品价格的构成

（1）出口商品价格的组成

①成本。是指进货成本（含税）或生产成本，或者加工成本。相关计算公式如下：

实际采购成本 = 进货成本（含税） - 出口退税收入

出口退税收入 = 进货成本（含税） × 出口退税率 ÷ （1 + 增值税税率）

例如，某公司采购 A 产品的含税进货成本为人民币 1000 元，所含增值税税率为 17%。如果 A 产品的出口退税税率为 9%，则该产品的实际采购成本如下：

实际采购成本 = 进货成本（含税） - 出口退税收入

= 1000 - 1000 × 9% ÷ （1 + 17%）

= 923.10（元）

②费用。包括国内费用（包装费、仓储费、内陆运费、认证费、港区港杂费、商检报关费、出口捐税、银行费用等）和国外费用（出口运费、出口保险费、佣金等）。例如，温州某出口企业向欧洲出口玩具 1 × 20FCL，需要支付国内运杂费 400 元，商检费 550 元，报关费 300 元，港口费 600 元，其他费用 1400 元。

③利润。利润即预期收入，通常以生产成本、出口成本或出口报价为基数计算。利润的确定可以用某一个数额表示，也可用利润率即百分比表示。

（2）进口商品价格的组成

①成本，如进口货物的 FOB 价。

②费用，如海运或其他运费、保险费、进口税费、目的港码头捐税、卸货费、检验费、银行费用、报关提货费、仓储费、国内运杂费、佣金等。

2. FOB、CFR、CIF 三种贸易术语的价格构成

其计算公式如下：

FOB 价 = 进货成本价 + 国内费用 + 预期利润 = （实际成本 + 国内总费用） ÷ （1 - 利润率）

CFR 价 = 进货成本价 + 国内费用 + 国外运费 + 预期利润 = FOB 价 + 国际运费

CIF 价 = 进货成本价 + 国内费用 + 国外运费 + 国外保险费 + 预期利润 = CFR 价 + 国际保险费

思　考

资料：某公司出口某种商品，进货成本为每台 165 元，出口各项费用共计 12.8 元，

该公司所定的利润率为10%（出口成本为基础），汇率：1美元=6.4元人民币。

讨论：则对外报出的FOB价应为多少美元？

3. 主要贸易术语的价格换算

在进出口业务中，由于不同贸易术语的价格构成内容不同，同一种商品表现为不同的价格水平，因此必须掌握贸易术语价格的换算。

（1）FOB价换算为其他价

CFR价=FOB价+F（运费）

CIF价=FOB价+F（运费）+I（保险费）=［FOB价+F（运费）］÷（1－投保加成×保险费率）

（2）CFR价换算为其他价

FOB价=CFR价－F（运费）

CIF价=CFR价÷（1－投保加成×保险费率）

（3）CIF价换算为其他价

FOB价=CIF价×（1－投保加成×保险费率）－运费

CFR价=CIF价×（1－投保加成×保险费率）

例如，某出口公司牛肉罐头对外报价2.2美元/听CIF神户，按发票金额加成10%投保一切险，保险费率为0.3%，客户要求改报CFR价格，请问该报价多少？

解：CFR=CIF价×（1－投保加成×保险费率）

=2.2×［1－（1+10%）×0.3%］=2.193（美元）

4. 出口效益核算

出口效益核算实际上是核算商品出口业务是盈利还是亏损。其原则是将出口销售收入和出口成本进行比较，如果出口销售收入大于出口成本，就意味着出口业务有盈利；反之，则意味着出口业务亏损。因此，掌握出口总成本、出口销售外汇净收入和人民币净收入的数据，并计算和比较各种商品出口的盈亏情况，更有现实意义。

（1）出口盈亏率。出品盈亏率是指出口商品盈亏额与出口总成本的比率。出口盈亏额是指出口销售人民币净收入与出口总成本的差额，前者大于后者为盈利，反之为亏损。其计算公式如下：

$$盈亏率=\frac{出口销售\ FOB\ 净收入（人民币）-出口成本（人民币）}{出口成本（人民币）}\times 100\%$$

（2）出口换汇成本。换汇成本是指在商品出口中，换回一个单位外币（美元）所用的人民币数额。它表示出口的换汇能力，其计算公式如下：

$$换汇成本=\frac{出口总成本（人民币）}{出口销售FOB净收入（美元）}$$

（3）外汇增值率。外汇增值率是指在成品出口时，每进口1美元的原材料所引起的外汇增量。

$$外汇增值率=\frac{成品出口外汇净收入-进口原料外汇成本}{进口原料外汇成本}$$

经典案例

某企业以每公吨1000美元的CIF价格出口商品，已知该笔业务每公吨需要支付国际运输费用100美元，保险费率为0.1%，国内商品采购价格为5000元人民币，其他商品管理费为500元，试计算该笔业务的出口盈亏率（汇率为1∶6.75）。

解：出口成本＝5000＋500＝5500（元）

出口净收入（FOB）＝CIF－F－I＝CIF－F－110%CIF×1

＝1000－100－1.1×1000×0.1%＝898.9（美元）

出口人民币净收入＝898.9×6.75＝6067.6（元）

出口盈亏率＝（6067.6－5500）÷5500＝10.3%

5. 佣金的折扣

（1）佣金（Commission）。佣金是商业经纪人、中间人、代理商为买卖双方介绍交易而取得的收入。

①佣金的规定办法。商品价格包括佣金时，通常应以文字来说明。例如，“每公吨200美元CIF旧金山，包括2%佣金”（USD200 pet M/T CIF San Francisco including 2% commission）。也可在贸易术语上加注佣金的缩写英文字母“C”和佣金的百分比来表示。例如，“每公吨200美元CIFC2旧金山”（USD200 per M/T CIF San Francisco including 2% commission）。商品价格中所包含的佣金，除用百分比表示外，也可以用绝对数来表示。例如，“每公吨付佣金25美元。”中间商为了从买卖双方获取“双头佣金”或为了逃税，有时要求在合同中不规定佣金，而另按双方暗中达成的协议支付。佣金的规定应合理，其比率一般掌握在1%～5%，不宜偏高。

②佣金的计算与支付方法。在国际贸易中，计算佣金的方法不一，有的按成交金额约定的百分比计算，也有的按成交商品的数量来计算，即按每一单位数量收取若干佣金计算。在按成交金额计算时，有的以发票总金额作为计算佣金的基数，有的则以FOB总值为基数来计算佣金。如按CIF成交，而以FOB值为基数计算佣金时，则应从CIF价中减去运费和保险费，求出FOB值，然后以FOB值乘佣金率，即

得出佣金额。

计算佣金的公式如下：

佣金额 = 含佣价 × 佣金率

净价 = 含佣价 × （1 - 佣金率）

假如已知净价，则含佣价的计算公式为：

含佣价 = 净价 ÷ （1 - 佣金率）

在这里值得注意的是，如在洽商交易时，我方报价为10000美元，对方要求3%的佣金，在此情况下，我方改报含佣价，按上述公式算出应为10309.3美元，这样才能保证实收10000美元。

佣金的支付一般有两种做法：一种是由中间代理商直接从货价中扣除佣金；另一种是在收清货款之后，再按事先约定的期限和佣金比率，另行支付佣金给中间代理商。在支付佣金时，应防止错付、漏付和重付等事故发生。

例如，如果报含佣价CFRC3%每公吨100美元，那么每公吨付佣金多少？每公吨CFR净价是多少？如果对方要求该报CFRC5%，应如何报价？

解：佣金 = 100 × 3% = 3（美元）

净价 = 100 - 3 = 97（美元）

CFRC5% = 净价 ÷ （1 - 佣金率） = 97 ÷ （1 - 5%） = 102.1（美元）

（2）折扣（Discount）。折扣是卖方按原价格给予买方的一定百分比减让。

①折扣的规定办法。在国际贸易中，折扣通常在合同价格条款中用文字明确表示出来。例如，“CIF伦敦每公吨200美元，折扣3%”（USD200 per metric ton CIF London including 3% discount）。此例也可表示为：“CIF伦敦每公吨200美元，减3%折扣”（USD200 per metric ton CIF London Less 3% discount）。此外，折扣也可以用绝对数来表示，如“每公吨折扣6美元”。在实际业务中，也有用“CIFD”或“CIFR”来表示CIF价格中包含折扣。这里的“D”和“R”分别表示“Discount”和“Rebate”。鉴于在贸易往来中加注的“D”或“R”含义不清，可能引起误解，最好不使用。

交易双方采取暗扣的做法时，则在合同价格中不予规定。有关折扣的问题，按交易双方暗中达成的协议处理。这种做法属于不公平竞争。公职人员或企业雇用人员拿“暗扣”，应属贪污受贿行为。

②折扣的计算与支付方法。折扣通常是以成交额或发票金额为基础计算出来的。例如，CIF伦敦，每公吨2000美元，折扣2%，卖方的实际净收入为每公吨1960美元。其计算方法如下：

单位货物折扣额 = 原价（或含折扣价） × 折扣率

卖方实际净收入＝原价－单位货物折扣额

折扣一般是在买方支付货款时预先予以扣除。也有的折扣金额不直接从货价中扣除，而按暗中达成的协议另行支付给买方，这种做法通常在给“暗扣”或“回扣”时采用。

实际业务模拟操作

假如你是大连吉利外贸公司业务员，接到爱尔兰公司求购6000双牛粒面革腰高6英寸军靴（一个40英尺集装箱）的询盘。经了解，每双军靴的进货成本为人民币90元（含增值税17%），进货总价为540000元；出口包装费为每双3元，国内运杂费共计12000元，吉利公司向银行贷款的年利率为8%，出口军靴的退税率为14%。海运费：大连到都柏林的一个40英尺集装箱的包箱费为3800美元。客户要求按成交价的110%投保，保险费率为0.85%，并包括3%佣金。如果吉利公司的预期利润为10%，人民币对美元的汇率为6.40，试报每双军靴的CIF价格。

操作：

(1) 实际采购成本＝进货成本×［1－出口退税率÷（1＋增值税税率）］

＝90×［1－14%÷（1＋17%）］＝79.2308（元/双）

国内费用＝包装费＋（运杂费＋港区港杂费＋商检费＋报关费＋其他费用）＋进货总价×（贷款利率÷12）×贷款月份

＝3×6000＋(12000＋350＋150＋900＋1500)＋540000×(8%÷12)×2

＝40100（元）

单位货物所分摊费用＝40100÷6000＝6.6833（元/双）（贷款利息通常以进货成本为基础）

海运费＝3800÷6000×6.80＝4.3067（元/双）

预期利润＝成交价×10%

(2) CIF的核算过程如下。

每双鞋的成本与费用＝实际成本＋国内费用＋出口运费

＝79.2308＋6.6833＋4.3067＝90.2208（元/双）

CIF价＝（FOB价＋国外运费）÷（1－投保加成×保险费率－预期利润率）

＝90.2208÷（1－110%×0.85%－10%）＝101.298（元/双）

CIF（美元）价＝101.298÷6.40＝15.83（美元/双）

同步训练

知识巩固

一、单项选择题

1. 国际贸易中用以表示买卖双方风险、责任和费用的划分及商品价格构成的专门用语称为（　　）。

A. 贸易惯例　　B. 贸易术语　　C. 文字概念　　D. 外文缩写

2. 《2010 通则》中买方责任最大的贸易术语是（　　）。

A. EXW　　B. CIF　　C. CPT　　D. DDP

3. 根据《2010 通则》的解释，由买方负担从交货地至目的地的运费，这类贸易术语属于（　　）。

A. E 组　　B. F 组　　C. C 组　　D. D 组

4. 根据《2010 通则》的解释，采用 FCA 术语时，买卖双方风险划分界限是（　　）。

A. 货交买方处置　　B. 出口国交货地点

C. 货交承运人　　D. 货物装上承运人的运输工具

5. 按照《2010 通则》的解释，采用 FOB 术语成交买卖双方风险划分的界限是（　　）。

A. 运输工具上　　B. 装运港船边　　C. 装运港船舷　　D. 装运港船上

6. 采用 CFR 术语成交时，如卖方不负担卸货费用，可选用（　　）。

A. CFR Landed　　B. CFR ExShip's Hold

C. CFR Liner Terms　　D. 上述变形都可以

7. 就卖方承担的费用而言，下列术语排列顺序正确的是（　　）。

A. FOB > CFR > CIF　　B. FOB > CIF > CFR

C. CIF > FOB > CFR　　D. CIF > CFR > FOB

8. 就卖方承担的货物风险而言，下列描述正确的是（　　）。

A. E 组术语最小，F 组术语其次，最大的是 C 组和 D 组术语

B. D 组术语最小，F 组和 C 组术语其次，E 组术语最大

C. D 组术语最大，E 组术语其次，F 组和 C 组术语最小

D. E 组术语最小，F 组和 C 组术语其次，D 组术语最大

9. 按照《2010 通则》的解释，采用 DAF 成交时，交货地点在（　　）。

A. 出口国边境　　B. 进口国边境

C. 两国边境指定地点　　D. 货交买方处置

10. 按照《2010 通则》的解释，采用 FCA 术语成交时，不属于卖方责任的是（　　）。

A. 按时交货　　B. 提交交货凭证

C. 办理进口手续　　D. 向买方发出装运通知

二、多项选择题

1. 贸易术语的含义表现为（　　）。

A. 说明商品的生产成本　　B. 说明商品的交货条件

C. 说明商品的成交条件　　D. 说明商品的价格构成

2. 根据《2010 通则》的解释，F 组术语包括（　　）。

A. 货交承运人　　B. 在装运港船边交货

C. 在装运港船上交货　　D. 在目的港码头交货

3. 根据《2010 通则》的解释，采用 CFR 术语时卖方应承担的基本义务包括（　　）。

A. 租舱订舱，将货物装船并支付正常运费　B. 办理货运保险

C. 负责将货物运至目的港之前的风险　　D. 办理出口通关手续

4. 按照《2010 通则》的解释，CIP 术语、CPT 术语与 FCA 术语的相同之处表现在（　　）。

A. 交货地点相同　　B. 风险划分界限相同

C. 双方承担责任相同　　D. 适用的运输方式相同

5. 按照《2010 通则》的解释，下列术语中交货地点在装运港的是（　　）。

A. FAS　　B. FCA　　C. CIF　　D. DAT

6. 按照《2010 通则》的解释，合同性质为装运合同的术语有（　　）。

A. FAS　　B. CFR　　C. FCA　　D. DDP

7. 在出口国交货的贸易术语有（　　）。

A. FCA　　B. CIF　　C. CPT　　D. DDP　　E. DAT

8. 在下列 FOB 和 CIF 的变形术语中，如果需要买方承担装船或卸货的费用，可使用（　　）。

A. FOB liner terms　　B. CIF liner terms　　C. FOB stowed

D. CIF ship's hold　　E. FOB under tackle　　F. CIF landed

9. 在使用集装箱海运的出口贸易中，卖方采用 FCA 术语比采用 FOB 术语更为有利的具体表现是（　　）。

A. 可以提前转移风险

B. 可以提早取得运输单据

C. 可以提早交单结汇，提高资金的周转率

D. 可以减少风险责任

10. CIF 术语与 DAT 术语的区别是（　　）。

A. 适用的运输方式不同

B. 不但风险划分界限不同，而且费用划分也不同

C. CIF 为凭单交货，DAT 为凭实物交货

D. CIF 合同属于装运合同，DAT 合同属于到达合同。

三、判断题

1. 国际贸易买卖合同中的规定必须与有关国际贸易惯例的规定相符，否则仲裁机构或法院有权根据有关惯例的规定解释合同条款。（　　）

2. 根据《2010 通则》的解释，买方无法办理货物出境手续时不宜采用 EXW。（　　）

3. 根据《2010 通则》的解释，FAS 条件下，买卖双方是以装运港船舷作为风险划分界限。（　　）

4. 某合同按 CFR 条件成交，卖方船后未及时向买方发出装船通知，货物在海运中遇火灾灭失。根据《2010 通则》的解释，由于风险已在装运港船舷转移，因此该损失应由买方负担。（　　）

5. 根据《2010 通则》的解释，按照 CIP 成交时，卖方有义务办理从起运地至目的地的保险手续并支付保险费，因此货物运抵目的地之前的所有风险及费用均应由卖方负担。

6. FOB 术语的变形是为了解决租船运输中装船费的负担问题。（　　）

7. CFR Qingdao 表明我方为进口方，装运港为青岛。（　　）

8. 按 EXW 成交，卖方负责办理货物出口的清关手续。（　　）

9. 采用 D 组术语时，货物运抵指定进口国交货地点的一切风险、责任和费用均由卖方负担。（　　）

10. 国际贸易惯例等同于法律，具有强制性。（　　）

能力提升

一、实训设计

根据下列背景材料，完成实训步骤。

现在假设学生 A 是中国浙江宁波三立服装进出口公司的业务员，与学生 B 是美国旧金山吉达贸易公司的业务代表，以每件 80 元人民币的价格，就 1500 件真丝女士衬衫达成销售合同。磋商过程中由 FOB 宁波价格转变成 CIF 旧金山价格，并最终双方一致同意在合同中使用《2010 通则》，而非《2000 通则》。

步骤 1：双方建立业务联系；

步骤 2：开始洽谈业务，商定采用 FOB 术语；

步骤3：出口商负责核算商品出厂价格和国内的各项费用（不包括国际货物的运输和保险）；

步骤4：出口商进行FOB价格的报价；

步骤5：进口商不接受，认为此报价偏高；

步骤6：进口商无法按时派船来；

步骤7：出口商进行CIF价格的报价；

步骤8：进口商不接受，认为此报价也偏高；

步骤9：进口商要求出口商给予2%的佣金；

步骤10：出口商表示1500件的交易量不能提供佣金。建议购买数量增加到3000件；

步骤11：进口商同意增加到3000件，并要求给予2%的折扣；

步骤12：出口商表示4000件的交易量可以提供佣金和折扣；

步骤13：进口商接受，认为此报价较为合理；

步骤14：双方一同撰写销售合同中的价格条款。

二、案例分析

（1）2015年6月，中国某地粮油进出口公司A方与欧洲某国一商业机构B方签订出口大米若干吨的合同。该合同规定：规格为水分最高为20%，杂质最高为1%，以中国商品检验局的检验证明为最后依据；单价为每吨600欧元，FOB中国某港口，麻袋装，每袋净重100千克，买方须于2008年10月派船只接运货物。但B方并没有按期派船前来接运，而是延误了数月才派船接货，当大米运到目的地后，B方发现大米生虫。于是委托当地检验机构进行了检验，并签发了虫害证明，B方据此向A方提出索赔20%货款的损失赔偿。当A方接到对方的索赔后，不仅拒赔，而且要求B方支付延误时期导致A方支付的大米仓储保管费及其他费用。另外，保存在中国商品检验局的检验货样至争议发生后仍然完好，未生虫害。

试问：你认为A方要求B方支付延误时期导致的大米仓储保管费及其他费用能否成立，为什么？B方的索赔要求能否成立？为什么？

（2）2016年7月，我国某粮油出口公司按CIF条件，凭不可撤销议付信用证支付方式向某外商出售粮食一批。该进口商在合同规定时间内开来即期不可撤销信用证，经我方审核后无误，于是我粮油出口公司备货装运。我出口公司在信用证规定的装运期限内在装运港上海港将货物装上开往目的港新加坡的海轮，并在装运前按买方的要求，向保险公司办理了货物运输保险。但装船完毕后不久，海轮起火爆炸沉没，该批货物全部灭失，外商闻讯后来电表示拒绝付款。

试问：你认为我出口公司应如何处理？请说明理由。

三、计算

（1）我方向西欧某客商推销某商品，发盘价格为每公吨 1150 英镑，CFR 西欧某港口。对方复电要求改按 FOB 中国口岸定价，并给予 2% 佣金。自中国口岸至西欧某港口的运费为每公吨 170 英镑，如我方要保持外汇收入不变，改按买方要求条件报价，价格应是多少？

（2）我方向外发盘某商品每公吨 3500 美元，FOB 上海。对方要求改报 CFR C2% 汉堡价，并改以欧元计价和支付。据调查，自中国口岸至汉堡的运费为每公吨 100 美元，每 1 美元折合 1 欧元。假定近期内这两种货币的汇率趋势平稳，可同意对方的要求，应改报何价才能保证净收入不变？（注：佣金按 FOB 净价计算）

模块五　国际货物运输

任务一　国际贸易运输方式的认知

学习目标

知识目标

1. 了解国际货物运输的各种运输方式；
2. 熟悉各种运输方式的优缺点；
3. 掌握海洋运输方式。

能力目标

1. 能选择国际货物运输方式；
2. 能够计算班轮运费。

任务导入

深圳圣路易贸易有限公司已经确定对美国出口男士皮包9000个，每个235美元CIF纽约，考虑到不同运输方式的优缺点，现在业务员需要和对方商谈货物的运输方式，以保证货物能够安全、顺利地到达目的地。

思考：

请为该批货物选择合适的运输方式。

相关知识

在国际贸易中采用的运输方式很多，而每种运输方式都有其自身的特点和独特的经营方式。了解各种运输方式的特点和经营方式，对于合理选择和正确采用各种运输方式有着重要的意义。

一、海洋运输

海洋运输（Ocean Transport）是国际贸易运输中采用最广泛的运输方式，它是以船舶为运输工具，在国内外港口之间通过一定的航线和航区来完成运输任务的一种运输方式。目前，国际货物总运量的80%以上，我国2/3以上的进出口货物都是利用海上运输完成的，从而使海洋运输成为国际贸易中最为重要的运输方式。与其他运输方式相比较，它有以下几个特点：

（1）通过能力强。海洋占地球表面积约70%，可以利用四通八达的天然水路将世界各地的港口连在一起，不像汽车、火车要受公路和铁路的限制。

（2）运输量大。目前船舶正在向大型化发展，海洋运输船舶的运载能力远远大于铁路运输车辆和公路运输车辆。一艘万吨船舶的载重量一般相当于250~300个火车皮的载重量。

（3）运费率低。海洋运输所利用的航道是天然形成的，港口设施一般为政府所建，而且海运量大、航程远，分摊于每吨货物的运费成本相对较低，具有规模效益，因此运价相对低廉。

（4）对货物的适应性强。由于以上特点使海洋运输适合运输各种货物，尤其是一些火车、汽车无法运输的特种货物，如石油井架、机车等。

（5）速度慢。因为船舶体积大，水流阻力大，所以航行速度慢。

（6）风险大。海洋运输的周期相对较长，受气候和自然条件影响较大。

由于以上的特点，使得海洋运输容易受到自然条件限制和季节性影响（如暴风巨浪、港口冰封），因此，对于不宜经受长期运输的货物以及需用急切和易受气候条件影响的货物，一般不宜采用海洋运输方式。

按照船公司对船舶经营方式的不同，可分为班轮运输和租船运输两种方式。

1. 班轮运输

班轮运输（Liner/Regular Shipping Liner）通常是在固定的航线和港口往返运载货物，按照预先规定的时间表航行，并且由船方负责装卸，其运费按相对固定费率收取，所以为国际贸易货物的运输提供了很大的便利。

（1）班轮运输特点

①船舶按照固定的船期表沿着固定的航线和港口来往运输，并按相对固定的运费率收取运费，因此，它具有“四固定”的基本特点。

②由船方负责配载装卸，装卸费包括在运费中，货方不再另付装卸费，船货双方也不计算滞期费和速遣费。

③船、货双方的权利、义务与责任豁免，以船方签发的提单条款为依据。

④班轮承运货物的品种、数量比较灵活，货运质量较有保证，且一般采取在码头仓库交接货物，为货主提供了较便利的条件。

（2）班轮运费。班轮运费包括基本运费和附加费两部分。

第一，基本运费。基本运费是按班轮运价表规定的计收标准计收。在班轮运价表中，根据不同的商品，对运费的计收标准，通常采用下列几种：

①按货物毛重，又称重量吨计收运费，运价表内用“W”表示。

②按货物的体积/容积，又称体积吨计收，运价表中用“M”表示。

③按毛重或体积计收，由船公司选择其中收费较高的作为计费吨，运价表中以“W/M”表示。

④按商品价格计收，又称为从价运费，运价表内用“A. V.”或“Ad. Val”表示。从价运费一般按货物的FOB价格的百分之几收取。

⑤在货物重量、体积或价值三者中选择最高的一种计收，运价表中用“W/M or A. V.”表示。

⑥按货物重量或体积选择其高者，再加上从价运费计算，运价表中以“W/M plus Ad . Val”表示。

⑦按每件货物作为一个计费单位收费，如活牲畜按“每头”（Per Head），车辆按“每辆”（Per Unit）收费。

⑧临时议定价格，即由货主和船公司临时协商议定。通常适用于承运粮食、豆类、矿石、煤炭等运量较大、货值较低、装卸容易、装卸速度快的农副产品和矿产品。议价货物的运费率一般较低。

在实际业务中，基本运费的计算标准以按货物的毛重（“W”）和按货物的体积（“M”）或按重量、体积选择（“W/M”）的方式为多。贵重物品较多的是按货物的FOB总值（“A. V.”）计收。

第二，附加费。班轮承运货物除了收取“基本运费”外，往往还要加收各种附加费（Surcharges），以弥补船方在运输上的额外开支或其所蒙受的某些损失。附加费名目繁多，常见的有以下十种：

①超重附加费（Heavy Lift Additional）。一件货物毛重超过运价表规定的重量，即为超重货，需加收附加费。

②超长附加费（Long Length Additional）。一件货物的长度超过运价表规定的长度，即为超长货，需要加收附加费。

③转船附加费（Transshipment Surcharge）。货物转船时，船公司在转船港口办理换装和转船手续而增加的费用，称为转船附加费。

④燃油附加费（Bunker Adjustment Factor，BAF）。燃油价格上涨时，船公司按基本

运价的一定百分比加收的燃油涨价费。

⑤直航附加费（Direct Additional）。运往非基本港的货物达到一定数量时，船公司可安排直航而收取的费用。直航附加费一般比转船附加费低。

⑥港口附加费（Port Surcharge）。对有些设备条件差或装卸效率低的港口，船公司为了弥补船舶靠港时间长造成的损失而收取的费用。一般按基本运价的一定百分比计收。

⑦港口拥挤费（Port Congestion Surcharge）。对有些港口由于压港压船，导致停泊时间较长，船方因此而收取的费用。

⑧选卸附加费（Additional on Optional Discharging Port）。对于选卸货物（Optional Cargo）需要在积载方面给以特殊的安排，这要增加一定的手续和费用，甚至有时需要翻船（指倒舱翻找货物），根据这样的原因而追加的费用称为选卸附加费。

⑨绕航附加费（Deviation Surcharge）。正常航道不能通行，需绕道才能到达目的港时，船方便要加收此费。

⑩货币贬值附加费（Devaluation Surcharge 或 Currency Adjustment；or，CAF）。当运价表中规定的货币贬值时，船公司便按基本运价加收一定百分比的附加费。

面对如此多的附加费，业务员必须在对外报价时充分考虑这些因素，才能使商品的价格规定得合理。

班轮运费计算公式如下：总运费 = 基本运费 + 附加运费

总运费 = 基本运费率 ×（1 + 附加费率）× 运费吨

例如，我方出口商品共100箱，每箱的体积为30厘米×60厘米×50厘米，毛重为40千克。查运费表得知该货为9级，计费标准为W/M，基本运费率为每运费吨109港元，另收燃油附加费20%，港口附加费20%，货币贬值附加费10%。试计算：该批货物的运费是多少港元?

解：M = 30 × 60 × 50 = 0.09（立方米）= 0.09（运费吨）

W = 40千克 = 0.04运费吨

因为M > W，即0.09 > 0.04且基本运费的计收标准是W/M，所以应选择0.09作为运费吨来计算运费。

总运费 = 基本运费率 ×（1 + 附加费率）× 运费吨

= 109 ×（1 + 20% + 20% + 10%）× 0.09 × 100 = 1471.5（港元）

小贴士

班轮运费计算小常识

在日常生活中，有些货物密度大，导致体积较小，但是质量很大，如钢铁；有些货物正好相反，密度小，导致体积大，但是质量很小，如棉花；船公司在运输时，装运钢铁等商品所占货船的仓位体积较小，但是运载的质量较大，如果让船务公司按体积向货主收费，费用就小于按质量收费，船务公司明显吃亏，因此对像钢铁这样的重货必须按质量来收费。同样，对像棉花这样的轻货，必须按体积来收费；对金银珠宝等这些质量既低，体积又小，但是价值较高的商品，只能按商品的价值收费。

2. 租船运输

租船运输（Chartering/Tramp）又称不定期船运输，它与班轮运输有很大差别。在租船运输业务中，没有预订的船期表，船舶经由航线和停靠的港口也不固定，须按船租双方签订的租船合同来安排。有关船舶的航线和停靠的港口、运输货物的种类以及航行时间等，都按承租人的要求，由船舶所有人确认而定，运费或租金也由双方根据租船市场行市在租船合同中加以约定。租船运输的方式有以下两种。

（1）定程租船（Voyage Charter），又称航次租船，是指由船舶所有人负责提供船舶，在指定港口之间进行一个航次或数个航次，承运指定货物的租船运输。定程租船就其租赁方式的不同可分为：单程租船，又称单航次租船；来回航次租船；连续航次租船；包运合同租船。

（2）定期租船（Time Charter），是指由船舶所有人将船舶出租给承租人，供其使用一定时期的租船运输。承租人也可将此期租船充作班轮或定程租船使用。

定程租船与定期租船的区别：①定程租船按航程租船，船租双方签订定程租船合同；定期租船按期限租船，船租双方签订定期租船合同。②定程租船的船方负责船舶的营运，不仅负责船舶的航行、驾驶和管理，还对货物运输负责；定期租船的船方，仅对船舶的维护、维修、正常运转和船员的薪酬、给养负责，船舶的调度、货运、船舶的营运等由承租人承担。③定程租船与定期租船计算费用的方式不同。前者涉及运费、装卸费、滞期费、速遣费等，后者仅涉及租金。④定程租船还要规定装卸期限和装卸率，并计算滞期费和速遣费；定期租船的租金一般按租期每月每吨计算，无须计算滞期费和速遣费。

除上述两种租船模式外，还有光船租船（Demise Charter）。光船租船是船舶所有人将船舶出租给承租人使用一定时期，但船舶所有人所提供的船舶是一艘空船，既无船长，又未配备船员，承租人自己要任命船长、船员，负责船员的给养和船舶营运管理所需的一切费用。这种光船租船，实际上属于单纯的财产租赁，与上述定期租船有所不同。这种租船方式，在当前国际贸易中很少使用。

近年来，国际上发展起来一种介于航次租船和定期租船之间的租船方式，即航次期租，这是以完成一个航次运输为目的，按完成航次所花的时间，以约定的租金率计算租金的方式。

租船运输通常适用于大宗货物的运输，因此，我国大宗货物如粮食、油料、矿产品和工业原料等进出口通常采用租船运输方式。就外贸企业来说，使用较多的租船方式是定程租船。

二、铁路运输

在国际货物运输中，铁路运输（Railway Transport）是一种仅次于海洋运输的主要运输方式，海洋运输的进出口货物，也大多是靠铁路运输进行货物的集中和分散的。

铁路运输有许多优点：一般不受气候条件的影响，可保障全年的正常运输，而且运量较大，速度较快，有高度的连续性，运输过程中可能遭受的风险也较小；办理铁路货运手续比海洋运输简单，而且发货人和收货人可以在就近的始发站（装运站）和目的站办理托运和提货手续。

铁路运输可分为国际铁路货物联运和国内铁路货物运输两种。

1. 国际铁路货物联运

凡是使用一份统一的国际联运票据，由铁路负责经过两国或两国以上铁路的全程运送，并由一国铁路向另一国铁路移交货物时，不需发货人和收货人参加，这种运输称为国际铁路货物联运（Railway Combined Transport）。

采用国际铁路货物联运，有关当事国事先必须有书面的约定。欧洲国家的铁路联运开始较早，1890 年，欧洲各国在瑞士首都伯尔尼举行的各国铁路代表大会上制定了《国际铁路货物运送规则》，1938 年修改后改称为《国际铁路货物运送公约》（以下简称《国际货约》）。

1951 年 11 月，罗马尼亚、阿尔巴尼亚、保加利亚、波兰、匈牙利、捷克斯洛伐克、德意志民主共和国和苏联 8 个国家签订了《国际铁路货物联运协定》（以下简称《国际货协》）。1984 年 4 月我国参加了《国际货协》，当前《国际货协》成员国数量达到 22 个。

此外，一些参加《国际货协》的国家也参加了《国际货约》，这就为国际间的铁路联运提供了极为便利的条件，它使参加《国际货协》国家的进出口货物，可以通过铁路转送至参加《国际货约》的国家。

目前，我国对朝鲜、俄罗斯的大部分进出口货物以及东欧一些国家的小部分进出口货物，都是采用国际铁路联运的方式运送的。按照《国际货协》有关规定，从参加《国际货协》的国家向未参加《国际货协》的国家或相反方向运送货物，亦可办理联运。具体做法：从参加《国际货协》的国家发货，使用国际铁路货协的联运运单，当货物运到离开《国际货协》参加国的最终出口国国境站时，由铁路边境站负责改换适当的联运票据继续转运至最终到站。从未参加《国际货协》的国家向参加《国际货协》国家铁路发货，其继续转运发送事宜，则由参加《国际货协》的第一过境铁路的进口国国境站负责办理。

2. 国内铁路货物运输

国内铁路货物运输（Cargo Domestic Railway Transport）是指仅在本国范围内按《国内铁路货物运输规程》的规定办理的货物运输。我国出口货物经铁路运至港口装船及进口货物卸船后经铁路运往各地，均属国内铁路货物运输的范畴。

供应中国港澳地区的物资经铁路运往中国香港、中国九龙，也属于国内铁路货物运输的范围。

关于铁路运输

世界铁路主要集中在美洲和欧洲，美洲铁路约占世界铁路总长的1/2，欧洲约占1/3，而非洲、澳洲和亚洲只占1/6左右。美国拥有铁路41.2万千米，居世界第1位，俄罗斯的电气铁路居世界首位；日本因拥有2.034千米的高速客运线路（新干线）而著称于世。美国铁路承担的客运量很少，主要担当煤炭、铁矿等大宗货物运输；俄罗斯铁路客货运输都很繁忙，客货列车共线运行；西欧各国及日本铁路均以客运为主。截至2015年年底，我国铁路营运里程超过12万千米，居世界第2位，其中高铁1.9万千米，居世界第1位。2006年青藏铁路通车并投入运营。如果按进出口货运量计算，在我国的对外贸易运输中铁路运输仅次于海运，居第2位。

三、航空运输

航空运输（Air Transport）是一种现代化的运输方式，它与海洋运输、铁路运输相比，具有运输速度快、货运质量高，且不受地面条件的限制等优点。因此，它最适宜运送急需物资、鲜活商品、精密仪器和贵重物品。近年来，随着国际贸易的迅速发展以及国际货物运输技术的不断现代化，采用空运方式也日趋普遍。

1. 国际空运货物的运输方式

目前，我国的进出口商品中，进口采用空运的有电脑、成套设备中的精密部件、电子产品等；出口商品中主要有丝绸、纺织品、海产品、水果和蔬菜等。这些进出口商品，按不同需要，主要采用以下几种运输方式。

（1）班机运输（Scheduled Airline Transport）。班机是指在固定时间、固定航线、固定始发站和目的站运输的飞机，通常班机是使用客货混合型飞机，一些大的航空公司也有开辟定期全货机航班的。班机有定时、定航线、定站等特点，因此班机运输适用于运送急需物品、鲜活商品以及节令性商品。

（2）包机运输（Charter Carrier Transport）。包机运输是指包租整架飞机或由几个发货人（或航空货运代理公司）联合包租一架飞机来运送货物。因此，包机又分为整包机和部分包机两种形式，前者适用于运送数量较大的商品，后者适用于多个发货人，但货物到达站又是同一地点的货物运输。

（3）集中托运（Consolidation Transport）。集中托运是指航空货运公司把若干单独发运的货物（每一货主货物要出具一份航运单）组成一整批货物，用一份总运单（HAWB House Airway Bill）整批发运到预定目的地，由航空公司在那里的代理人收货、报关、分拨后凭所附分运单交给实际收货人。集中托运的运价比国际空运协会公布的班机运价低7% ~10%，因此发货人比较愿意将货物交给航空货运公司安排。将每一票货物分别制定航空运输分运单，即出具货运代理的运单。

（4）航空急件传送方式（Air Express Service）。航空急件传送是目前国际航空运输中最快捷的运输方式。它不同于航空邮寄和航空货运，而是由一个专门经营此项业务的机构与航空公司密切合作，设专人用最快的速度在货主、机场、收件人之间传送急件，特别适用于急需的药品、医疗器械、贵重物品、图纸资料、货样及单证等的传送，被称为“桌到桌运输”。知名的国际快递公司有DHL（美国）、FEDEX（美国）、UPS（美国）、TNT（荷兰）等。

2. 航空运输的承运人

（1）航空运输公司（Air Transport Company）。航空运输公司是航空货物运输业务中的实际承运人，负责办理从启运机场至到达机场均运输，并对全程运输负责。

（2）航空货运代理公司（Air Freight Agent Company）。航空货运代理公司可以是货主的代理，负责办理航空货物运输的订舱，在始发机场和到达机场的交、接货与进出口报关等事宜；也可以是航空公司的代理，办理接货并以航空承运人的身份签发航空运单，对运输过程负责。

中国对外贸易运输总公司既是中国民航的代理，也是我国各进出口公司的货运代理，它充任航空货运代理公司的职责。为此，中国对外贸易运输公司同世界许多国家和地区的货运代理公司建立了航空货运代理业务。

3. 航空运费的计算

（1）计算公式。由于飞机装载的货物受最大载重、地板承受力和货舱容积的限制，因此航空运费根据每票货物所适用的运价和货物的计费质量计算而得。其计算公式如下：

航空运费＝运价×计费重量

（2）计费质量。计费质量是指用以计算货物航空运费的质量。货物的计费质量为货物总的实际毛重与总的体积质量两者较高者，或者较高质量分界点质量。其计算公式如下：

计费质量＝实际毛重（适用于高密度货物，俗称重货）

或计费质量＝体积质量（适用于低密度货物，俗称轻泡货）

或计费质量＝较高质量分界点质量

（3）体积质量。体积质量是指根据国际航协的规定，将货物的体积按一定的比例折算出的质量。它的计算规则为以0.006立方米作为1千克来计算。根据这一基数，体积质量的计算公式如下：

体积质量（千克）＝货物体积（立方米）÷0.006（立方米/千克）

例如，上海宏达公司出口一批货物，毛重为2300千克，体积为16.7立方米，自上海空运至日本横滨，运价为每千克人民币13.58元（100千克起算）。

解：（1）体积质量＝16.7立方米÷0.006（立方米/千克）＝2783.33千克

（2）因为体积质量大于实际毛重，所以按体积质量计算，

即：计算质量＝2783.33千克

（3）航空运费＝2783.33千克×13.58元/千克＝37797.67元

四、集装箱运输和国际多式联运

1. 集装箱运输

（1）集装箱运输的含义及特点。集装箱运输（Container Transport）是以集装箱作为运输单位进行货物运输的一种现代化运输方式，它适用于海洋运输、铁路运输及国际多式联运等。目前，集装箱海运已经成为国际主要班轮航线上占有支配地位的运输方式。在我国，集装箱运输，尤其是集装箱海运已经成为普遍采用的一种重要的运输方式。

集装箱海运之所以如此迅速发展，是因为同传统海运相比，它具有下列优点：

①有利于提高装卸效率和加速船舶的周转。

②有利于提高运输质量和减少货损货差。

③有利于节省各项费用和降低货运成本。

④有利于简化货运手续和便利货物运输。

⑤把传统单一的运输串联为连贯的成组运输，从而促进了国际多式联运的发展。

（2）集装箱运输货物的装箱方式（Container Packing Methods）。集装箱运输有整箱

货（Full Container Load，FCL）和拼箱货（Less than Container Load ，LCL）之分。整箱货由货方在工厂或仓库进行装箱，货物装箱后直接运交集装箱堆场等待装运，货到目的港（地）后，收货人可直接从目的港（地）集装箱堆场提走。拼箱货是指货量不足一整箱，需由承运人在集装箱货运站（Container Freight Station，CFS）负责将不同发货人的少量货物拼在一个集装箱内，货到目的港（地）后，由承运人拆箱分拨给各收货人。通用的集装箱货物交接方式为：堆场（Container Yard）到堆场（CY to CY），即发货人整箱交货，收货人整箱接货；由货运站到货运站（CFS to CFS），即发货人拼箱交货，收货人拼箱接货。此外，集装箱运输亦可实现"门到门"（Door to Door）的运输服务，即由承运人在发货人工厂或仓库接货，在收货人工厂或仓库交货。

2. 国际多式联运

国际多式联运（International Multimodal Transport）是在集装箱运输的基础上产生和发展起来的一种综合性的连贯运输方式，它一般是以集装箱为媒介，把海、陆、空各种传统的单一运输方式有机地结合起来，组成一种国际间的连贯运输。

《联合国国际货物多式联运公约》对国际多式联运所下的定义是："国际多式联运是指按照多式联运合同，以至少两种不同的运输方式，由多式联运经营人把货物从一国境内接运货物的地点运至另一国境内指定交付货物的地点。"此项定义说明构成多式联运应具备下列条件：

（1）必须有一个多式联运合同，合同中明确规定多式联运经营人和托运人之间的权利、义务和责任豁免。

（2）必须是国际间两种或两种以上不同运输方式的连贯运输。

（3）必须使用一份包括全程的多式联运单据（MTD），并由多式联运经营人对全程运输负总的责任。

（4）必须是国际间的货物运输。

（5）必须由一个多式联运经营人对全程运输负总的责任。

（6）必须是全程单一运费费率，其中包括全程各段运费的总和、经营管理费用和合理利润。

多式联运合同是指多式联运经营人与托运人之间订立的凭已收取运费、负责完成或组织完成国际多式联运的合同。它明确规定了多式联运经营人和托运人之间的权利、义务和责任豁免。

多式联运经营人是指本人或通过其代表订立多式联运合同的任何人，他是事主，而不是发货人的代理人或代表或参加多式联运的承运人的代理人或代表，并且负有履行合同的责任。他可以充任实际承运人，办理全程或部分运输业务，也可以是无船承运人，即将全程运输交由各段实际承运人来履行。

开展国际多式联运是实现“门到门”运输的有效途径，它简化了手续，减少了中间环节，加快了货运速度，降低了运输成本，并提高了货运质量。货物的交接地点也可以做到门到门、门到港站、港站到港站、港站到门等。

3. 大陆桥运输

大陆桥运输（Land Bridge Transport）是指使用横贯大陆的铁路（公路）运输系统，作为中间桥梁，把大陆两端的海洋连接起来的集装箱连贯运输方式。大陆桥运输是集装箱运输开展以后的产物，始于1967年，发展到现在已形成西伯利亚大陆桥、欧亚大陆桥和北美大陆桥三条大陆桥运输路线。

（1）西伯利亚大陆桥。西伯利亚大陆桥是利用俄罗斯西伯利亚铁路作为桥梁，把太平洋远东地区与波罗的海和黑海沿岸以及西欧大西洋口岸连接起来。这是世界上最长的运输陆桥。

（2）欧亚大陆桥。欧亚大陆桥于1992年12月正式投入运营，它东起我国连云港，途经陇海线、兰新线，接北疆铁路，出阿拉山口，进入俄罗斯境内，最终抵达荷兰鹿特丹、阿姆斯特丹等西欧主要港口。

（3）北美大陆桥。北美大陆桥包括两条路线：一条是从西部太平洋口岸至东部大西洋口岸的铁路（公路）运输系统；另一条是从西部太平洋口岸至南部墨西哥湾口岸的铁路（公路）运输系统。

国际贸易货物使用大陆桥运输具有运费低廉、运输时间短、货损货差率小、手续简便等特点，大陆桥运输是一种经济、迅速、高效的现代化的运输方式。

五、其他运输方式

国际贸易货物的运输，除使用海运、铁路运输、航空运输、集装箱运输、多式联运等运输方式外，还有使用公路、内河、邮政、管道等运输方式。

1. 邮政运输

邮政运输（Postal Post Transport）是一种很简便的运输方式。若买卖双方商定采用此种运输方式，卖方只需要根据买卖合同规定的条件，按照邮局有关规定，向邮局办理商品包裹的投寄手续，并取得邮包收据，即完成交货义务。国际邮政运输具有国际多式联运和门到门运输的性质。

为了有效地利用邮政运输方式，我国先后同许多国家签订了邮包运输协议和邮电协定，并已参加了万国邮政联盟，为我国发展对外贸易货物的邮政运输提供了有利的条件。

利用邮政运输虽然手续简便，费用也不高，但运量有限。按邮包运输时，每件包裹重量不得超过20千克，长度不得超过1.5米。因此只有某些机器零件、药品和急需的零星物资及样品等才适合采用邮政邮包运输。

2. 公路运输

公路运输（Road Transport）是一种比较灵活、方便的运输方式。它除了适用于内地集散进出口货物外，还适用于邻国之间的进出口货物运输。我国同越南、朝鲜、尼泊尔、缅甸等邻国都有公路相连通，我国同这些国家的部分进出口货物，可以通过国境公路运输。

3. 管道运输

管道运输（Pipelines Transport）是一种现代化运输方式。许多盛产石油的国家都积极发展管道运输，因为管道运输速度快，流量大，减少了中途装卸环节，运费低廉。近年来，我国管道运输也迅速发展起来。我国同朝鲜之间已有管道相连通。我国向朝鲜出口石油，主要是通过管道运输。

4. 内河运输

我国江河密布，除有边境河流外，内地还分布许多终年通航的河流，特别是长江、珠江水系，航运十分便利。我国部分进出口货物，不仅可以通过内河运输（Inland Waterway Transport）集散，而且有些河港还能直接停靠海洋货轮和装卸进出口货物，这就为发展我国对外贸易货物的江河运输提供了有利的条件。

任务二　运输单据的认知

学习目标

知识目标

1. 了解运输单据的种类；
2. 了解提单的性质和作用；
3. 掌握海运提单的种类和内容。

能力目标

能够缮制海运提单。

任务导入

温州某皮具公司出口加拿大国际贸易公司的10000个女士皮包，在确定了与本次交易相适应的运输方式及装运条件后，作为业务员的你还必须选择适用的运输单据，以便正确、完整地填写装运条款。

思考：

请为该批货物选择合适的运输单据。

相关知识

运输单据（Shipping Documents）是承运人签发的，证明已经接管货物或货物已装船发运的书面凭证，是明确承运人、托运人、收货人等的责任、义务、权利的依据，也是交接货物、结汇、索赔、理赔的凭证。根据运输方式的不同，运输单据分为提单、海运单、铁路运单、航空运单、多式联运单据、邮包收据等几种。

一、海运提单

海运提单（Bill of Lading，B/L），简称提单，是货物承运人（Carrier）应托运人（Shipper）的要求，在收到货物归其掌管后签发给托运人的一种单据。《1978 年联合国海上货物运输公约》以及《中华人民共和国海商法》第 71 条都对提单下了定义："提单是指一种用以证明海上货物运输合同和货物已由承运人接管或装船，以及承运人据此保证交付货物的单证。"

1. 海运提单的性质和作用

在国际海洋货物运输中，托运人与承运人之间一般需要通过订立运输合同和签发提单来确定双方的权利和义务以及责任豁免。因此，提单是国际海运中十分重要的单据，只有对其性质和作用有一个清楚的认识，才能正确处理按提单进行运输的各项业务。

（1）提单是货物收据。提单是承运人或其代理人签发给托运人的货物收据，证明承运人已经按提单所列内容收到托运货物。各国法律一般认为，提单是由船长、承运人或其代理人签发的，证明其已收到或接管货物。

（2）提单是物权凭证。承运人或其代理人在目的港交货时，必须向提单持有人交货。因为提单是代表货物所有权的凭证，提单的合法持有人可以凭提单在目的港向轮船公司提取货物，也可以有偿转让。

思　考

资料：广州鑫达公司与美国某公司商议一批沙发床的买卖合同，采用 CIF 贸易术语，合同中要求卖方装货完毕以后邮寄一份提单给买方，以便买方了解货物装运情况，及时接货。

讨论：作为出口方的业务员能不能答应这一要求？

（3）提单是托运人与承运人之间的运输契约证明。海上货物运输合同包括提单所证明的运输合同。在班轮货物运输中，提单只是运输合同中存在的一种证明，而不是运输合同。另外，提单的签发是在合同成立之后，它只是在履行运输合同的过程中出现的一种证据，而合同实际上在托运人向承运人或其代理人订舱、办理托运手续时就已成立。确切地说，承运人或其代理人在托运人填制的托运单上盖章后，承、托运之间的合同才成立。

2. 海运提单的种类

海运提单可以从各种不同的角度分类。

（1）根据货物是否已装分类

①已装船提单又称为装运提单（On Board B/L），是指轮船公司将货物装上指定轮船后所签发的提单，其特点是提单必须以文字表明货物已装上某条船，并注明装运货物的船舶名称和货物实际装船完毕的日期。在国际贸易中按惯例规定，出口人向银行议付货款时必须提交已装船提单。

②备运提单（Received for Shipment B/L）。又称收讫待运提单，是指轮船公司在托运货物等待装运即尚未装船期间所签发的提单。由于这种提单上的货物没有装船，没有载明船名、装船日期，到货时间没有保证，对买方很不利，因此买方一般不愿意接受备运提单。

（2）根据提单收货人一栏填写内容的不同，即抬头不同分类

①记名提单（Straight B/L）。记名提单是指在提单收货人一栏填写特定的收货人姓名，承运人在卸货港只能将货物交给提单上所指定的收货人。这种提单原则上不能转让给第三者，因此一般只有在运输贵重货物或展览品时才采用。

②不记名提单（Blank B/L）。不记名提单是指提单收货人一栏内没有指明任何收货人名称，而只注明提单持有人字样，谁持有提单，谁就可以提货，承运人交货只凭单，不凭人。不记名提单无须背书即可转让，流通性强。但一旦丢失或被窃，风险极大。所以在国际贸易中很少使用。

③指示提单（Order B/L）。指示提单是指在提单上收货人一栏内填写“凭指示”或“凭某人”字样的一种提单。这种提单可经背书转让，因此在国际贸易中广泛使用。

提单背书有“空白背书”和“记名背书”两种。目前在实际业务中，使用最多的是“凭指示”并注明空白背书的提单，习惯上称为“空白抬头、空白背书提单”。

“空白抬头、空白背书提单”指在提单收货人一栏内填写“凭指示”字样，在提单的背面只写上背书人的名称。

指示提单在托运人（卖方）未指定收货人之前，卖方仍保有货物所有权，如经空白

背书，则成为不记名提单，而作为凭提单收货的凭证；如经记名背书后即成为记名提单。

（3）根据提单上对货物外表状况有无不良批注分类

①清洁提单（Clean Bill of Lading）。清洁提单是指提单上未附加表明货物表面状况有缺陷的批注的提单。承运人如签发了清洁提单，就表明所接受的货物表面或包装完好，承运人不得事后以货物包装不良等为由推卸其运送责任。银行在结汇时一般只接受清洁提单。

②不清洁提单（Unclean Bill of Lading）。不清洁提单是指在提单上批注有表明货物表面状况有缺陷的提单。银行除非在信用证规定可以接受该类提单的情况下，一般会拒绝接受不清洁提单办理结汇。

（4）根据运输方式分类

①直达提单（Direct B/L）。直达提单是指中途不经转船直接将货物运往目的地的提单。提单的卸货港一栏只写最终目的港。凡信用证中规定不准转船者，必须使用这种直达提单。

②转船提单（Transshipment B/L）。转船提单是指当货物的运输不是由一条船直接运到目的港，而是在中途需转换另一船舶运往目的港时，船方签发的包括全程的提单。在提单上注明“转船”或“在××港转船”字样。转船提单往往由第一承运人签发。

③联运提单（Through B/L）。联运提单是海运与其他不同运输方式组成的联合运输，由第一程承运人签发包括全程运输的提单并办理下一程货物的转船和交接手续。

（5）依据运费是否已付分类

①运费预付提单（Freight Prepaid B/L）。运费预付提单是指载明托运人在装货港已向承运人支付运费的提单。

②运费到付提单（Freight to be Collected B/L）。运费到付提单是指载明收货人在目的港提货时向承运人支付运费的提单。

（6）其他提单

①舱面提单。舱面提单是指货物装在船舶甲板上运输所签发的提单，又称甲板提单。在这种提单中应注明“在舱面”字样。

②过期提单。关于过期提单有两种说法：一种是提单晚于货物到达目的港叫过期提单，在海洋运输中难免会出现这种情况，因此买卖合同中一般都规定“过期提单可以接受”的条款；另一种是向银行交单时间超过提单签发日期21天，这种滞期交到银行的提单，也称为过期提单，银行有权拒收。

③预借提单。预借提单是指规定的装运期已到而货物尚未装船或尚未装船完毕时，托运人出具保函，让承运人或其代理人签发已装船提单。

④倒签提单。倒签提单是指承运人应托运人的要求，使提单签发日期早于实际装船日期的提单。使用倒签提单是为了符合信用证对装船日期的规定，便于在该信用证

下结汇。倒签提单在性质上同预借提单一样，也是违法的欺诈行为。

⑤电发提单。电发提单是指货物在装运港装船后，承运人根据托运人要求，在不签发正本提单或收回已签发的全套在本提单前提下，以电信方式授权其在卸货港代理人，凭收货人的提单传真件在目的港交付货物。船公司要求发货人出具一份保函，内容包括托运人名称、船名及航次、提单号码、开航日期及货代无条件免责条款等，保证电放造成的一切问题与其无关。电放时需要另交100～200元的电放费。

经典案例

我国某外贸公司先后与伦敦A公司、瑞士B公司签订两个出售农产品合同，共计3500长吨（英美国家重量单位，约等于1016.046千克），价值8.275万英镑。装运期为当年12月至次年1月。但由于原定的装货船舶出现故障，只能改装另一艘外轮，致使货物到2月11日才装船完毕。在我公司的请求下，外轮代理公司将提单的日期改为1月31日。货物到达鹿特丹后，买方对装货日期提出异议，要求我公司提供1份装船证明。我公司坚持提单是正常的，无须提供证明。结果买方聘请律师上货船查阅船长的船行日志，证明提单日期是伪造的，立即凭律师拍摄的证据向当地法院控告并由法院发出通知扣留该船。经过4个月的协商，最后，我方赔款2.09万英镑，买方才肯撤回上诉而结案。

案例评析：

倒签提单是一种欺骗行为，一旦被识破，产生的后果是严重的。但是在国际贸易中，倒签提单的情况还是相当普遍的。尤其是当延期时间不多的情况下，还是有许多出口商会铤而走险。当倒签的日子较长的情况出现，就容易引起买方怀疑，最终可以通过查阅船长的航行日志或者班轮时刻表等途径加以识破。

3. 提单的缮制（见表5－1）

表5－1 BILL OF LANDING

<table>
<tr><td colspan="2">Shipper</td><td>B/L NO.:</td></tr>
<tr><td colspan="2">Consignee</td><td>Combined Transport
Bill of Landing</td></tr>
<tr><td colspan="2">Notify Party</td><td rowspan="3">For Delivery of Goods Please Apply to: ...</td></tr>
<tr><td>Pre – carriage by</td><td>Place of Receipt</td></tr>
<tr><td>Ocean Vessel Voy. No.</td><td>Port of Loading</td></tr>
</table>

续　表

<table>
<tr><td colspan="2">Port of Discharge</td><td colspan="2">Place of Delivery</td><td colspan="2">Final Destination for Merchant's Reference Only</td></tr>
<tr><td colspan="2">Marks No. /Container, Seal No.</td><td>No. Packages or Containers</td><td>Description of Goods</td><td>Gross Weight (Kgs)</td><td>Measurement (m^3)</td></tr>
<tr><td colspan="6">Total No. Container or Packages (in Words)</td></tr>
<tr><td colspan="2">Freight & Charges</td><td>Revenue Tons</td><td>Rate Per</td><td>Prepaid</td><td>Collect</td></tr>
<tr><td rowspan="2">Ex. Rate:</td><td colspan="2">Prepaid at</td><td>Payable at</td><td colspan="2">Place and Date of Issue</td></tr>
<tr><td colspan="2">Total Prepaid</td><td>No. of Original B/L</td><td colspan="2">Stamp & Signature</td></tr>
</table>

(1) 托运人 (Shipper)。一般即为出口商，也是信用证的受益人，如果开证申请人为了贸易上的需要，在信用证内规定做成第三者提单也可照办。例如，请货运代理做托运人。

(2) 收货人 (Consignee)。该栏又称提单抬头。应严格按信用证规定制作。如以托收方式结算，则一般做成指示式抬头，即写成 "To order" 或 "To the order of ×××" 字样。不可做成以买方为抬头的记名提单或以买方为指示人的提单，以免过早转移物权。

(3) 通知人 (Notify Party)。这是货物到达目的港时船方发送到货通知的对象，通常为进口方或其代理人。但无论如何，应按信用证规定填写。如果信用证没有规定，则正本提单以不填为宜，但副本提单中仍应将进口方名称地址填明，以便承运人通知。

(4) 提单号码 (B/L No.)。提单上必须注明编号，以便核查，该号码与装货单 (又称大副收据) 或 (集装箱) 场站收据的号码是一致的。没有编号的提单无效。

(5) 前段运输 (Pre－carriage by)。前段运输是指联合运输过程中在装货港装船前的运输。

(6) 接货地点 (Place of Receipt)。接货地点是指前段运输的接货地点。

(7) 船名及航次 (Name of Vessel; Voy. No.)。填列所装船舶及航次。如中途转船，只填写第一程船名航次。

（8）装运港（Port of Loading）和卸货港（Port of Discharge）。应填写具体港口名称。卸货港如不同国家有重名，则应加注国名。卸货港如采取选择港方式，应全部列明。如伦敦/鹿特丹/汉堡选卸，则在卸货港栏中填上“Option London/Rotterdam/Hamburg”。收货人必须在船舶到达第一卸货港前在船公司规定时间内通知船方卸货港，否则船方可在其中任意一港卸货。选择港最多三个，且应在同一航线上，运费按最高者计收，如中途转船，卸货港即填写转船港名称，而目的港应填入“最终目的地”（Final Destination）栏内。也可在卸货港内填上目的港，同时注明“在××港转船”（W/Tat ××）。

（9）唛头。与发票所列一致。

（10）包装件数和种类（Number and Kind of Packages）与货物描述（Description of Goods）。按实际情况列明。一张提单有几种不同包装应分别列明，托盘和集装箱也可作为包装填列。裸装有捆、件，散装货应注明“In bulk”。货物名称允许使用货物统称，但不得与信用证中货物的描述有抵触。危险品应写清化学名称，注明国际海上危险品运输规则号码（IMCO Code Page）、联合国危规号码（UN Code No.）、危险品等级（Class No.）。冷藏货物注明所要求的温度。

（11）毛重和尺码（Gross Weight & Measurement）。除信用证另有规定外，重量以千克或公吨为单位，体积以立方米为计算单位。

（12）运费和费用（Freight & Charges）。本栏只填运费支付情况，CFR 和 CIF 条件成交，应填写运费预付（Freight Prepaid）；FOB 条件成交，一般填写运费到付（Freight Collect），除非买方委托发货人代付运费。程租船一般只写明“As Arranged”（按照约定）。如信用证另有规定，按信用证规定填写。

（13）正本提单份数（Number of Original Bs/L）。按信用证规定签发，并分别用大小写数字填写，如“（2）TW”。信用证中仅规定“全套”（Full Set），习惯做两份正本，但一份正本亦可视为全套。

（14）提单日期和签发地点。除备运提单外，提单日期均为装货完毕日期，不能迟于信用证规定的装运期。提单签发地点按装运地填列。

二、其他主要运输单据

1. 铁路运单

铁路运单（Railway Bill）是指铁路与货主间缔结的运输契约。国际铁路货物运输使用的运单和国内运单的格式和内容有所不同。国际铁路货物联运运单随同货物从始发站至终点站全程附送，最后交给收货人。它既是铁路承运货物的凭证，也是铁路向收货人交付货物和核收运费的依据。国际铁路货物联运单副本在铁路加盖戳记证明货物的承运和承运日期后交给发货人，它可作为发货人结算货款的凭证。

对港铁路货物运输单据包括两份运单（运输契约和依据）和一份承运货物收据（Cargo Receipt）。各发货地外运公司凭铁路运单以联运承运人的身份签发从起运点至中国香港的凭证，是出口企业收款和中国香港收货人提货凭证。

2. 航空运单

航空运单（Airway Bill）是指航空公司出具的承运货物的收据。它是发货人与承运人缔结的运输契约，但不能作为物权凭证进行转让和抵押。航空运单也是海关查验放行的一项基本单据。

3. 邮包收据

邮包收据（Parcel Post Receipt）是指邮局收到寄件人的邮包后出具的收据。它是收件人提取邮包的凭证，当邮包发生灭失或损坏时，它还可作为索赔和理赔的依据。

4. 多式联运单据

多式联运单据（Multimodal Transport Document，MTD）是指证明多式联运合同以及证明多式联运经营人接管货物并负责按合同条款交付货物的单据，由多式联运经营人签发。签发这种单据的多式联运经营人必须对全程运输负责，即不论货物在哪种运输方式下发生属于承运人责任范围内的灭失或损害，都要对托运货物的人负赔偿责任。多式联运单据使用的范围比联运提单更广：联运提单仅限于在由海运与其他运输方式所组成的联合运输时使用，而多式联运单据既可用于海运与其他运输方式的联运，又可用于不包括海运的其他运输方式的联运。

除上述各种装运单据外，在实际业务中还有一些其他装运单据，如重量单和装箱单等。

任务三　合同装运条款的操作

学习目标

知识目标

1. 熟悉装运条款的主要内容；
2. 掌握分批装运和转运的规定。

能力目标

能拟定装运条款。

任务导入

陈丽和客户确定了货物运输方式后，需要和对方商谈货物运输的相关事项，如装运时间、装运地点、是否允许分批装运、转运等问题，以保证货物能够顺利交接。

思考：

请为该批货物拟定装运条款。

相关知识

买卖双方洽商交易时，必须谈妥各项装运条款，并在合同中订明，以利于合同的履行。装运条款的内容同买卖合同的性质和运输方式有着密切的关系，不同性质的运输方式，其装运条款也不相同。鉴于我国大部分进出口货物是通过海洋运输，而且对外签订的进出口合同大部分属于 FOB、CIF、CFR 合同，以下仅就这类合同的装运条款分别加以介绍和说明。

一、装运时间

1. 装运时间

装运时间（Time of Shipment）又称装运期，是指卖方将合同规定的货物装上运输工具或交给承运人的期限。装运时间是国际货物买卖合同的主要交易条款，卖方必须严格按规定时间交付货物，不得任意提前和延迟。否则，如造成违约，则买方有权拒收货物，解除合同，并要求损害赔偿。

在国际贸易中，交货时间和装运时间是两种不同的概念。在使用 FOB、CIF、CFR 以及 FCA、CIP、CPT 等贸易术语签订的买卖合同中，卖方在装运港或装运地，将货物装上船只或交付给承运人监管，就算完成交货义务。因此，按照上述贸易术语订立的合同，交货和装运的概念是一致的，可以把二者当作同义语。在国际贸易中，有关装运日期，过去一般是从狭义上理解。随着国际贸易和运输方式的发展，国际惯例的最新解释是：装船、发运、收妥待运、邮局收据日期、收货日期等，以及在多式联运方式下承运人的“接受监管”，均可理解为装运日期。

2. 装运时间的规定方法

（1）规定明确、具体的装运时间。这又可分为规定一段时间和规定最后期限两种。例如，“7 月份装运”（shipment during July）、“7/8/9 月份装运”（shipment during July/Aug. /Sep. ）。又如，“装运期不迟于 7 月 31 日”（shipment not later than July 31），“9 月底或以前装运”（shipment at or before the end of Sep. ）。此种规定方法明确、具体，

使用较为广泛。

（2）规定收到信用证后若干天装运。如规定："收到信用证后 30 天内装运"（shipment within 30 days after receipt of L/C）。为防止买方不按时开证，一般还规定："买方必须不迟于某月某日将信用证开到卖方"（the relevant L/C must reach the seller not later than × × ×）的限制性条款。对某些进口管制较严的国家或地区，或专为买方制造的特定商品，或对买方资信不够了解，为防止买方不履行合同而造成损失，可采用此种规定方法。

（3）笼统规定近期装运。如规定"立即装运"（immediate shipment）、"即期装运"（prompt shipment）、"尽快装运"（shipment as soon as possible）等。由于这些术语在各国、各行业中解释不一，不宜使用。国际商会制定的《跟单信用证统一惯例（UCP600）》（以下简称《UCP600》）也明确规定不宜使用此类词，如果使用，银行将不予置理。

3. 规定装运时间应注意的问题

（1）买卖合同中的装运时间的规定，要明确具体，装运期限应当适度。海运装运期限的长短，应视不同商品和租船订舱的实际情况而定。装运期限过短，势必给船货安排带来困难；装运期过长也不合适，特别是采用在收到信用证后多少天内装运的条件下，装运期过长，会造成买方积压资金，影响资金周转，从而反过来影响卖方的售价。

（2）应注意货源情况、商品的性质和特点以及交货的季节性等。如雨季一般不宜装运烟叶，夏季一般不宜装运沥青、易腐性肉类及橡胶等。

（3）应结合考虑交货港、目的港的特殊季节因素。如北欧、加拿大东海沿岸港口冬季易封冻结冰，故装运时间不宜订在冰冻时期。反之，热带某些地区，则不宜订在雨季装运等。

（4）在规定装运期的同时，应考虑开证日期的规定是否明确合理。装运期与开证日期是互相关联的，为保证按期装运，装运期和开证日期应该互相衔接起来。

二、装运港（地）和目的港（地）

装运港（Port of Loading）是指货物起始装运的港口，目的港（Port of Destination）是指最终卸货的港口。在国际贸易中，装运港（地）一般由卖方提出，经买方同意后确认；目的港（地）一般由买方提出，经卖方同意后确认。

1. 装运港（地）和目的港（地）的规定方法

在买卖合同中，装运港和目的港的规定方法有以下几种：

（1）在一般情况下，装运港和目的港分别规定各为一个。如装运港：上海（port of

shipment：Shanghai），目的港：伦敦（port of destination：London）。

（2）有时按实际业务的需要，也可分别规定两个或两个以上的装运港或目的港。如装运港：大连/上海（Dalian/Shanghai），大连/青岛/上海（Dalian/Qingdao/Shanghai）；目的港：伦敦/利物浦（London/Liverpool）。

（3）在磋商交易时，如明确规定装运港或目的港有困难，可以用选择港办法规定。选择港有两种方式：一种是在两个或两个以上港口中选择一个，如CIF伦敦，选择港汉堡或鹿特丹（CIF London，optional Hamburg/Rotterdam），或者CIF伦敦/汉堡/鹿特丹（CIF London/Hamburg/Rotterdam）；另一种是笼统规定某一航区为装运港或目的港，如“地中海主要港口”，即最后交货选择地中海的一个主要港口为目的港。

2. 确定国内外装运港（地）和目的港（地）的注意事项

（1）规定国外装运港和目的港应注意的问题

①对国外装运港或目的港的规定，应力求具体明确。在磋商交易时，如国外商人笼统地提出以“欧洲主要港口”或“非欧洲主要港口”为装运港或目的港时，不宜轻易接受。因为欧洲或非欧洲港口众多，究竟哪些港口为主要港口，并无统一解释，而且各港口距离远近不一，港口条件也有区别，运费和附加费相差很大，所以应避免采用此种规定方法。

②不能接受内陆城市为装运港或目的港的条件。因为若接受这一条件，我方要承担从港口到内陆城市这段路程的运费和风险。

③必须注意装卸港的具体条件，主要有：有无直达班轮航线、港口和装卸条件以及运费和附加费水平等。如果租船运输，还应进一步考虑码头泊位的深度，有无冰封期，冰封的具体时间以及对船舶国籍有无限制等港口制度。

④应注意国外港口有无重名问题。世界各国港口重名的很多，例如，维多利亚（Victoria）港，世界上有12个之多，波特兰（Portland）等也有数个。为防止发生差错、引起纠纷，在买卖合同中应明确注明装运港或目的港所在国家和地区的名称。

⑤如采用选择港口规定，要注意各选择港口不宜太多，一般不超过三个，而且必须在同一航区、同一航线上。同时在合同中应明确规定：如所选目的港要增加运费、附加费，应由买方负担，同时要规定买方宣布最后目的港的时间。

（2）规定国内装运港（地）或目的港（地）应注意的问题。在出口业务中，对国内装运港的规定，一般以接近货源地的对外贸易港口为宜，同时考虑港口和国内运输的条件和费用水平。在进口业务中，对国内目的港的规定，原则上应选择以接近用货单位或消费地区的对外贸易港口为最合理。但根据我国目前港口的条件，为避免港口到船集中而造成堵塞现象或签约时目的港尚难确定，在进口合同中，也可酌情规定为

"中国口岸"。

总之，买卖双方在确定装运港时，通常都是从本身利益和实际需要出发，根据产、销和运输等因素考虑。为了使装运港和目的港条款订得合理，必须从多方面加以考虑，特别是国外港口很多，情况复杂，在确定国外装运港和目的港时，更应格外谨慎，世界主要港口名称及所在地见表5-2，供参考。

表5-2　世界主要港口名称及所在地

港口中文名称	港口英文名称	所在城市代码	所在国家代码
雅典港（希腊）	ATHENSDAM	ATH	GR
阿姆斯特丹（荷兰）	AMSTER	AMS	HL
里斯本（葡萄牙）	LISBON	LIS	PT
伦敦（英国）	LONDON	LON	GB
洛杉矶（美国）	AOS ANGELES	LAX	US
马尼拉（菲律宾）	MANILA	NML	PH
马德里（西班牙）	MADRID	MAD	SP
孟买（印度）	BOMBAY	BOM	IN
釜山（韩国）	PUSAN	PUS	KR
名古屋（日本）	NAGOYA	NGO	JP
奥克兰（美国）	OAKLAND	OAK	US
鹿特丹（荷兰）	ROTTERDAM	ROT	HL
迪拜（阿联酋）	DUBAI	DXB	UA
新加坡（新加坡）	SINGAPORE	SIN	SG
香港（中国）	HONG KONG	HKG	CN
约翰内斯堡（南非）	JOHANNESBURG	JNB	SA
悉尼（澳大利亚）	SYDNEY	SYD	AU
华沙（波兰）	WARSAW	WAW	PL
天津（中国）	XINGANG	TSN	CN
基隆（中国）	KEELUNG	KEL	CN

三、分批装运和转运

分批装运和转运都直接关系到买卖双方的利益，因此，买卖双方应根据需要和可能在合同中做出具体的规定。一般来说，合同中如订明允许分批装运和转运，对卖方交货比较主动。

1. 分批装运

分批装运（Partial Shipment）又称分期装运，是指一个合同项下的货物分若干批或若干期装运。在大宗货物或成交数量较大的交易中，买卖双方根据交货数量、运输条件和市场销售等因素，可在合同中规定分批装运条款。

国际上对分批装运的解释和运用有所不同。按有些国家的合同法规定，如合同对分批装运不作规定，买卖双方事先对此也没有特别约定或习惯做法，则卖方交货不得分批装运；国际商会制定的《UCP600》规定，除非信用证另有规定，允许分批装运。因此，为了避免不必要的争议，争取早出口、早收汇，防止交货时发生困难，除非买方坚持不允许分批装运，原则上应明确在出口合同中订入“允许分批装运”（Partial Shipment to Be Allowed）。

根据《UCP600》规定：“运输单据表面上注明货物是使用同一运输工具装运并经同一路线运输的，即使每套运输单据注明的装运日期不同或装运港、接受监管地不同，只要运输单据注明的目的地相同，也不视为分批装运。”该惯例对定期、定量分批装运还规定：“信用证规定在指定时期内分期支款或装运，其中任何一期未按期支款或装运，除非信用证另有规定，则信用证对该期及以后各期均告失效。”若合同和信用证中明确规定了分批数量，如“3~6月份分4批，每月平均装运”，以及类似的限批、限时、限量的条件，则卖方应严格履行约定的分批装运条款，只要其中任何一批没有按时、按量装运，则本批及以后各批均告失效。据此，在买卖合同和信用证中规定分批、定期、定量装运时，卖方必须重合同、守信用，严格按照合同和信用证的有关规定办理。

思 考

资料：沈阳A公司出口3000公吨大豆，国外开来信用证规定：不允许分批装运。结果我方在规定的期限内分别在大连、天津各装1500公吨于同一航次的同一船只上，提单上也注明了不同的装货港和不同的装船日期。

讨论：这是否构成违约？能否到银行安全议付？

2. 转运

卖方在交货时，如驶往目的港没有直达船或船期不定或航次间隔太长，为了便于装运，则应在合同中订明“允许转船”（Transshipment to Be Allowed）。

按《UCP600》规定，“转运”（Transshipment）一词在不同运输方式下有不同的含义：在海运情况下，是指在装货港和卸货港之间的海运过程中，货物从一艘船卸下再装上另一艘船的运输；在航空运输的情况下，是指从起运机场至目的地机场的运输过程中，货物从一架飞机上卸下再装上另一架飞机的运输；在公路、铁路或内河运输情况下，则是指在装运地到目的地之间用不同的运输方式的运输过程中，货物从一种运输工具上卸下，再装上另一种运输工具的行为。《UCP600》规定，除非信用证另有规定，可准许转运。为了明确责任和便于安排装运，买卖双方是否同意转运以及有关转运的办法和转运费的负担等问题，应在买卖合同中订明。

3. 合同中的分批、转运条款

国际货物买卖合同中的分批、转运条款通常是与装运时间条款结合起来规定的。合同中分批、转运条款举例如下：

（1）5—6 月装运，允许分批和转运（Shipment during May/June/July，with partial shipments and transshipment allowed）。

（2）6—7 月分两批装运，禁止转运（During June/July in two shipments，transshipment is prohibited）。

（3）11—12 月分两次平均装运，由中国香港转运（During Nov. /Dec. in two equal monthly shipment ，to be transshipped at China' s Hong Kong）。

四、装运通知

买卖双方为了互相配合，共同做好车、船、货的衔接和办理货运保险，不论采用何种贸易术语成交，交易双方都要承担互相通知的义务。因此，装运通知（Shipment Advice）也是装运条款的一项重要内容。

按照国际贸易的一般做法，在按 FOB 条件成交时，卖方应在约定的装运期开始之前，一般是 30 天或 45 天，向买方发出货物备妥通知，以便买方及时派船接货。买方接到卖方发出的备货通知后，应按约定的时间，将船名、船舶到港受载日期等通知卖方，以便卖方及时安排货物出运和准备装船。

按 FOB、CFR 和 CIF 术语签订的合同，卖方应在货物装船后，按约定时间，将合同、货物的品名、件数、重量、发票金额、船名及装船日期等内容电告买方；如按 FCA、CPT 和 CIP 术语签订的合同，卖方应在把货物交付承运人接管后，将交付货物的具体情况及交付日期电告买方，以便买方办理保险并做好接卸货物的准备，及时办理进口报关手续。应当特别强调的是，买卖双方按 CFR 或 CPT 条件成交时，卖方交货后，及时向买方发出装运通知，具有更为重要的意义。

五、滞期、速遣条款

在国际贸易中，大宗商品大多使用定程租船运输。由于装卸时间直接关系到船方的经营效益，如果装卸货物由租船人负责，船方对装卸货物的时间都要作出规定。如承租人未能在约定的装卸时间内将货物装完和卸完，而延长了船舶在港停泊时间，从而延长了航次时间，这对船舶所有人来说，既可能因在港停泊时间延长而增加了港口费用的开支，又因航次时间延长意味着相对降低了船舶的周转率，从而相对地减少了船舶所有人的营运收入。与此相反，如果承租人在约定的装卸时间以前，将全部货物装完和卸完，从而缩短了船舶在港停泊时间，使船舶所有人可以更早地将船投入下一航次的营运，取得了新的运费收入，这对船舶所有人来说是有利的。正由于装卸时间的长短和装卸效率的高低直接关系到船方的利害得失，故船方出租船舶时，都要求在定程租船合同中规定装卸时间、装卸率，并规定延误装卸时间和提前完成装卸任务的罚款与奖励办法，以约束租船人。

但是，在实际业务中，负责装卸货物的不一定是租船人，而是买卖合同的一方当事人，如 FOB 合同的租船人是买方，而装货是由卖方负责；反之，CIF 合同的租船人是卖方，而卸货是由买方负责，因此，负责租船的一方为了促使对方及时完成装卸任务，在买卖合同中也要求规定装卸时间、装卸率和滞期费、速遣费。

1. 装卸时间

装卸时间（Time for Loading）是指允许完成装卸任务所约定的时间，它一般以天数或小时数来表示。装卸时间的规定方法很多，其中主要有下列几种。

（1）日或连续日。所谓日，是指午夜至午夜连续 24 小时的时间，也就是日历日数，以“日”表示装卸时间时，从装货开始到卸货结束，整个经过的日数，就是总的装货或卸货时间。在此期间内，不论是实际不可能进行装卸作业的时间（如雨天、施工或其他不可抗力），还是星期日或节假日，都应计为装卸时间。这种规定，对租船人很不利。

（2）累计 24 小时好天气工作日。是指在好天气情况下，不论港口习惯作业为几小时，均以累计 24 小时作为一个工作日。如果港口规定每天作业 8 小时，则一个工作日便跨及几天的时间。这种规定对租船人有利，而对船方不利。

（3）连续 24 小时好天气工作日。是指在好天气情况下，连续作业 24 小时算一个工作日，中间因坏天气影响而不能作业的时间应予扣除。这种方法一般适用于昼夜作业的港口。当前，国际上采用这种规定的较为普遍，我国一般都采用此种规定办法。

由于各国港口习惯和规定不同，在采用此种规定办法时，对星期日和节假日是否计算也应具体订明。如在工作日之后加订“星期日和节假日除外”（Sundays and holidays excepted），或者规定“不用不算，用了要算”（not to count unless used）或“不用不算，即使用了也不算”（not to count even used）。对星期六或节假日前一天怎样算法，也应予以明确。

除了具有一定含义的日数表示装卸时间的办法外，有时关于装卸时间并不按日数或每天装卸货物的吨数来规定，而只是按“港口习惯速度尽快装卸”（CQD），这种规定不明确，容易引起争议，故采用时应审慎行事。

为了计算装卸时间，合同中还必须对装卸时间的起算和止算时间加以约定。关于装卸时间的起算，各国法律规定或习惯并不完全一致，一般规定在船长向承租人或其代理人递交了“装卸准备就绪通知书”以后，经过一定的规定时间后，开始起算。关于止算时间，现在世界各国习惯上都以货物装完或卸完的时间作为装卸时间的止算时间。

2. 装卸率

所谓装卸率（Rate of Loading and Unloading），即指每日装卸货物的数量。装卸率的具体确定，一般应按照港口习惯的正常装卸速度，掌握实事求是的原则。装卸率的高低，关系到完成装卸任务的时间和运费水平，装卸率规定过高或过低都不合适。规定过高，完不成装卸任务，要承担滞期费的损失；反之，规定过低，虽能提前完成装卸任务，可得到船方的速遣费，但船方会因装卸率低，船舶在港时间长而增加运费，致使租船人得不偿失。因此，装卸率的规定应当适当。

3. 滞期费和速遣费

滞期费（Demurrage）是指在规定的装卸期限内，租船人未完成装卸作业，给船方造成经济损失，租船人对超过的时间应向船方支付的一定罚金。速遣费（Dispatch）是指在规定的装卸期限内，租船人提前完成装卸作业，使船方节省了船舶在港的费用开支，船方应向租船人就可节省的时间支付一定的奖金。按惯例，速遣费一般为滞期费的一半。滞期费和速遣费通常约定为每天若干金额，不足一天者，按比例计算。

实际业务模拟操作

你是温州某外贸公司业务员接到国外客户订购大米一批，根据双方达成意见，2016 年 10/11/12 月份装运，允许分批和转船。请拟定装运条款。

操作：Shipment during Oct. /Nov. /Dec. 2016，with partial shipments and transshipment allowed.

同步训练

知识巩固

一、单项选择题

1. 下列表示“已装船提单”的日期（　　）。

A. 货于 5 月 24 日送交船公司　　B. 货于 6 月 4 日开始装船

C. 货于 6 月 4 日全部装完　　D. 货于 6 月 24 日抵达日本

2. 在班轮货物运价表中用“W”表示的计收标准为（　　）。

A. 货物毛重　　B. 货物体积　　C. 商品价格　　D. 实际重量

3. 在采用班轮运输的情况下，买卖合同的运输条款中不规定（　　）。

A. 装卸港口　　B. 装运期限　　C. 分运和转船　　D. 滞期、速遣条款

4. 速遣费应由（　　）支付。

A. 租船人　　B. 货运代理人　　C. 船务代理人　　D. 船东

5. 海运提单起到多种作用，但它不是（　　）。

A. 承运人向托运人出具的货物收据　B. 承运人与托运人之间订立的运输契约

C. 货物所有权凭证　　D. 运输契约的证明

6. 提单的抬头通常做成（　　）。

A. 记名式　　B. 不记名式　　C. 指示抬头　　D. 空白式

7. 买卖双方成交 1000 台机器，L/C 规定可以分批装运，并规定第一批交 600 台，第二批交 400 台，那么（　　）。

A. 只要货已备好，可一次装出 1000 台

B. 只要总量相符，可先交 400 台，后交 600 台

C. 只要总量相符，可分两次，各交 500 台

D. 只能按规定先交 600 台，后交 400 台

8. 在进出口运输业务中，经过背书能转让和起物权凭证作用的单据只有（　　）。

A. 铁路运单　　B. 海运提单　　C. 航空运单　　D. 邮政收据

9. 小件急需品和贵重货物，一般采用（　　）。

A. 邮包运输　　B. 航空运输　　C. 国际多式联运　D. 管道运输

10. 在班轮运价中用字母“M”表示的计收标准为（　　）。

A. 按货物毛重计收　　B. 按货物体积计收

C. 按商品价格计收　　D. 按货物件数计收

二、多项选择题

1. 海运按船舶经营方式不同，可分为（　　）运输。

A. 班轮　　B. 集装箱　　C. 租船　　D. 急件传送　E. 转运

2. 班轮运费的组成包括（　　）。

A. 基本运费　　B. 条件运费　　C. 附加费　　D. 分割运费　E. 分段运费

3. 班轮运输最基本的特点是（　　）。

A. 固定航线　B. 固定港口　C. 固定使用提单　D. 相对固定价格　E. 固定船期

4. 租船方式主要有（　　）。

A. 定期租船　　B. 定程租船　　C. 光船租赁　　D. 航次期租　　E. 包运租船

5. 按提单收货人抬头分类，可分为（　　）。

A. 记名提单　B. 不记名提单　C. 指示提单　D. 倒签提单　E. 预借提单

6. 关于装运时间，目前常用的规定方法有（　　）。

A. 明确规定具体装运时间　B. 规定在收到信用证后若干天装运

C. 笼统规定近期装运　D. 详细规定近期装运

7. 下列说法正确的是（　　）。

A. 某 A 公司按 CIF 出口某商品、采用 L/C 支付。买方 B 公司未如期开来 L/C，但合同约定装运期已到，为重合同守信用，A 公司仍应按期发运货物

B. 装运条款规定为“9/10 月装运”，卖方须将货物于 9 月、10 月两个月内，每月各装运一批

C. 使用班轮运费，货方不再另付装卸费，也不计滞期、速遣费

D. 使用租船运输，货方不再另付装卸费，但计滞期、速遣费

E. 按《UCP600》的规定，凡装在同一航次、同一条船、同一目的地的货物，即使装运时间、地点不同，也不视做部分发运（分批装运）

8. 航空运输的种类主要有（　　）。

A. 班机　B. 包机　C. 集中托运　D. 快件　E. 陆空联运

9. 国际多式联运必须（　　）。

A. 有一份多式联运合同

B. 至少有两种不同运输方式的国际间连贯运输

C. 将货从一国境内运至另一国境内

D. 海/海、陆/陆、空/空联运

E. 有一个多式联运经营人对全程运输负责

10. 国际货物买卖合同中有关运输的主要交易条件是（　　）。

A. 装运时间　B. 离岸时间

C. 运输费用　D. 是否可转运

三、判断题

1. 属于第一级的商品，其班轮运费的计收标准是最高的。（　　）

2. 重量公吨和尺码公吨统称为运费公吨。（　　）

3. 在规定装运期条文时，如使用了“迅速”“立即”“尽快”或类似词句者，按《UCP600》惯例规定，银行将不予置理。（　　）

4. 同一票货物如包装不同，其计费标准和等级也不同，如托运人未按不同包装分别注明毛重和体积，则全票货物均按收费较高者计收运费。（　　）

5. 清洁提单是指无任何批注的提单，这种认识是全面的。（　　）

6. 班轮运费的计收标准中“W/M plus ad. val.”是指计收运费时，应选三者中较高者计收。（　　）

7. 按照《UPC600》规定，信用证未禁止转运，即视为允许转运。（　　）

8. 国际邮包运输具有国际多式联运和“门到门”运输的性质。（　　）

9. 所有运输单据都是承运人签发给托运人的货物收据，都是物权凭证，都可凭此向目的地代理人提货。（　　）

10. 国外开来信用证规定的装运期限为“after 12th May, 2016”，应理解为在 2016 年 5 月 12 日或以后装运。（　　）

能力提升

一、实训设计

【实训目的】

①熟悉滞期、速遣的含义与作用；

②掌握滞期费、速遣费的计算。

【实训内容】

假设你是某外贸公司的业务员，根据你对滞期费、速遣费的理解，请在使用 CIF 术语成交的合同中订立滞期费、速遣条款。

【实训步骤】

步骤 1：洽谈 CIF 合同；

步骤 2：与船公司签订运输合同；

步骤 3：掌握租船合同对运输的影响；

步骤 4：把握装船的效率和进度；

步骤 5：参考步骤 2 中关于运输合同对于滞期、速遣条款的要求；

步骤 6：计算滞期、速遣费。

二、案例分析

（1）我国对澳大利亚出口 1000 公吨大豆，国外开来信用证规定：不允许分批装运。结果我们在规定的期限内分别在大连、新港各装 500 公吨于同一航次的同一船上，提单也注明了不同的装运地和不同的装船日期。

试问：这是否违约？银行是否会接受议付？

（2）某公司向坦桑尼亚出口一批商品，信用证中注明目的港为“TANGA”，但没有注明是否允许转运。该公司后来才发现，没有到达该港口的直达船。

试问：是否需要申请改信用证？

（3）某粮油进出口公司向詹姆斯国际贸易公司出口一批芝麻，国外来证规定：300 公吨黄芝麻，装运不得晚于 2010 年 3 月 31 日从大连至鹿特丹港。不许分批装运。装运前又接到信用证修改通知：装运改为150公吨黄芝麻从大连到鹿特丹港，另150公吨黄芝麻从大连到阿姆斯特丹港代替原装运条款规定。粮油进出口公司没有正确理解修改书的内容，于3月16日在“黄海”轮装150公吨黄芝麻至鹿特丹港，于3月17日在“嘉兴”轮装150公吨黄芝麻至阿姆斯特丹港，导致因单证不符而遭到开证行拒付，最终不得不答应对方以降价处理而结案。

试问：我方公司的问题出在哪里？应汲取哪些教训？

三、计算题

（1）某货轮从广州港装载人造纤维（系杂货），体积为20立方米，毛重为17.8吨，运往欧洲某港口，托运人要求选择卸货港鹿特丹或汉堡，两者都是基本港口，基本运费率为USD80.0/FT，三个以内选卸港的附加费费率为每运费吨按“W/M加收USD3.0”。

试问：

①该托运人应支付多少运费（以美元计）？

②如果改用集装箱运输，海运费的基本费率为USD1100/TEU，货币附加费10%，燃油附加费10%，改用集装箱运输时，该托运人应支付多少运费（以美元计）？

③若不计杂货运输和集装箱运输两种方式的其他费用，托运人从节省海运费考虑，是否应选择改用集装箱运输？

（2）辽宁省沈阳市吉达五金进出口贸易公司拟向欧洲地区出口一批工具，共100箱，每箱体积为0.45立方米，重量为580千克。经租船订舱，与大连某外运公司达成协议，拟搭载该公司去往欧洲主要港口的班轮进行货物运输。由于近期国际燃油价格上涨，外运公司对开往欧洲地区的班轮加收30%的燃油附加费，试计算该批货物运到欧洲主要港口的运费（注：请从表5－3和表5－4中选取计算时需要的已知条件）。

表5－3　大连某外运公司货物分级表

货物名称	计算标准	等级
农用机械	W/N	9
杂粮	W	3
五金工具	W/N	10
玩具	M	11
…	…	…

表 5－4　　大连某外运公司的大连—欧洲主要港口运费率　　单位：元

等级	运费	等级	运费
1	240	9	390
2	245	10	410
3	250	11	440

四、综合业务题

1. 综合业务一

（1）实训资料

FULL SET OF CLEAN ON BOARD OCEAN BILLS OF LADING ISSUED AND SIGNED BY OOCL OR MAERSK LINE，SHOWING SHIPPER AS GENIO HOLDING LIMITED，MADE OUT TO ORDER MARKED FREIGHT COLLECT AND NOTIFY NORITEX S. A. AND SHOWING PORT OF LOADING AS SHANGHAI，CHINA AND FINAL DESTINATION AS COLON FREE ZONE.

（2）实训要求

根据上述 L/C 规定，分别填提单的发货人、收货人及被通知方。

Shipper	
Consignee	
Notify Party	
Carrier	

2. 综合业务二

（1）实训资料

卖方：苏州兴华进出口公司

地址：江苏苏州市苏新路 88 号

买方：JIM KING TRADING CORPORATION

地址：NO. 206 CHANGJ NORTH STREET SINGAPORE

合同号：DH10023；数量：2000 套

货名：电动钻头（Electric Drills No. TY242）

包装方式及数量：每 10 套装一个纸箱，共计 200 箱

每箱毛重：每箱 70 千克；每箱 68 千克；每箱 90 立方米

装运日期：2016 年 9 月 10 日

货运代理：苏州外运代理公司（负责人李梅）

船名航次："东方红"轮 V. 128

集装箱号：COSU4517911/COSU7637283　40’×2；

关封号：CH119456/CH119457

提单号码：COSC12987778；保险单号：AH098712

（2）实训要求

请以货代公司业务员的身份，根据上述资料缮制一份海运提单。

模块六 国际货物运输保险

任务一 国际货物运输保险认知

学习目标

知识目标

1. 了解海上货物运输风险的分类及内容；
2. 掌握共同海损与单独海损的内容与区别；
3. 掌握推定全损与实际全损的内容及区别。

能力目标

1. 能够描述海上货运损失的风险因素；
2. 会分析共同海损与单独海损。

任务导入

中国上海A公司与英国C公司签订一批服装出口的贸易合同，向中国太平洋保险公司上海分公司（即B公司）按中国人民保险公司《海洋货物运输保险条款》，投保一切险和战争险，责任起讫采用“仓至仓条款”。货物运抵目的地，承运人E公司无单放货，C公司提货后未付款。A公司收不到余款，遂到英国伦敦提货，但提货不着，于是向上海海事法院提起诉讼，要求B公司就其承保范围赔偿。B公司根据保险合同及相关法律条款协议，认为自身无赔偿责任。上海海事法院一审判B公司赔偿，B公司不服，向上海市高级人民法院上诉，经查实，上海市高级人民法院改判该赔偿责任不应由B公司承担。

思考：

（1）你认为中国太平洋保险公司上海分公司是否负赔偿责任？为什么？

（2）投保一切险和战争险后是否也包括了"偷盗、提货不着险"？

（3）从此案中我们应引以为戒的是什么？

相关知识

进出口货物在运输过程中常常会遇到各种风险而导致损失或灭失。海运货物保险承保的范围主要包括海上风险、海上损失与费用以及外来原因所引起的风险损失。

一、风险

风险（Risk）是造成货物损失或发生费用的原因。海上货物运输保险中的风险可归结为海上风险和外来风险两大类，如表6－1所示。

表6－1　风险类型

风险类型	风险内容
海上风险	自然灾害：恶劣气候、雷电、海啸、地震、洪水、火山爆发、浪击落海等
	意外事故：船舶搁浅、触礁、沉没、互撞、失火、爆炸等
外来风险	一般外来风险：偷窃、雨淋、短量、沾污、渗漏、破碎、串味、受潮、受热、锈损和钩损等
	特殊外来风险：战争、罢工、交货不到、拒收等

1. 海上风险

海上风险（Marine Risks）又称为海难，是指船舶、货物在海上、与海上相连的陆地、内河、驳船运输过程中发生的风险。从风险的性质上分，保险人所承保的海上风险主要有自然灾害和意外事故两种。按照国际保险市场的一般解释，这些风险所指的内容大致如下：

（1）自然灾害（Natural Disasters），是指不以人的主观意志为转移的客观自然现象所引起的灾害，主要包括恶劣气候、雷电、洪水、火山爆发、地震、海啸以及其他人力不可抗拒的灾害。

（2）意外事故（Fortuitous Accidents），是指由于外来的、偶然的、非意料之中的原因所导致的事故。海运途中会出现的意外事故主要包括船舶搁浅、触礁、沉没、倾覆、碰撞、火灾、爆炸、抛货、吊索损害，船长或船员不法行为或其他类似事故。

2. 外来风险

外来风险（Extraneous Risks）是与海上风险相对的，是指除海上风险以外由于其他各种外来的原因所造成的风险，主要包括有一般外来风险和特殊外来风险两种。

（1）一般外来风险（General Extraneous Risks），是指货物在运输途中遭遇意外的外来因素所导致的风险，这类风险通常包括偷窃、提货不着、短量、破碎、雨淋、受潮、受热、发霉、串味、沾污、渗漏、钩损、锈损、抛弃以及船长、船员的恶意行为等。

（2）特殊外来风险（Special Extraneous Risks），是指除一般外来风险以外的其他外来原因造成的风险。这类风险损失主要是由于军事、政治、国家政策法令和行政措施等原因所致的风险损失，如战争风险、罢工风险、拒收风险以及交货不到风险等。

除上述各种风险损失外，保险货物在运输途中还可能发生其他损失，如运输途中的自然损耗以及由于货物本身特点和内在缺陷所造成的货损等，这些损失不属于保险公司承保的范围。

二、海上损失

海上损失（Average），简称海损，是指被保险货物在海洋运输途中，由于海上风险所造成的损坏或灭失。按照货物损失的程度划分，海损可分为全部损失和部分损失；就货物损失的性质而言，海损又可分为共同海损和单独海损。

1. 全部损失

全部损失简称全损（Total Loss），是指整批保险货物全部灭失或可视同全部灭失的损害。全部损失有实际全损和推定全损两种。

（1）实际全损（Actual Total Loss）是指货物发生保险事故后全部灭失、或完全变质、或不可能归还被保险人。

（2）推定全损（Constructive Total Loss）是指货物发生事故后，认为实际全损已不可避免，或者为避免实际全损所需支付的费用与继续将货物运抵目的地的费用之和超过保险价值。

2. 部分损失

部分损失（Partial Loss）是指保险货物的损失没有达到全部损失的程度，凡不属于实际全损和推定全损的损失为部分损失。部分损失又可分为共同海损和单独海损。

（1）共同海损。在海洋运输途中，船舶、货物或其他财产遭遇共同危险，为了解除共同危险，有意采取合理的救难措施，所直接造成的特殊牺牲和支付的特殊费用，称为共同海损（General Average）。在船舶发生共同海损后，凡属共同海损范围内的费用，均可通过共同海损理算，由有关获救受益方（即船方、卖方和运费收入方）根据获救价值按比例分摊。这种分摊，称为共同海损分摊。共同海损的成立，一般应具备以下几个条件：

①共同海损的危险必须是共同的，采取的措施是合理的，这是共同海损成立的前提条件。如果危险还没有危及船货各方的共同安全，即使船长有意做出合理的牺牲和支付了额外的费用，也不能算作共同海损。

②共同海损危险必须是真实存在的而不是主观臆测的，或者是不可避免地发生的。

③共同海损行为必须是为了解除船货的共同危险而有意识且合理采取的。

④共同海损的牺牲必须是特殊的，其费用必须是额外支付的。

⑤共同海损行为必须是最终有效的。

思　考

只要是船长下令造成的损失都是共同海损吗？下列哪种情况造成的损失属于共同海损？

（1）船舶航行中，船上意外失火而引起火灾，船长下令灌水灭火，致使部分货物受潮造成的损失。

（2）航行过程中，船长认为前方可疑船只为海盗船，命令立即掉头远离该船，却意外触礁，导致船壳钢板裂损。事后得知遇到的并非海盗船。

（3）船因故搁浅，船长为脱浅，命令船员将部分货物抛入海中以卸载。船舶起浮后，船员由于疏忽仍继续抛货。

（4）船只搁浅后，为使其脱浅非正常地使用轮机而致轮机受损。

（5）船在航行中推进器失灵，导致船舶失控，船长向附近港口呼救，要求派拖轮，产生了拖轮费用。

（2）单独海损。单独海损（Particular Average）是指除共同海损以外的部分损失，即仅涉及船舶或货物所有人单方面的利益损失，这种损失只能由标的物所有人单独负担。与共同海损相比较，单独海损不是人为有意造成的部分损失，而是被保险货物本身的损失，该损失由被保险人单独承担，不能由船、货各方共同分摊。如500箱食品在货物装卸时不慎掉落到海里，这种损失不是船方为了共同利益有意识地采取的措施，因此属于单独海损。

单独海损与共同海损的主要区别是：

①造成海损的原因不同。单独海损是承保风险所直接导致的船、货损失；共同海

损，则不是承保风险所直接导致的损失，而是为了解除或减轻共同危险人为地造成的一种损失。

②承担损失的责任不同。单独海损的损失一般由受损方自行承担；而共同海损的损失，则应由受益的各方按照受益大小的比例共同分摊。

三、海上费用

海上风险还会造成费用上的损失。由海上风险所造成的海上费用，主要有施救费用和救助费用，二者的区别如表6-2所示。

（1）施救费用（Rescue Expenses），是指被保险的货物在遭受承保责任范围内的灾害事故时，被保险人或其代理人与受让人，为了避免或减少损失，采取了各种抢救或防护措施而所支付的合理费用。

（2）救助费用（Salvage Charges），是指被保险货物在遭受了承保责任范围内的灾害事故时，由保险人和被保险人以外的第三者采取了有效的救助措施，在救助成功后，由被救方付给救助人的一种报酬。

表6-2　施救费用与救助费用的区别

区　别	施救费用	救助费用
行为主体不同	被保险人及其代理人	保险人和被保险以外的第三者
给付报酬原则不同	无论施救有无效果，都予赔偿	无效果、无报酬
保险人赔偿责任不同	保险货物本身保额以外再赔一个保额	以不超过获救财产价值为限
救助行为	与共同海损连在一起	并非如此

经典案例

金星轮号2017年从德国汉堡港开出驶向中国，船上装有轮胎、钢铁、棉花、木材，当船舶航行至广州海面时突然着火，经求助造成以下损失：①抛弃全部轮胎USD9000，其中20%已着火；②扔掉未着火的木材及其他易燃物质价值USD3000；③烧掉棉花USD5000；④船甲板被烧100平方厘米，修理费用USD100；⑤检查费用USD100。

问题：共同海损与单独海损各为多少？

案例评析：共同海损：9000×80%+3000+100=10300（美元）

单独海损：9000×20%+5000+100=6900（美元）

任务二　货物保险险别及承保范围的认知

学习目标

知识目标

1. 掌握我国海洋货物保险的险别及承保范围；
2. 了解其他货物运输保险险别及承保范围。

能力目标

能够选择合适的保险险别来进行投保。

任务导入

宁波敦煌外贸有限公司按 CIF 术语向美国某公司出口一批货物，装运前已向保险公司按发票总值 110% 投保平安险。载货船舶于 2016 年 6 月 13 日在海上遇到暴风雨，致使一部分货物受到水渍，损失价值为 2100 美元。数日后，该轮又突然触礁，致使该批货物又遭到部分损失，价值为 8000 美元。

思考：

保险公司对该批货物的损失是否赔偿？为什么？

相关知识

国际货物运输保险是以对外贸易货物运输过程中的各种货物作为保险标的的保险。外贸货物的运送有海运、陆运、空运以及通过邮政送递等多种途径，对外贸易运输货物保险的种类以其保险标的的运输工具种类相应分为 4 类：海洋运输货物保险、陆上运输货物保险、航空运输货物保险和邮包保险。

有时一批货物的运输全过程使用两种或两种以上的运输工具，这时往往以货运全过程中主要的运输工具来确定投保的保险种类。

一、我国海洋运输货物保险条款及险别

保险险别是保险人对风险损失的承包责任范围，又是承包人责任义务大小及被保险人交付保费数额的依据。按照我国现行的《海洋货物运输保险条款》的规定，按照保险人承担的责任范围的大小，海运货物保险可分为基本险和附加险两

大类。

1. 基本险

（1）平安险（Free from Particular Average，FPA）。平安险这一名称在我国保险行业中沿用甚久，其英文原意是指单独海损不负责赔偿。根据国际保险界对单独海损的解释，它是指部分损失，因此平安险的原来保障范围只是全部损失。但在长期实践的过程中对平安险的责任范围进行了补充和修订，当前平安险的责任范围已经超出只赔全损的限制。概括起来，这一险别的责任范围主要包括以下几个方面：

①在运输过程中，由于自然灾害和运输工具发生意外事故，造成被保险货物的实际全损或推定全损。

②由于运输工具遭搁浅、触礁、沉没、互撞、与流水以外其他物体碰撞以及失火、爆炸等意外事故造成被保险货物的部分损失。

③运输工具曾经发生搁浅、触礁、沉没、焚毁等意外事故，不论这个意外事故发生之前或者之后是否曾在海上遭遇恶劣气候、雷电、海啸等自然灾害，由此造成的被保险货物的部分损失。

④在装卸转船过程中，被保险货物一件或数件落海所造成的全部损失或部分损失。

⑤运输工具因遭受自然灾害或意外事故，在避难港卸货所引起被保险货物的全部损失或部分损失。

⑥运输工具遭自然灾害或意外事故，需要在中途港口或者避难港口停靠，因而引起的卸货、装货、存仓及运送货物所产生的特别费用。

⑦发生共同海损所引起的牺牲、公摊费和救助费用。

⑧发生了保险责任范围内的危险，被保险人对货物采取抢救、防止或减少损失的各种措施，因而产生合理的施救费用。但是保险公司承担费用的限额不能超过这批被救货物的保险金额。施救费用可以在赔款金额以外的一个保险金额限度内承担。

例一，我将为货物投保平安险。I'll have the goods covered against Free from Particular Average.

例二，这批货物需要投保平安险。The goods are to be insured FPA.

（2）水渍险（With Particular Average，WPA）。水渍险的责任范围除了包括上述平安险的各项责任外，还负责被保险货物由于恶劣气候、雷电、海啸、地震、洪水等自然灾害所造成的部分损失。

例一，投保的险别为水渍险。The coverage is WPA.

例二，水渍险在任何情况下都给保部分损件险。A WPA policy covers you against partial loss in all cases.

(3) 一切险（All Risks，AR）。一切险的责任范围除包括上述平安险和水渍险的所有责任外，还包括货物在运输过程中，因各种外来原因所造成保险货物的损失。不论全部损失或部分损失，除对于某些运输途中消耗的货物，由保险公司与被保险人双方约定并在保险单上载明免赔率外，保险公司都给予赔偿。

例一，我们想为这批瓷器投保一切险。We'd like to cover the porcelain ware against All Risks.

例二，一般情况下，"一切海洋险" 容易被误解，应该避免在信用证中使用。Generally, the term "all marine risks" is liable to be misinterpreted and its use should be avoided in L/C.

经典案例

有一份 CIF 合同，货物已在规定的期限和装运港装船，但受载船只离港一小时后，因触礁沉没。事后，当卖方凭提单、发票、保险单等单证要求买方付款时，买方以货物全部损失为由，拒绝接受单据和付款。试问：在上述情况下，卖方有无权利凭规定的单证要求买方付款？

案例评析：

卖方有权利凭规定的单证要求买方付款。因为，以 CIF 条件成交，风险划分以装运港船上为界，装到船上以后的风险由买方负责，货物在运输途中灭失，应由买方向保险公司提出索赔。CIF 合同属于装运合同，是象征性交货，单据代表货物，卖方在装运港将货物装上船即完成了交货义务。因此，虽然货物在离港一小时触礁沉没，但此时的风险已从卖方转移至买方，故卖方有权凭合同中规定的单据要求买方付款，买方不能拒付。

上述三种险别都是货物运输的基本险别，被保险人可以从中选择一种投保。此外，保险人可以要求扩展保险期。例如，对某些内陆国家出口货物，如在港口卸货转运内陆，无法在保险条款规定的保险期内到达目的地，即可申请扩展。经保险公司出立凭证予以延长，每日加收一定保险费。不过，在上述三种基本险别中，明确规定了除外责任。所谓除外责任（Exclusion），是指保险公司明确规定不予承保的损失或费用。保险公司对以下损失不负责赔偿责任。

①被保险人的故意行为或过失造成的损失。

②属于发货人责任引起的损失。

③在保险责任开始前，被保险货物已经存在品质不良或数量短差造成的损失。

④被保险货物的自然损耗、本质缺陷、特性以及市价上涨、运输延迟引起的损失或费用。

⑤属于《海洋货物运输战争条款》和货物运输罢工险。

2. 附加险

（1）一般附加险

①偷窃提货不着险（Theft，Pilferage and Non Delivery，T. P. N. D）。在保险有效期内保险货物被偷走或窃走，以及货物运抵目的地以后整件未交的损失，由保险公司负责赔偿。

②淡水雨淋险（Fresh Water Rain Damage，F. W. R. D）。货物在运输中，由于淡水、雨水以及雪融所造成的损失，保险公司都应负责赔偿。淡水包括船上淡水舱、水管漏水以及汗水等。

③短量险（Risk of Shortage）。负责保险货物数量短少和重量短缺的损失。通常包装货物的短少，保险公司必须要查清外包装是否发生异常现象，如破口、破袋、扯缝等。如属散装货物，往往把装船重量和卸船重量之间的差额作为计算短量的依据。

④混杂、沾污险（Risk of Intermixture & Contamination）。保险货物在运输过程中，混进了杂质所造成的损坏。例如，矿石等混进了泥土、草屑等因而使质量受到影响。此外，保险货物因为和其他物质接触而被沾污，如布匹、纸张、食物、服装等被油类或带色的物质污染因而引起的经济损失。

⑤渗漏险（Risk of Leakage）。流质、半流质的液体物质和油类物质，在运输的过程中因为容器损坏而引起的渗漏损坏。如以液体装存的湿肠衣，因为液体渗漏而使肠衣发生腐烂、变质等损失，均由保险公司负责赔偿。

⑥碰损、破碎险（Risk of Clash & Breakage）。碰损主要是对金属、木质等货物来说的，破碎则主要是对易碎性物质来说的。前者是指在运输途中，因为受到震动、颠簸、挤压而造成货物本身的损失；后者是在运输途中由于装卸野蛮、粗鲁、运输工具的颠震造成货物本身的破裂、断碎的损失。

⑦串味险（Risk of Odour）。如茶叶、香料、药材等在运输途中受到一起堆放的皮革、樟脑等异味的影响使品质受到损失。

⑧受热、受潮险（Sweating & Heating Risks）。例如，船舶在航行途中由于气温骤变，或者因为船上通风设备失灵等使舱内水汽凝结、发潮、发热引起货物的损失。

⑨钩损险（Hook Damage）。保险货物在装卸过程中因为使用手钩、吊钩等工具所

造成的损失。例如，粮食包装袋因吊钩钩坏而造成粮食外漏所造成的损失，保险公司在承保该险的情况下，应予赔偿。

⑩包装破裂险（Breakage of Packing，Risk）。因为包装破裂造成物资的短少、沾污等损失。此外，对于因保险货物运输过程中的安全需要而产生的候补包装、调换包装所支付的费用，保险公司也应负责。

⑪锈损险（Risk of Rust）。保险公司负责保险货物在运输过程中因为生锈造成的损失。不过这种生锈必须在保险期内发生，如原装时就已生锈，保险公司不负责任。

上述11种附加险，不能独立承保，它必须附属于主险之下。也就是说，只有在投保主要险别以后，投保人才允许投保附加险。投保一切险后，上述险别均包括在内。

思　考

资料：我国某出口企业出口一批茶叶，在办理保险业务时，业务员投保了中国人民保险公司海洋货物保险条款水渍险并附加串味险。

讨论：业务员为什么这样操作？是否可以投保一切险？两者有什么区别？

（2）特殊附加险。特殊附加险也属于附加险一类，但不属于一切险的范围之内。它往往与政治、国家行政管理规章所引起的风险相关联。目前中国人民保险公司承保的特别附加险别有以下8种。

①战争险（War Risk）：保险人对战争险别的承保责任范围包括：由于战争、类似战争行为和敌对行为、武装冲突或海盗行为以及由此而引起的捕获、拘留、扣押、禁止所造成的损失，或者由于各种常规武器（包括水雷、鱼雷、炸弹）造成的损失，以及由于上述原因所引起的共同海损的牺牲、分摊和求助费用。但对原子弹、氢弹等核武器所造成的损失，保险公司不予赔偿。

凡加保战争险时，保险公司则按加保战争险条款的责任范围，对由于战争和其他各种敌对行为所造成的损失负赔偿责任，按中国人民保险公司的保险条款规定，战争险不能作为一个单独的项目投保，而只能在投保上述三种基本险别之一的基础上加保。战争险的保险责任起讫和货物运输险不同，它不采取“仓至仓”条款，而是从货物装上海轮开始至货物运抵目的港卸离海轮为止，即只负责水面风险。根据国际保险市场的习惯做法，一般将罢工险与战争险同时承保。如投保了战争险又需加保罢工险时，仅需在保单中附上罢工险条款即可，保险公司不再另行收费。

思　考

资料：某公司出口一批货物，已投保了一切险和战争险，该船抵达目的港开始卸货时，当地忽然发生武装冲突，部分船上货物及部分已卸到岸上的货物被毁。

讨论：保险公司是否应负责赔偿全部损失？为什么？

②罢工险（Strikes Risk）：承保因罢工者、被迫停工工人以及参加工潮、暴动和民变的人员采取行动或任何人的恶意行为所造成的被保险货物的直接损失，以及上述行为或行为所引起的共同海损的牺牲、分摊和救助费用。但对在罢工期间由于劳动力短缺或不能使用劳动力所造成的被保险货物的损失，包括因罢工而引起的动力或燃料缺乏使冷藏机停止工作所致的冷藏货物的损失，以及无劳动力搬运货物使货物堆积码头淋湿受损，不负赔偿责任。

思　考

资料：我国某出口公司按CIF条件出口大豆1000公吨，计20000包。合同规定投保一切险、战争险和罢工险。货物卸至目的港码头，当地码头工人开始罢工。在工人与政府的武装力量对抗中，该批大豆有的被撒在地面，有的被当作掩体，有的丢失，共损失近半。

讨论：这种损失保险公司是否应负责赔偿？

③交货不到险（Failure to Delivery Risks）：承保被保险货物不论任何原因从装上船开始，在6个月内不能运抵原定目的地交货的造成的损失。

④进口关税险（Import Duty Risk）：当被保险货物遭受保险责任范围内的损失，而被保险人仍须按完好货物价值完税时，保险公司对损失部分货物的进口关税负责赔偿。

⑤舱面险（On Deck Risk）：对被保险货物存放舱面时，除按保险单所载条款负责外，还对被抛弃或被风浪冲击落水在内的损失负责。

⑥拒收险（Rejection Risk）：承保被保险货物在进口港被进口国的政府或有关当局拒绝进口或没收所造成的货物的损失。

⑦黄曲霉素险（Aflatoxin Risk）：承保被保险货物因所含黄曲霉素超过进口国的限制标准被拒绝进口、没收或强制改变用途所遭受的损失。

⑧出口货物运至港澳存仓期间的火险责任扩展条款（Fire Risk Extention Clause for

Storage of Cargo at Destination Hong Kong，including Kowloon，or Macao）。被保险货物运抵目的地中国香港（包括九龙）或中国澳门卸离运输工具后，如直接存放于保单载明的过户银行所指定的仓库，本保险对运输仓火灾的责任至银行收回押款解除货物的权益为止，或运输险责任终止时起满 30 天为止。这一保险是为了保障过户银行的利益，货款通过银行办理押汇业务，在货主未向银行归还货款前，货物的权益属于银行。因此，保险单上必须注明过户给放款银行。在此阶段，货物即使到达目的港，收货人也无权提货，货物一般存放在过户银行指定的仓库中，如在存仓期间，发生了火灾，保险公司负责赔偿。

经典案例

我公司以 CIF 条件出口一批丝绸面料，合同签订后，买方来电，称合同规定的目的港最近经常发生暴乱，要求我方办理保险时加保战争险。问我方应如何处理？

案例评析：

我方可以在买方负担费用的情况下代办战争险。根据《2010 通则》的规定，卖方只需按《协会货物条款》或中国保险条款中最低责任的保险险别投保。在本案例中，买方在签订合同之后来电要求我方加保战争险，这说明合同中事先并没有规定卖方要投保战争险。因此，我方可以这样处理：如买方负担额外保险费的情况下可以加保战争险，如对方不负担费用，则卖方可以拒绝加保战争险。

3. 保险责任的起讫期限

（1）基本险的责任起讫。基本险的责任起讫采用国际保险业所惯用的“仓至仓”（Warehouse to Warehouse，W/W）条款的规定办法，即保险公司的保险责任自被保货物离开保险单所载明的起运地（港）发货人的仓库开始，直到该货物到达保险单所载明的目的地（港）收货人的仓库或被保险人用做分配时终止。如未抵达上述仓库或储存处，则以被保险货物在最后卸载港全部卸离海轮后满 60 天为止。如在 60 天内被保险货物需转运至非保险单所载明的目的地时，则在该项货物开始转运时终止。

（2）战争险的责任起讫。战争险的责任起讫是以水上风险为限，即自货物在起运港装上海轮或驳船时开始，直到目的港卸离海轮或驳船时为止。如果不卸离海轮或驳船，则从海轮到达目的地的当日午夜算起 15 天，保险责任自行终止。如果在中途港转船，保险责任以海轮到达该港或卸货地点的当日午夜算起，满 15 天为止。等到再装上续运海轮时恢复有效。

（3）罢工险的责任起讫。罢工险的责任起讫，采用“仓至仓”条款。

思 考

资料：有一份出售大米50公吨的在CIP条件下的合同，卖方在装船前投保了一切险加战争险，自南美内陆仓库起，直至英国伦敦买方仓库为止。货物从卖方仓库运往码头途中，发生了承保范围内的损失。

讨论：当卖方凭保险单向保险公司提出索赔时，能否得到赔偿？如果采用的术语改为FOB或CFR，则卖方能否得到保险公司的赔偿？

二、英国伦敦保险业协会货物保险条款

长期以来，在世界保险业务中，英国所制定的保险法、保险条款、保险单等对世界各国影响很大。目前，国际上仍有许多国家和地区的保险公司在国际货物运输保险业务中直接采用经英国国会确认的、由英国伦敦保险业协会所制定的《协会货物条款》（Institute Cargo Clause，ICC），或者在制定本国保险条款时参考或部分参考采用了上述条款。在我国按CIF或CIP条件成交的出口交易中，国外商人有时要求按伦敦保险业协会货物险条款投保，我国的出口企业和保险公司一般均可接受。

《协会货物条款》最早制定于1912年。伦敦保险业协会对此进行了修订。修订工作于1982年1月1日完成，并于1983年4月1日起正式实行。同时，新的保险单格式代替原来的SG保险单格式，也自同日起使用。

《协会货物条款》共有6种险别：①协会货物条款（A），即ICC（A）；②协会货物条款（B），即ICC（B）；③协会货物条款（C），即ICC（C）；④协会战争险条款（货物），即IWCC；⑤协会罢工险条款（货物），即ISCC；⑥恶意损害险（Malicious Damage Clause）。以上6种险别中，（A）险相当于中国保险条款中的一切险，其责任范围更为广泛，故采用承保“除外责任”之外的一切风险的方式表明其承保范围。（B）险大体上相当于水渍险。（C）险相当于平安险，但承保范围较小。（B）险和（C）险都采用列明风险的方式表示其承保范围。6种险别中，只有恶意损害险属于附加险别，不能单独投保，其他5种险别的结构相同、体系完整。因此，除（A）、（B）、（C）3种险别可以单独投保外，必要时战争险和罢工险在征得保险公司同意后，也可作为独立的险别进行投保。

三、其他运输方式货物保险

1. 陆上运输货物保险

陆上运输货物保险（Land Transport Cargo Insurance）是货物运输保险的一种，分为

陆运险和陆运一切险两种。

（1）陆运险的责任范围。被保险货物在运输途中遭受暴风、雷电、地震、洪水等自然灾害，或由于陆上运输工具（主要是指火车、汽车）遭受碰撞、倾覆或出轨。如在驳运过程，包括驳运工具搁浅、触礁、沉没或由于遭受隧道坍塌、崖崩或火灾、爆炸等意外事故所造成的全部损失或部分损失。保险公司对陆运险的承保范围大致相当于海运险中的“水渍险”。

（2）陆运一切险的责任范围。除上述陆运险的责任外，保险公司对被保险货物在运输途中由于外来原因造成的短少、短量、偷窃、渗漏、碰损、破碎、钩损、雨淋、生锈、受潮、霉、串味、沾污等全部或部分损失，也负赔偿责任。

（3）陆上运输货物保险的除外责任。①因被保险人的故意行为或过失所造成的损失；②属于发货人所负责任或被保险货物的自然消耗所引起的损失；③由于战争、工人罢工或运输延迟所造成的损失。

保险责任的起讫期限与海洋运输货物保险的“仓至仓”条款基本相同，是从被保险货物运离保险单所载明的起运地发货人的仓库或储存处所开始运输时生效。包括正常陆运和有关水上驳运在内，直至该项货物送交保险单所载明的目的地收货人仓库或储存处所，或被保险人用作分配、分派或非正常运输的其他储存处所为止。但如未运抵上述仓库或储存处所，则以被保险货物到达最后卸载的车站后，保险责任以60天为限。不过，在陆上运输货物保险中，被保险货物除保陆运险和陆运一切险外，经过协商还可以加保陆上运输货物保险的附加险，如陆运战争险等。由于运输工具有其本身的特点，陆运战争险与海运战争险的具体责任有一些差别，但就战争险的共同负责范围来说，基本上是一致的，即对直接由于战争、类似战争行为以及武装冲突所导致的，由于人被捕获、扣留、禁止和扣押等行为引起的货物的损失应负责赔偿。

2. 航空运输货物保险

保险公司承保通过航空运输的货物，保险责任是以飞机作为主体来加以规定的。航空运输货物保险（Air Transportation Cargo Insurance）包括航空运输险和航空运输一切险两种。

航空运输险对被保货物在运输途中遭受雷击、火灾、爆炸，或由于飞机遭受恶劣气候或其他危难事故而被放弃，或由于飞机遭受碰撞、轻浮、坠落或失踪等意外事故所造成的全部损失或部分损失负赔偿责任。

航空运输一切险除包括上述航空运输的责任外，对被保险货物在运输中由于外来原因造成的包括被偷窃、短少等全部损失或部分损失也负赔偿之责。

但是，在航空运输货物保险的情况下，除外责任与前节所述的海洋运输货物保险的除外责任相同。

航空运输货物保险的责任起讫期限从被保险货物运离保险单所载明起运地仓库或储存处所开始生效。在正常运输过程中继续有效，直至该项货物抵运保险单所载明的目的地交到收货人仓库或储存处所或被保险人用作分配、分派或非正常运输的其他储存处所为止。如被保险货物未到达上述仓库或储存处所，则以被保险货物在最后卸货地卸离飞机后30天为止。与上述陆运货物保险一样，被保险货物在投保航空运输险和航空运输一切险后，还可经协商加保航空运输货物战争险等附加险。

航空货物运输保险费率

航空货物运输保险费率，自我国空运出口至世界各地一般货物的保险费率，按费率表计算，但有特殊规定的按特殊规定计收。具体见表6－3。

表6－3　我国空运出口一般货物保险费率

目的地	航空运输险	航空运输一切险
中国香港、中国澳门、中国台湾、日本、韩国	7‰	25‰
世界其他地方	12‰	35‰

3. 邮包保险

邮包保险主要承保通过邮政局邮包寄递的货物在邮递过程中发生保险事故所致的损失。

以邮包方式将货物发送到目的地可能通过海运，也可能通过陆上或航空运输，或者通过两种或两种以上的运输工具运送。不论通过何种运输工具，凡是以邮包方式将贸易货物运达目的地的保险均属邮包保险。邮包保险按其保险责任分为邮包险（Parcel Post Risks）和邮包一切险（Parcel Post All Risks）两种。前者与海洋运输货物保险水渍险的责任相似，后者与海洋运输货物保险一切险的责任基本相同。

邮包的责任范围包括以下内容：

被保险邮包在运输途中由于恶劣气候、雷电、海啸、地雷、洪水自然灾害或由于运输工具遭受搁浅、触礁、沉没、碰撞、倾覆、出轨、坠落、失踪，或由于失火、爆炸意外事故所造成的全部损失或部分损失。

被保险人对遭受承保责任内危险的货物采取抢救、防止或减少货损的措施而支付的合理费用，但以不超过该批被救货物的保险金额为限。邮包一切险的责任除上述邮包险的各项责任外，还负责被保险邮包在运输途中由于外来原因所致的全部损失或部分损失。

邮包运输货物保险的除外责任和被保险人的义务与海洋运输货物保险相比较，其实质是一致的。其责任起讫为自被保险邮包离开保险单所载起运地点寄件人的处所运往邮局时开始生效，直至该项邮包运达本保险单所载目的地邮局，自邮局签发到货通知书当日午夜起算满 15 天终止。但是在此期限内，邮包一经交至收件人的处所时，保险责任即行终止。

经典案例

上海某公司以 CIF 鹿特丹出口一批食品 1000 箱，即期 L/C 付款。货物装运后，凭已装船清洁提单和已投保一切险及战争险的保险单向银行收妥货款。货到目的港后经进口人复验发现下列情况：①该批货物共 10 个批号，抽查 20 箱，发现其中 2 个批号涉及 200 箱内含沙门氏细菌超过进口国标准；②收货人只实收 998 箱短少 2 箱；③有 15 箱货物外表情况良好，但箱内货物共短少 60 千克。试分析以上情况，进口人应分别向谁索赔？并说明理由。

案例评析：

第①种情况应向卖方索赔，因原装货物有内在缺陷。第②种情况应向承运人索赔，因承运人签发的提单为清洁海运提单，在目的港应如数交足货量。第③种情况可以向保险公司索赔，属保险责任范围以内，但如进口方能举证原装数量不足，也可向卖方索赔。

任务三　国际货物运输保险的操作

学习目标

知识目标

1. 掌握办理国际货物运输保险的流程与手续；
2. 掌握保险金额与保险费的计算方法。

能力目标

1. 能够根据业务资料，正确计算保险金额与保险费；
2. 能够根据业务资料，正确订立国际贸易销售合同的保险条款。

任务导入

宁波敦煌外贸有限公司业务员陈军已经和客户美国国际贸易公司代表汤姆就时尚女包的海上出口可能遭遇的风险达成共识。双方一致认为，本次出口的时间较长，不确定因素较多，其间可能会遭遇自然灾害或意外事故等。此外，汤姆还考虑到女包在运输、装卸、储存过程中，也有可能被偷窃而丢失导致短量、提货不着等。

思考：

陈军和汤姆就双方交流的内容着手拟定合同的保险条款。

相关知识

在国际贸易货物运输保险操作中，进出口企业需要完成投保方式、选择险别、确定保险金额、支付保险费、填制保险单据等环节。

一、进出口货物投保的方式

1. 出口货物投保的方式

按 CIF 和 CIP 价格成交的出口货物，货运保险由卖方办理投保。具体步骤如下：

（1）确定装运日期和装运工具。

（2）填写投保单。

（3）投保。

（4）交纳保险费。

（5）取得保险单据。

按我国保险公司的有关规定，出口货物的投保一般采取预约保险单和逐笔投保的方式。逐笔投保即每发生一笔出口货物业务，出口方即向保险公司办理一次投保手续。在投保时，出口方向保险公司提出书面申请，在空白投保单上据实填写其中的有关项目，如被保险人名称、被保险货物名称、数量、包装及标志、起讫地点、运输工具名称、启航日期、投保的险别、保险金额等，并附有关单据（信用证、提单等）一并交给保险公司。投保单经保险公司接受后，由保险公司签发保险单。

如果时间急促，也可采用口头或电话方式向保险公司申请投保。如果获得批准，保险也可生效，但随后一定要补填投保单。

2. 进口货物投保的方式

按 FOB、CFR 价格成交的进口货物，货物的运输保险由国内买方办理投保，投保的方式有以下两种：

（1）订立预约保险合同。在我国的实际保险业务中，为了简化手续和避免漏保，各进口单位与保险公司签订预约保险合同，由保险公司自动承保进口合同项下的货运保险。但进口单位在得悉每批货物起运时，应将船名、航次、开航日期及航线、货物名称及数量、保险金额等各项内容书面通知保险公司办理投保手续。

（2）逐笔办理投保。这种投保方式适用于不经常进口货物的单位。采用这种投保方式时，货主必须在接到国外的发货通知后，立即向保险公司申请办理货物保险手续，即填写投保单，并交纳保险费，保险人根据投保单签发保险单。

二、选择适当的保险险别

买卖双方根据贸易术语确定了办理投保的责任之后，接下来应该选择保险险别。货物运输保险有不同的保险险别（如基本险和附加险）和各种不同的险种（如平安险、水渍险、一切险等），投保人选择时应将货物在运输中可能面临的各种损失及所需获得的保障，作为考虑的主要因素。它主要包括以下四个方面：

（1）考虑货物的性质和特点。

（2）考虑货物的包装。

（3）考虑运输路线和船舶停靠港口。

（4）考虑运输季节。

小贴士

基本险的选择规律

基本险的选择一般遵循的规律是：水渍险的费率相当于一切险的1/2，平安险的费率相当于一切险的1/3。平安险的适用范围为低值、裸装的大宗货物，如矿砂、钢材、铸铁制品；一切险的适用范围为毛、棉、麻、丝、绸、服装类和化学纤维类商品，遭受损失的可能性较大，如沾污、钩损、偷窃、短少、雨淋等。

三、确定保险金额

保险金额是被保险人对保险标的的实际投保金额，是保险人承担保险责任的标准和计收保险费的基础。在保险货物发生保险责任范围内的损失时，保险金额就是保险人赔偿的最高限额。因此，投保人投保运输货物保险时一般应向保险人申报保险金额。保险金额原则上应与保险价值相等，但实际上也常出现不一致的情况。

国际贸易运输货物保险的保险金额，一般是以发票价值为基础确定的。从买方的进口成本看，除去进口商品的货价外，还须包括运费和保险费，即以 CIF 价格为保险金额。但在货物发生损失时，被保险人已支付的经营费用，如开证费、电报费、借款利息、税款等和本来可以获得的预期利润（Anticipated Profit），仍然无法从保险人那里获得补偿。因此，各国保险法及国际贸易惯例一般都规定进出口货物运输保险的保险金额可在 CIF 货价基础上适当加成。

例如，买卖合同所采用的贸易术语若为 CIF 时，保险金额便不是在“成本、运费及保险费的基础上另加 10%”，而是在“成本、运费、保险费及佣金”的基础上另加 10%。当然，保险加成率 10% 并不是一成不变的。保险人同被保险人可以根据不同的货物、不同地区进口价格与当地市价之间的差价、不同的经营费用和预期利润水平，约定不同的加成率。在我国出口业务中，保险金额一般也按 CIF 加 10% 计算。如果国外商人要求将保险加成率提高到 20% 或 30%，其保费差额部分应由国外买方负担。同时，国外要求加成率如超过 30% 时，应先征得保险公司的同意，在签订贸易合同时不能贸然接受，以防止由于加成过高，保险金额过大，造成下列不良情况的发生。

保险金额的计算公式为：保险金额 = CIF 价 ×（1 + 保险加成率）。例如，当 CIF 价为 200 美元，加成率为 10% 时：

保险金额 = 200 ×（1 + 10%）= 220（美元）

以 CIF 价作为保险金额的计算基础，这表明不仅货物本身，而且连运费和保险费也作为保险标的一起加成投保。因此，如果对外报价为 CFR，而对方要求改报 CIF，或者在 CFR 合同项下，卖方代买方办理投保，都不能以 CFR 价格为基础直接加保险费计算，而应先把 CFR 转化为 CIF 价格，再加成计算保险金额。

例如，某批货物 CIF 货价为 1000 美元，加成率为 10%，试计算保险金额。

解：保险金额 = CIF 价 ×（1 + 保险加成率）= 1000 ×（1 + 10%）= 1100.00（美元）

四、支付保险费

保险费按投保险别的保险费率计算。保险费率是根据不同的险别、不同的商品、不同的运输方式、不同的目的地，并参照国际上的费率水平而制定的。它分为“一般货物费率”和“指明货物附加费费率”两种。前者是一般商品的费率，后者指特别列明的货物（如某些易碎、易损商品）在一般费率的基础上另行加收的费率。

投保人或被保险人应缴纳的保险费是以投保货物的保险金额为基础，按一定的保险费率计算出来的，其计算公式为：

保险费 = 保险金额 × 保险费率

一般外贸信用证都要求按 CIF 价格加成以后投保，则上式可改为：

保险费 = CIF 价 ×（1 + 保险加成率）× 保险费率

例一，某商品出口报价 CFR1200 美元，保险费率 0.63%，客户要求加一成保险，求：CIF 价、保险金额、保险费。

CIF 价 = CFR 价/（1 - 保险费率 × 保险加成）
= 1200/（1 - 0.63% × 110%）
= 1208.37（美元）

保险金额 = 1208.37 ×（1 + 10%）
= 1329.21（美元）

保险费 = 1329.21 × 0.63% = 8.37（美元）= 9（美元）

例二，某外贸公司进口成交一批价值为 CFR12000 美元的货物。现按 CIF 价格加成 10% 投保一切险、战争险，计算如下：

（1）查保险费率表得出一切险和战争险费率分别为 0.5%、0.04%，则总费率 = 0.54%。

（2）将 CFR 价值转化为 CIF 价值，CIF = 12000 ÷（1 - 0.54% × 1.1）= 12072（美元）。

（3）保险费 = 12072 ×（1 + 10%）× 0.54% = 71.70（美元）。

经典案例

我国某外贸公司向日、英两国商人分别以 CIF 和 CFR 价格出售蘑菇罐头，有关被保险人均办理了保险，货物自启运地仓库运往装货港途中均遭受损失，问：在这两笔交易中各自由谁办理保险手续？货损各由谁承担？由谁向保险公司办理索赔手续？

案例评析：

对日商的交易：保险手续由卖方办理，货损由保险人根据仓至仓条款承担损失，由卖方办理索赔手续。

对英商的交易：保险手续由买方办理，如果国外的保险商不承保货物在装运港装船前的风险，那么，由于在上船以前的风险由我方负责，在我方未投保的情况下，该项损失由我方承担。

五、保险单据

保险单据是保险人对被保险人的承保证明，又是双方之间权利、义务的契约，在被保险货物遭受损失时，它是被保险人索赔的主要依据，也是保险人理赔的主要依据。常用的保险单有如下几种：

1. 保险单

保险单（Insurance Policy）俗称大保单。这是一种正规的保险合同，是完整独立的保险文件。保单背面印有货物运输保险条款（一般表明承保的基本险别条款的内容），还列有保险人的责任范围及保险人与被保险人各自的权利、义务等方面的条款，如图 6 - 1 所示。

2. 保险凭证

保险凭证（Insurance Certificate）又称小保单，中国人民保险公司发出的保险凭证是表示保险公司已经接受保险的一种证明文件，这是一种比较简化的保险单据。它包括了保险单的基本内容，但不附有保险条款全文。这种保险凭证与保险单具有同等的法律效力。

3. 联合凭证

联合凭证（Combined Certificate）又称承保证明（Risk Note），是我国保险公司特别使用的，比保险凭证更简化的保险单据。保险公司仅将承保险别、保险金额及保险编号加注在我国进出口公司开具的出口货物发票上，并正式签章即作为已经保险的证据，是最简单的保险单据。

4. 预约保险单

预约保险单（Open Policy）是进口贸易中，被保险人（一般为进口人）与保险人之间订立的总合同。订立这种合同既可以简化保险手续，又可使货物一经装运即可取得保障。

5. 批单

批单（Endorsement）是保险单成立后，投保人如果需要补充或变更其内容时，可根据保险公司的规定向保险公司提出申请，经同意后即可另出一种凭证，注明更改或补充的内容。保险单一经批改，保险公司需要按批改后的内容承担责任。原则上批单需粘贴在保险单上，并加盖骑缝章，作为保险单不可分割的一部分。

中 国 人 民 保 险 公 司
THE PEOPLE'S INSURANCE COMPANY OF CHINA

总公司设于北京　　一九四九年创立
Head Office：BEIJING　　Established in 1949
保险单　　保险单号次
INSURANCE POLICY　　POLICY No.
中国人民保险公司
THIS POLICY OF INSURANCE WITNESSES THAT PEOPLE'S INSURANCE COMPANY OF CHINA
（以下简称本公司）（HERE IN AFTER CALLED THE COMPANY）
根据 AT THE REQUEST OF ______________________
（以下简称被保险人）的要求，由被保险人向本公司交纳约定的保险费，
（HEREINAFTER CALLED THE INSURED）AND IN CONSIDERATION OF THE AGREED PREMIUM
按照本保险单承保险别和背面所载条款与下列特款承保下述
PAID TO THE COMPLAY BY THE INSURED UNDERTAKES TO INSURE THE UNDERMENTIONED
货物运输保险，特立本保险单。
GOODS IN TRANSPORTATION SUBJECT TO THE CONDITIONS OF THIS POLICY AS PER THE CLAUSES PRINTED OVERLEAF AND OTHER SPECIAL CLAUSES ATTATCHED HEREON.

标记 MARK & NOS.	保险及数量 QUANTITY	保险货物项目 DESCRIPTION OF GOODS	保险金额 AMOUNT INSURED

保险金额：
TOTAL AMOUNT INSURED：
保费　　费率　　装载运输工具
PREMIUM AS ARRANGED RATE AS ARRANGED PER CONVEYANCE S. S.
开航日期 自　　至
SLG. IN OR ABT.　　FROM　　TO
承保险别：
CONDITIONS：
所保货物，如遇出险，本公司凭保险单及其他有关证件给付赔偿。
CLAIMS, IF ANY, PAYABLE ON SURRENDER OF THIS POLICY TOGETHER WITH OTHER RELEVANT DOCUMENTS.
所保货物，如果发生本保险单项下负责赔偿的损失或事故，
IN THE EVENT OF ACCIDENT WHEREBY LOSS OR DAMAGE MAY RESULT IN A CLAIM UNDER THIS POLICY IMMEDIATE NOTICE APPLYING FOR SURVEY MUST
应立即通知本公司下属代理人查勘。
BE GIVEN TO THE COMPANYS AGENT AS MENTIONED HEREUNDER.
中国人民保险公司上海分公司
THE PEOPLE'S INSURANCE SHANGHAI BRANCH
赔偿地点　　日 期
CLAIM PAYABLE AT __________　　DATE __________
地址：中国上海中山东一路 23 号 TEL：323405 3217464 – 44 TELEX：32128 PICCS SN.
Address：23 Zhongshan Dong Yi Lu Shanghai, China Cable 42001 Shanghai
General Manager

图 6 – 1　中国人民保险公司保险单样例

六、销售合同中的保险条款

1. 以 F 组、E 组和 C 组中的 CFR 和 CPT 等术语成交的合同

保险条款可以订为“保险由买方自理”（Insurance to Be Covered by the Buyer）。

2. 以 D 组术语成交的合同

保险条款可以订为“保险由卖方自理”（Insurance to Be Covered by the Seller）。

3. 以 CIF 或 CIP 术语成交的合同

如果在海洋货物运输下，其保险可以订为：由卖方按发票金额的 110% 投保一切险和战争险，以中国人民保险公司 1981 年 1 月 1 日的《海洋运输货物保险条款》为准（insurance to be covered by the sellers for 110% of total invoice value against All Risks and War Risk as per Ocean Marine Cargo Clause of the People's Insurance Company of China Dated 01/01/1981）。

但有时买方委托卖方代为投保，在合同中除约定上述条款外，还应加入以下规定：保险由卖方替买方投保，由买方负担（insurance to be covered by the sellers on behalf of the Buyers，premium to be for Buyers' account）。

七、保险索赔

1. 保险索赔的含义

保险索赔是指进出口货物在保险责任有效期内发生属于保险责任范围内的损失，被保险人可向保险公司提出补偿要求。

2. 保险索赔的基本操作

（1）确定损失后应立即通知相关方。

（2）向承运人等有关方面提出索赔。

（3）提供采取合理的施救、救助措施的有关证明。

（4）备妥索赔单证。

（5）可实施代位追偿。

（6）在索赔有效期内提出索赔。

实际业务模拟操作

青岛东风进出口公司与国外客商成交几笔合同，双方就保险事宜达成一致意见，请根据材料拟定保险条款。

第一笔业务：按照中国人民保险公司××年××月××日陆上运输货物保险条款

(火车、汽车) 投保陆上运输一切险。

第二笔业务：由保险公司签发的保险单或凭证按发票总金额另加10%投保水渍险，包括非限定转船的损失，在新加坡赔付。

第三笔业务：保险单或凭证根据中国人民保险公司1981年1月1日的海洋运输货物保险条款和海洋运输货物战争险条款投保水渍险（或平安险）和战争险。

操作：

第一笔业务：Covering overland transportation all risks as per overland transportation cargo insurance clauses (train , truck) of the People's Insurance Company of China dated.

第二笔业务：Insurance policy or certificate issued by an insurance Co. with W. P. A. clause covering the merchandise for about 10% above the full invoice value including unlimited transshipment with claims payable at Singapore.

第三笔业务：Insurance policy or certificate covering W. A (or F. P. A) and War Risks as per ocean marine cargo clause and ocean marine cargo war risk clauses of the People's Insurance Company of China dated 1/1/1981.

同步训练

知识巩固

一、单项选择题

1. 恶劣气候、雷电、海啸或地震等灾害属于（　　）。

A. 自然灾害　B. 意外事故　C. 一般外来风险　D. 特殊外来风险

2. 船舶搁浅时，为了使船舶脱险，雇用拖轮强行脱浅的费用属于（　　）。

A. 实际全损　B. 共同海损　C. 推定全损　D. 单独海损

3. 被保险货物在运输途中由于偷窃、短量、雨淋等外来原因所造成的风险属于（　　）。

A. 特殊外来风险　B. 自然灾害　C. 意外事故　D. 一般外来风险

4. 根据中国的保险条款，不能单独投保的险别是（　　）。

A. 平安险　B. 水渍险　C. 附加险　D. 一切险

5. 当货物从目的港卸离海轮后（　　），不论保险货物有没有进收货人的仓库，保险责任均告终止。

A. 30 天　B. 45 天　C. 60 天　D. 50 天

6. 根据现行伦敦保险协会的保险条款规定，承保范围最小的险别是（　　）。

A. ICC（A）　B. ICC（B）　C. ICC（C）　D. ICC（D）

7. 我公司按 FOB 进口一批玻璃器皿，在运输中的装卸、搬运过程中，部分货物受损。要得到保险公司赔偿，我公司应该投保（　　）。

A. 平安险　　B. 一切险　　C. 破碎险　　D. 一切险加破碎险

8. 在海运过程中，被保药品被海水浸泡，这种损失属于（　　）。

A. 实际全损　　B. 推定全损　　C. 共同海损　　D. 单独海损

9. 淡水雨淋险属于（　　）。

A. 平安险　　B. 水渍险　　C. 一般附加险　　D. 特别附加险

10. 按中国人民保险公司海洋货物运输保险条款的规定，在三种基本险别中，保险公司承担赔偿责任的范围是（　　）。

A. 平安险最大，其次是一切险，再次是水渍险

B. 水渍险最大，其次是一切险，再次是平安险

C. 一切险最大，其次是水渍险，再次是平安险

D. 一切险最大，其次是平安险，再次是水渍险

二、多项选择题

1. 海上运输货物保险的承保范围包括（　　）。

A. 海上风险　　B. 海上损失　　C. 海运货物　　D. 海上费用　　E. 陆上风险

2. 在海上保险业务中，下列属于意外事故的是（　　）。

A. 搁浅　　B. 触礁　　C. 沉没　　D. 船舶失火　　E. 地震

3. 在海上保险业务中，下列属于一般外来风险的是（　　）。

A. 偷窃　　B. 破碎　　C. 碰撞　　D. 锈损　　E. 沾污

4. 根据我国现行《海洋货物运输保险条款》的规定，能够独立投保的险别有（　　）。

A. 水渍险　　B. 战争险　　C. 罢工险　　D. 一切险　　E. 平安险

5. 在海运保险业务中，构成共同海损的条件是（　　）。

A. 共同海损的危险必须是实际存在的

B. 必须属于非正常性质的损失

C. 消除船货共同危险而采取的措施是合理的、有效的

D. 费用支出是额外的

E. 必须是承保风险直接导致的船、货损失

6. 我公司以 CFR 条件进口一批货物，在海运途中部分货物丢失。要得到保险公司赔偿，我公司可投保（　　）。

A. 平安险　　B. 一切险

C. 平安险加保偷窃提货不着险　　D. 一切险加保偷窃不着险

7. 以下（　　）属于保险凭证。

A. 商业发票　　B. 保险单　　C. 保险凭证　　D. 预约保单

8. 我公司按 CIF 条件出口棉花 100 包，货物在海运途中因货舱内水管漏水，致使 20 包棉花遭水渍受损，在投保（　　）时，保险公司不负责赔偿。

A. 平安险　　B. 水渍险　　C. 一切险　　D. 战争险

9. 在投保水渍险后，还可以加保（　　）。

A. 平安险　　B. 水渍险　　C. 战争险　　D. 一切险

10. 共同海损不属于（　　）。

A. 推定全损　　B. 部分损失　　C. 单独海损　　D. 实际全损

三、判断题

1. 海上风险包括运输中的自然灾害和意外事故。（　　）

2. 按损失的性质不同，可分为共同海损和全部损失。（　　）

3. 中国陆上运输货物保险责任的起讫期限原则上遵循“仓至仓”条款。（　　）

4. 以出口茶叶为例，为防止运输途中串味，在投保一切险后，还应加保串味险。（　　）

5. 基本险中，保险公司责任最小的险别是水渍险。（　　）

6. 投保一切险意味着保险公司为一切风险承担赔偿责任。（　　）

7. 对于推定全损，应由保险公司按全部损失赔偿货物的全价。（　　）

8. 托运出口玻璃制品时，被保险人在投保一切险后，还应加保碰损破碎险。（　　）

9. 海上保险业务中的意外事故，仅局限于发生海上的意外事故。（　　）

10. 船舶失踪达到半年以上可作推定全损处理。（　　）

能力提升

一、实训设计

（1）某货轮从广州港装载人造纤维（系杂货），体积为 20 立方米，毛重为 17.8 吨，运往欧洲某港口，托运人要求选择卸货港鹿特丹或汉堡，两者都是基本港口，基本运费率为 USD80.0/FT，三个以内选卸港的附加费费率为每运费吨按“W/M 加收 USD3.0”。

试问：

①该托运人应支付多少运费（以美元计）？

②如果改用集装箱运输，海运费的基本费率为 USD1100/TEU，货币附加费 10%，燃油附加费 10%，改用集装箱运输时，该托运人应支付多少运费（以美元计）？

③若不计杂货运输和集装箱运输两种方式的其他费用，托运人从节省海运费考虑，是否应选择改用集装箱运输？

（2）湖南某贸易公司向日本出口一批水果，发票总金额为20000美元，加一成投保了平安险加战争险，费率分别为0.7%和0.3%。

请问：投保金额和保险费分别是多少美元？

（3）我方出口一批货物CFR价格为1980美元，现客户来电要求按CIF价格加成20%投保海上一切险，我方照办。

请问：若一切险的保险费率为1%，我方应向客户补收多少美元保险费？

二、案例分析

（1）上海某A公司按FOB条件向美国B公司购买一批大宗商品，双方约定的装运期限为2011年8月，后因A公司租船困难，接运货物船舶不能按时到港接货，出现较长时期的货等船情况，B公司便以此为由撤销合同，并要求赔偿损失。

试问：B公司的做法是否合理？

（2）我方某公司向南美出口轻工商品18000箱，合同规定6—11月按月等量装运，每月3000箱，凭不可撤销即期L/C付款。客户开来的信用证总金额与总数量均与合同相符，但装运条款规定为“最迟装运期11月30日，分数批装运”。于是，我方6月15日装运30000箱，7月装运4000箱，8月装运6000箱，9月装运5000箱，客户发现后向我方提出异议。

试问：我方这样做是否可以？为什么？

（3）有一批运输途中的货物已按发票金额的110%向保险公司投保了平安险，载货的船舶于某年的3月5日遇到暴风雨的袭击，使一部分货物遭到水渍损失；该船在继续航行中，又于同年3月11日与另一船舶发生了碰撞事故，又使该批货物遭受了部分损失。

试问：保险公司对上述两种损失均负赔偿责任吗？

（4）有一批已购买保险的货物，装载该批货物的货轮在航运途中发生了火灾，经船长下令施救后，火被扑灭，事后查明该批货物损失如下：①500箱受严重水渍，无其他损失；②500箱既受热烤、火熏损失，又受水渍损失，但未发现火烧的痕迹；③300箱已烧毁；④100箱在忙乱中不慎坠海。

试问：上述4种情况下的海损各属于哪种性质？

模块七　国际货款结算

任务一　结算工具

学习目标

知识目标

1. 了解支付工具的种类、内容、特点和基本当事人；
2. 掌握汇票使用的流程；
3. 熟悉汇票、本票和支票的异同。

能力目标

1. 能够根据业务的特点正确选择不同的票据；
2. 可以准确识别不同类型的票据；
3. 能够根据业务准确完整缮制汇票。

任务导入

2016 年 8 月 5 日，中国某进出口公司与欧洲某公司以电传方式达成出口小家电协议，根据协议，卖方发出了已经签署的“售货确认书”，其主要内容为：数量 3 万套，单价 30 美元，总价 90 万美元，价格条件是 CIF（成本加保险费加运费）某港交货，并明确要求买方在同年 9 月 5 日以前，向卖方开出百分之百的、保兑的、不可撤销的、可分割的即期付款信用证。8 月 20 日，卖方收到了经过买方签字的确认书，但买方将确认书中的 CIF 条件改为托盘运输条款。9 月 2 日，卖方收到了经过买方开出的信用证，金额与确认书相符，但信用证种类与价格条款等却与确认书原有的规定存在重大差异。其一，信用证并非保兑；其二，确认书原定的 CIF 价格条件变成了托盘运输条款。据此，卖方于 9 月下旬电告买方拒收上述信用证，并将信用证退给了开证银行。

此后，双方未能就确认书条款与信用证条款的差异达成一致，导致此合同不能履行，双方因此发生争议。

思考：

（1）买方修改了确认书而卖方未及时答复，合同是否成立？

（2）信用证是否有效？

相关知识

国际贸易货款的收付，采用现金结算的较少，大多使用非现金结算，即使用代替现金的信用工具来结算国际间的债权债务。票据是国际上通行的结算和信用工具，是可以流通转让的债权凭证。国际贸易中使用的票据主要有汇票、本票和支票，其中以使用汇票为主。

一、汇 票

1. 汇票的含义和基本内容

（1）汇票的含义。汇票（Draft，Bill of Exchange）是一个人向另一个人签发的，要求即期、定期或在可以确定的将来时间，对某人或其指定人或持票人支付一定金额的无条件书面支付命令。

（2）汇票的基本内容。《中华人民共和国票据法》第22条规定，汇票必须记载下列事项（如表7－1所示）。

表7－1　汇票种类汇总表

划分依据	汇票名称	汇票特点及其应用
出票人	银行汇票	银行出票、银行付款
	商业汇票	商号或个人出票，商号、个人或银行付款
承兑人	银行承兑汇票	银行承兑（信用证项下远期汇票）
	商业承兑汇票	商号或个人承兑（托收项下远期汇票）
有无单据	光票	不附带货运单据（通常用于支付费用和佣金）
	跟单汇票	附带货运单据（通常用于支付货款）
付款时间	即期汇票	见票即付
	远期汇票	指定日期付款
		出票后若干天付款
		运输单据签发日后若干天付款
		见票后若干天付款

①表明“汇票”字样。

②无条件支付命令。

③确定的金额。

④付款人的名称。

⑤收款人的名称。

⑥出票日期和地点。

⑦出票人签章。

汇票上未记载规定事项之一的，汇票无效。

上述基本内容，一般为汇票的要项，但并不是汇票的全部内容。按照各国票据法的规定，汇票的要项必须齐全，否则受票人有权拒付，商业汇票本样式如图7－1所示。

商业汇票

No. ________________

For ________　　　　BILL OF EXCHANG ________________

Date ________

At ________________ sight of this SECOND BILL of EXCHANGE (first of the same tenor and date unpaid) pay to the order of ________________________________ the sum of

Drawn under ____

L/C No. ________________________　Dated ________________________

To ____

____

图7－1　商业汇票本样式

2. 汇票的种类

汇票从不同的角度可分为以下几种（见表7－1）：

（1）按照有无附属单据，汇票可分为光票（Clean Bill）和跟单汇票（Documentary Bill）。

①光票是指不附装运单据的汇票，银行汇票多为光票。

②跟单汇票是指附有装运单据（主要有提单、保险单、发票等）的汇票，商业汇票一般为跟单汇票。在国际贸易中，大多使用跟单汇票。

（2）按照付款时间的不同，汇票可分为即期汇票（Sight Bill，Demand Draft）和远期汇票（Time Bill，Usance Bill）。

①即期汇票是指汇票上规定见票后即需付款的汇票。

②远期汇票是指汇票上规定付款人在将来一个可确定的日期付款的汇票，如“见票后30天付款”（at 30 days after sight）、“出票后60天付款”（at 60 days after date of

Draft)、“提单日期后××天付款”（at ×× days after date of Bill of Lading）、“货物到达后××天付款”（at ×× days after date of arrival of goods）、“指定日期付款”（fixed date）等。

思 考

资料：我国某出口企业与外商达成交易，以远期信用证付款，要求1个月后付款，单证员在制作汇票时填写的出票日期为1月31日。

讨论：这张汇票的付款日期为哪一天？如果要求两三个月付款，汇票的付款日期又为哪一天？

（3）按照出票人的不同，汇票可分为商业汇票（Commercial Bill）和银行汇票（Bank Draft）。

①商业汇票是指由企业或个人签发的汇票，其付款人可以是企业或个人，也可以是银行。

②银行汇票是指出票人为银行的汇票，其付款人只能是银行。

（4）按照付款信用的不同，汇票可分为商业承兑汇票（Commercial Acceptance Bill）和银行承兑汇票（Banker's Acceptance Bill）。

①商业承兑汇票是指在远期汇票付款之前，需经过付款人的承兑，以商业企业为付款人所承兑的汇票。

②银行承兑汇票是指以银行为付款人所承兑的汇票。

3. 汇票的使用

即期汇票的使用一般需要经过出票、提示和付款三个程序；远期汇票则还需要有承兑的程序；如需要转让，通常需要经过背书行为才能转让；若汇票遭到拒付，还要涉及作出拒绝证书和行使追索等法律权利的环节。

（1）出票。出票是指出票人（Drawer）签发汇票并交付给收款人的行为。出票后，出票人即承担保证汇票得到承兑或付款的担保责任。在出票时，对收款人通常有三种写法：

①限制性抬头。例如，“仅付甲公司”（Pay A Co. only）或“付××公司，不准流通”（Pay ×× Co. not negotiable）。这种抬头的汇票不能流通转让，只限××收取货款。

②指示性抬头。例如，“付××公司或指定人”（Pay ×× Co. by order 或 Pay to the order of ×× Co.）。这种抬头的汇票，除××公司可以收取票款外，也可以经过背书转让给第三者。

③持票人抬头。例如，“付给来人”（Pay Bearer）。这种抬头的汇票，无须由持票

人背书，仅凭交付汇票即可转让。

（2）提示。提示是指收款人（Payee）或持票人（Holder or Bearer）将汇票提交或出示给付款人要求承兑或付款的行为。提示又分为付款提示和承兑提示两种：

①付款提示即指持票人向付款人提交汇票，要求付款的行为。

②承诺提示即指持票人向付款人提交远期汇票，付款人见票后办理承兑手续，承诺到期时付款的行为。

（3）承兑。承兑是指付款人对远期汇票表示承担到期付款责任的行为，付款人在汇票正面上写明"承兑"（Accepted）字样，注明承兑日期，并由付款人签字，交还持票人。远期汇票一经承兑，即付款人对汇票作出承兑，即成为承兑人（Acceptor），并成为汇票的主债务人。承兑人有在远期汇票到期时承担付款的责任。而出票人则退居为汇票的从债务人（或次债务人）。

（4）付款。付款是指付款人在汇票到期日，向提示汇票的合法持票人足额付款的行为。付款后，汇票上的一切债务即告终止。

（5）背书。背书是转让（Transfer）汇票权利的一种法定手续，就是由汇票持有人在汇票背面签上自己的名字，或再加上受让人或被背书人（Endorsee）的名字，并把汇票交给受让人（Transferee）的行为。经背书后，汇票的收款权利便转移给受让人。汇票可以经过背书不断转让下去。对于受让人来说，所有在他以前的背书人（The Endorser）以及原出票人（The Drawer）都是他的"前手"（Priorer）；而对出让人来说，所有在他以后的受让人都是他的"后手"。前手对后手负有担保汇票必然会被承兑或付款的责任。

（6）拒付。拒付是指持票人向付款人提示，付款人拒绝付款拒绝承兑。除了拒绝承兑和拒绝付款外，付款人拒不见票、死亡或宣告破产，以致付款事实上已不可能时，则称为退票。

（7）追索。出现拒付，持票人有追索权（With Recourse），按照有些国家的法律，即持票人对其前手（背书人、出票人）有请求其偿还汇票金额及费用的权利。持票人为了行使追索权应及时做出拒付证书（Letter of Protest），拒付证书是由付款地的法定公证人或其他依法有权做出证书的机构如法院、银行、公会、邮局等，做出证明拒付事实的文件，是持票人凭以向其"前手"进行追索的法律依据。

如拒付的汇票已经承兑，出票人可凭此向法院起诉，要求承兑汇票的承兑人付款。按《中华人民共和国票据法》规定，持票人行使追索权时，应当提供被拒绝承兑或者被拒绝付款的有关证明。又规定，持票人提示承兑或提示付款被拒绝的，承兑人或付款人必须出具拒绝证明，或者出具退票理由书。否则，应当承担由此产生的民事责任，持票人可以依法取得其他有关证明。

（8）贴现。贴现是指远期汇票承兑后尚未到期，由银行或贴现公司从票面金额中扣除按一定贴现率计算的贴现息后，将余款付给持票人的行为。

贴现息 = 票面金额 × 贴现天数/360 × 贴现率

净款 = 票面金额 – 贴现息

或净款 = 票面金额 ×（1 – 贴现天数/360 × 贴现率）

思 考

资料：我国某出口企业根据信用证规定签发即期汇票一套。

讨论：如果顺利结汇，围绕这套汇票会产生哪些票据行为？如果遭受拒付，围绕这套汇票又会产生哪些票据行为？如果签发的是一套45天远期汇票，结果又会怎样？

二、本票

1. 本票的含义与主要内容

（1）本票含义。本票（Promissory Note）是出票人签发的、保证于见票日或指定日期向收款人或其指定人或持票人无条件支付一定金额的书面承诺。本票的出票人必须具有支付本票金额的可靠资金来源，并保证支付。

（2）本票的主要内容。各国票据法对本票内容的规定各不相同。《中华人民共和国票据法》第76条规定，本票必须记载下列事项（如图7－2所示）：

PROMISSORY NOTE

USD158976. 00　　Shenyang 18 – MAY – 2016

We promise to pay JINYUE INDUSTRIAL PRODUCTS IMP. & EXP. CORPORATION ORDER

The sum of U. S. DOLLARS ONE HUNDRED FIFTY EIGHT THOUSAND NINE HUNDRED AND SEVENTY SIX ONLY.

FOR BAND OF BAHRAIN AND KUWAIT B. S. C

Signature 盖章

图7－2　本票样式

①表明“本票”字样；

②无条件的支付承诺；

③确定的金额；

④收款人的名称；

⑤出票日期；

⑥出票人的签字。

本票上未记载规定事项之一的，本票无效。

2. 本票的种类

本票可分为商业本票（也称为一般本票）（General Promissory Note）和银行本票（Banker's Promissory Note）。

（1）商业本票由企业或个人签发的本票，根据付款时间的不同，可分为即期本票和远期本票。

（2）银行本票由银行签发的本票。银行本票都是即期的，即见票即付，当场抵用，付款保证程度高。有的银行发行见票即付、不记载收款人的本票或是来人抬头的本票，它的流通性与纸币相似。根据《中华人民共和国票据法》的规定，银行本票仅限于由中国人民银行审定的银行或其他金融机构签发。

3. 银行本票与银行汇票的区别（见表 7－2）

（1）当事人不同：本票的票面有两个当事人，即出票人和收款人；而汇票则有三个当事人，即出票人、付款人和收款人。

表 7－2　　银行汇票与银行本票的区别一栏表

票据名称 / 比较内容	银行汇票	银行本票
付款期限	即期银行汇票和远期银行承兑汇票	银行本票只有即期
票面金额	没有固定面值，签发时根据实际需要填写金额，并用压数机压印金额	有定额面额和不定额面额两种：定额银行本票预先印有固定面额，由中国人民银行发行，各商业银行代理签发，凭票对付；不定额银行本票签发时根据实际需要填写金额，并用压数机压印金额
使用方式	银行汇票可以用于转账，填明“现金”字样的银行汇票也可以用于支取现金，可以背书转让	收款单位和个人持银行本票可以办理转账，也可以支取现金，可以背书转让，但填明“现金”字样的银行本票不可以背书转让
余额退还	银行承兑汇票的金额可以大于实际结算金额，存在退还余额问题	银行本票金额确定，不存在退还金额问题

续 表

比较内容＼票据名称	银行汇票	银行本票
办理要求	办理银行汇票的单位要将全额款项转入银行账户	办理银行本票的单位一般先付50%定金，实际结算时再将余额转入银行账户
适用范围	银行汇票全球使用，用于单位和个人各种款项结算	本票限于同城使用，用于同城范围内的所有商品交易、劳务供应以及其他款项的结算
提示期限	付款期限自出票日起不超过1个月	付款期限自出票日起不超过2个月

（2）出票人不同：本票的出票人即付款人，仅限于银行；汇票的出票人和付款人不限于银行。

（3）承兑手续不同：远期本票无须办理承兑手续；而远期汇票则要办理承兑手续。

（4）主债务人不同：本票在任何情况下，出票人都是绝对的主债务人，一旦拒付，持票人可以立即要求法院裁定，命令出票人付款；而汇票的出票人在承兑前是主债务人，在承兑后，承兑人是主债务人，出票人则处于从债务人的地位。

三、支票

1. 支票的含义与主要内容

（1）支票。支票（Check）是以银行为付款人的即期汇票，即存款人对银行的无条件支付一定金额的委托或命令。出票人在支票上签发一定的金额，要求受票的银行于见票时立即支付一定金额给特定人或持票人。

《中华人民共和国票据法》第82条规定，支票是出票人签发的，委托办理支票存款业务的银行或者其他金融机构在见票时无条件支付确定的金额给收款人或者出票人的票据。出票人必须按照签发的支票金额承担保证向该持票人付款的责任。又规定，支票的出票人所签发的支票金额不得超过其付款时在付款人处实有的存款金额。出票人签发的支票金额超过其付款时在付款人处实有的金额，为空头支票，付款人拒绝支付。开出空头支票的出票人要负法律责任，禁止签发空头支票。

（2）支票的主要内容。《中华人民共和国票据法》第85条规定，支票必须记载下列事项：①表明“支票”字样；②无条件的支付委托；③确定的金额；④付款人名称；⑤出票日期；⑥出票人签字。

支票上未记载规定事项之一的，支票无效。

2. 支票的种类

按照《中华人民共和国票据法》第 84 条规定，支票可分为现金支票和转账支票两种，用以支取现金或是转账，均应分别在支票正面注明。现金支票只能用于支取现金；转账支票只能用于通过银行或其他金融机构转账结算（见表 7－3）。

表 7－3　　支票种类一览表

支票名称	使用规则
现金支票	只能支取现金
转账支票	只能通过银行转账，不能直接支取现金
记名支票（Check Payable to Order）	在收款人栏注明“付给某人”，持票人背书后才能转让，取款时无须在背面签字
不记名支票（Check Payable to Bearer）	在收款人栏注明“付给来人”，无须背书即可转让，取款时无须在背面签字
画线支票（Crossed Check）	在支票票面上画两道平行横线，在线内注明“限收款人账户”，持票人不能取现，只能委托银行收款入账
普通支票（Normal Check）	票据上没有现金或转账字样，既可以转账，也可以支取现金
保付支票（Certified Check）	由付款银行在支票上加“保付”字样并签字，保证收款人一定能取得银行付款。保付支票有利于流通

3. 支票的效期

支票的使用有一定的效期，由于支票是代替现金的即期支付工具，所以效期较短。《中华人民共和国票据法》规定，支票的持票人应当自出票日起 10 日内付款；异地使用的支票，其提示付款的期限由中国人民银行另行规定。超过提示付款期限的，付款人可以不予付款；付款人不予付款的，出票人仍应当对持票人承担票据责任。

4. 支票与汇票的区别

（1）支票为见票即付，无须提示承兑；汇票有即期、远期之分，远期汇票必须提示承兑。

（2）支票付款人仅限于银行；汇票的付款人可以是公司、企业、个人，也可以是银行。

（3）支票主债务人是出票人；汇票的主债务人在承兑前是出票人，承兑后承兑人。

任务二　结算方式

学习目标

知识目标

1. 掌握常用的计量单位；
2. 了解商品计量数量的度量衡制度。

能力目标

1. 能够灵活应用举办短装条款；
2. 能准确规范应用计量单位。

任务导入

我国某外贸公司从国外某商行进口一批钢材，货物分两批装运，不可撤销信用证支付，每批分别由中国银行开立一份信用证。第一批货物装运后，卖方在有效期内向银行交单议付，议付行审单后，即向中国银行索偿货款，随后中国银行对国外货款做了偿付。我方在收到第一批货物后，发现货物品质与合同不符，因而要求开证行对第二份信用证项下的单据拒绝付款，但遭到中国银行拒绝。

思考：

中国银行这样做是否有理？

相关知识

国际贸易支付方式又称国际贸易结算方式，是指国际间通过结算工具，办理因债权债务引起的货币资金的收付所采取的方式。

目前国际上有各种各样的支付方式。这些方式尽管由于付款时间、地点不同，对货款的安全和资金周转影响则有着很大的差别，但概括起来，大体上可分为有证或无证两种，我们也称为银行信用和商业信用。前者是指有银行开立的信用证的支付方式，后者是指不通过银行信用证的支付方式，如汇付和托收等。

一、汇付

1. 汇付的含义及其当事人

（1）汇付的含义。汇付又称汇款（Remittance），指付款人主动委托银行或用其他途径，以一定的方式将款项汇交收款人的结算方式。国际贸易货款的收付如采用汇付，一般是由买方按合同约定的条件（如收到单据或货物）和时间，将货款通过银行，汇交给卖方。因其资金的流向与支付工具的传递方式相同，故汇付属于顺汇性质。

（2）汇付方式的当事人。在汇付业务中，通常涉及四个当事人：

①汇款人（Remitter）：汇款人即汇出款项的人，在进出口交易中，汇款人通常是进口商。

②收款人（Payee）：收款人即收取款项的人，在进出口交易中通常是出口商。

③汇出行（Remitting Bank）：汇出行即汇款人的委托汇出款项的银行，通常是在进口地的银行。

④汇入行（Paying Bank）：汇入行即汇出行委托解付汇款的银行，因此，又称解付行，在国际贸易实践中，汇入行或解付行通常是收款人所在地的银行，即出口方银行。

汇款人在委托汇出行办理汇款时，要出具汇款申请书。此项申请书是汇款人和汇出行之间的一种契约。汇出行一经接受申请，就有义务按照汇款申请书的指示通知汇入行。汇出行与汇入行之间，事先订有代理合同，在代理合同规定的范围内，汇入行对汇出行承担解付汇款的义务。

2. 汇付的种类

汇付方式可分为信汇、电汇和票汇三种。但目前国际贸易实践中普遍使用的是电汇和票汇两种方式。

（1）信汇（Mail Transfer，M/T）。信汇是指汇出行应汇款人的申请，通常以航空邮寄的方式将信汇委托书寄给汇入行，授权解付一定金额给收款人的一种汇款方式。信汇方式的优点是费用较为低廉，但收款人收到汇款时间较长，因此现已较少使用。

（2）电汇（Telegraphic Transfer，T/T）。电汇是指汇出行应汇款人的申请，通过拍发加押电报、电传或环球同业银行金融电讯协会（Society for Worldwide Interbank Financial Telecommuication，SWIFT）给其在另一国家的分行或代理行（即汇入行）指示解付一定金额给收款人的一种汇付方式。电汇方式的优点是收款人可迅速收到汇款，但费用较高。

（3）票汇（Remittance by Banker's Demand Draft，D/D）。票汇是指汇出行应汇款人的申请，代汇款人开立以其分行或代理行为解付行的银行即期汇票，支付行一定金额给收款人的一种汇款方式。

3. 电汇与票汇的区别

电汇和票汇的不同之处在于，票汇的汇入行无须通知收款人取款，而是由收款人持票登门取款。电汇和票汇在资金占用、费用成本、汇付速度及安全性等方面有差异，如表 7－4 所示。

表 7－4　电汇与票汇的区别

<table>
<tr><th rowspan="2">汇付方式</th><th rowspan="2">结汇手段</th><th colspan="2">特点</th></tr>
<tr><th>优点</th><th>缺点</th></tr>
<tr><td>电汇
（T/T）</td><td>委托汇出行以电报、电传等电信手段发出付款委托通知书，将款项付给指定的收款人</td><td>安全、可靠、结算时间短、收款快</td><td>费用较高</td></tr>
<tr><td>票汇
（D/D）</td><td>以银行汇票或银行本票为支付工具，由汇款人自行寄交收款人</td><td colspan="2">（1）支付工具由汇款人自行传递；
（2）经收款人背书后，汇票可以在市场流通；
（3）收款人可自行持票向汇入行收款</td></tr>
</table>

4. 汇付方式在国际贸易中的使用

汇付是一种简便、快捷的支付方式。但在国际贸易实践中，汇付方式的使用，完全取决于买卖双方的相互信任，因此属于商业信用。汇付方式通常主要用于货到付款和预付货款的业务。也常用于支付定金、分期付款、延期付款、小额交易货款的支付，待付货款的尾款，费用差额的支付以及佣金的支付，等等。

（1）货到付款（Payment Collected）。货到付款是指出口方在没有收到货款以前，先交出单据或货物，然后由进口方主动汇付货款的方法。这种方法实际上是一种赊账业务。出口方在发货后能否按时顺利地收回货款，取决于买方的信用。如果进口方拒不履行或拖延履行付款义务，出口方或要承担货款落空的严重损失或晚收款的利息损失。因此，除非是进口方的信誉非常可靠，出口方一般不宜轻易采用此种方式结算货款。

（2）预付货款（Payment Prepaid）。预付货款是指在订货时汇付或交货前汇付货款的办法。前者多应用在一些客户提出特殊加工要求或专门为客户加工的特殊商品，或一些市场畅销而又稀缺的商品。采用这种方式可以优先取得供应。预付货款只意味着进口方预先履行付款义务，并不等于货物的所有权是在付款时转移，在 CIF 等装运港交货的条件下，出口方在没有交出装运单据之前，货物的所有权仍归出口商所有。由此可见，预付货款对出口方来说有预先得到一笔资金的明显好处。但对进口方来说，却要过早地垫出资金，承担出口方延迟交货和不交货款的风险。因此，这种付款方式不易被普遍接受，只能在个别小额交易中采用。

经典案例

出口合同规定支付条款为装运前15天电汇付款，买方延至装运月中从邮局寄来的一张银行汇票。为保证按期交货，出口商于收到该汇票次日即将货物托运，同时委托银行代收票款。1个月后，接银行通知，该汇票是伪造，已被退票。此时，货已抵达目的港，并已被买方凭出口企业自行寄去的提单提走。事后追偿，对方早已人去楼空。试分析我方应吸取的主要教训。

案例评析：

我方必须严格按合同规定行事。既然合同规定买方必须于装运前15天将货款T/T汇予我方，汇款不到则不能发货。对方随意改变付款方式，即将电汇改为票汇，只要我方同意也是可行的。但我方收到银行汇票后，首先必须检验汇票真伪，待银行确认汇票的真实性后才能发货，以保证安全。

5. 汇付方式的业务程序

（1）电汇业务流程，其业务流程如图7－3所示。

①汇款人（进口商）交付款项委托付款；

②汇出行结束委托，将电汇申请书回执给汇款人；

③汇出行通知汇入行付款；

④汇入行通知收款人（出口商）收取汇款；

⑤收款人收取汇款；

⑥汇入行向收款人付款。

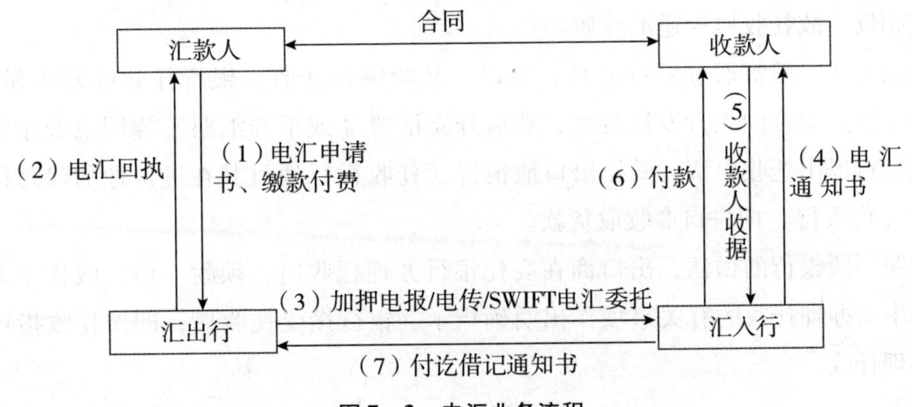

图7－3　电汇业务流程

（2）信汇业务流程。信汇的业务流程与电汇业务类似（略）。

（3）票汇业务流程，如图7－4所示。

①汇款人提申请，交付款项购买银行汇票；

②汇出行交付银行汇票；

③汇款人将银行汇票邮寄给收款人；

④汇出行将汇付通知书邮寄给汇入行通知其付款；

⑤收款人凭银行汇票向汇入行收取款项；

⑥汇入行解付汇款。

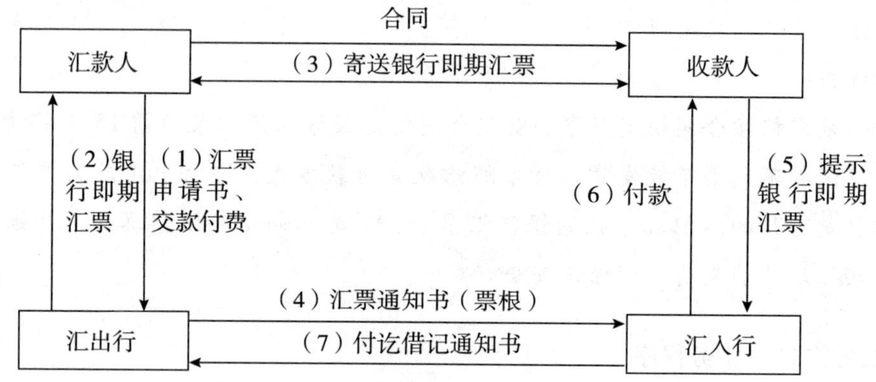

图7－4　票汇业务流程

二、托收

1. 托收的含义

托收（Collection）是指债权人（Creditor）或出口商（Exporter）出具债权凭证（汇票、本票、支票等）委托当地银行通过其国外分支机构或代理行向债务人（Debtor）或进口商（Importer）收取货款的一种支付方式。因其资金的流向与支付工具的传递方式相反，故托收属于逆汇性质。

托收方式一般都通过银行办理，所以，又叫银行托收。银行托收的基本做法是：出口商根据买卖合同先行发运货物，然后开立汇票（或不开汇票）连同商业单据，向出口地银行提出托收申请，委托出口地银行（托收行）通过其在进口地的代理行或往来银行（代收行）向进口商收取货款。

按照一般银行的做法，出口商在委托银行办理托收时，须附一份托收指示书，在指示书中对办理托收的有关事项作出明确指示。银行接受托收后，即按托收指示书的指示办理托收。

2. 托收当事人

托收方式所涉及的当事人主要有以下五个：

（1）委托人。委托人是指委托银行办理托收业务的客户，通常是出口商。

（2）托收银行。托收银行是指接受委托人的委托，办理托收业务的银行，一般为出口地银行。

（3）代收银行。代收银行是指接受托收行的委托向付款人收取票款的进口地银行，代收银行通常是托收银行的国外分行或代理行。

（4）提示银行。提示银行是指向付款人作出提示汇票和单据的银行。提示银行可以是代收银行委托与付款人有往来账户关系的银行，也可以由代收银行自己兼任提示银行。

（5）付款人。付款人是根据托收指示，必须支付货款的人。如使用汇票，即为汇票的受票人，也就是付款人，通常为进口商，即债务人。

在托收业务中，如发生拒付，委托人可指定付款地的代理人代为料理货物存仓、转售、运回等事宜，这个代理人叫作“需要时的代理”。委托人如指定需要时的代理人，必须在托收委托书上写明此代理人的权限。

3. 托收的种类

根据托收过程中是否要求随附商业单据，托收可分为光票托收和跟单托收两类。

（1）光票托收。光票托收（Clean Collection）是指出口商仅开立汇票（不附任何商业单据）委托托收行代为收取货款的一种托收方式，即只是提交金融单据委托银行代为收款。在国际贸易中，光票托收主要用于小额交易、预付货款、分期付款以及收取贸易的从属费用。

（2）跟单托收。跟单托收（Documentary Collection）是指出口商将商业汇票连同货运单据（包括发票、装箱单、提单、保险单等单据）一并交给托收行委托其代收票款一种托收方式。跟单托收如以汇票作为收款凭证，则使用跟单汇票。国际贸易中货款的收取大多采用跟单托收。在跟单托收的情况下，按照向进口商交单条件的不同，又可分为付款交单和承兑交单两种。

①付款交单（Documents Against Payment，D/P）是指出口商的交单是以进口商的付款为条件。即出口商发货后，取得装运单据，委托银行办理托收，并指示银行只有在进口商付清货款后，才能把商业单据交给进口商。

付款交单按付款时间的不同，又可分为即期付款交单和远期付款交单。

即期付款交单（D/P at Sight），是指出口商发货后开具即期汇票连同商业单据，通过银行向进口商提示，进口商见票后立即付款，进口商在付清货款后向银行领取商业单据。

思 考

资料：A公司出售一批货物给B公司，合同中规定付款条件是D/P at Sight，代收行于2017年3月29日向B公司提示汇票和单据。

讨论：B公司应何时向银行付款？

远期付款交单（D/P after Sight），是指出口商发货后开具远期汇票连同商业单据，通过银行向进口商提示，进口商审核无误后即在汇票上进行承兑，于汇票到期日付清货款后再领取商业单据。

思 考

资料：A公司出售一批货物给B公司，合同中规定付款条件是D/P at 30 Days After Sight，代收行于2017年3月29日向B公司提示汇票和单据。

讨论：B公司应何时向银行付款？

远期付款交单和即期付款交单的交单条件是相同的：买方不付款就不能取得代表货物所有权的单据，所以卖方承担的风险责任基本上没有变化。与即期付款交单不同的是，在远期付款交单方式下，卖方给予买方一定的资金融通，融通时间的长短取决于汇票的付款期限。通常有两种规定期限的方式：一种是付款日期和到货日期基本一致，买方在付款后，即可提货；另一种是付款日期比到货日期要推迟许多，买方必须请求代收银行同意其凭信托收据（T/R）借取货运单据，以便先行提货。所谓信托收据，是进口方借单时提供的一种担保文件，表示愿意以银行受托人身份代为提货、报关、存仓、保险、出售，并承认货物所有权仍归银行。货物售出后所得货款应于汇票到期时交银行。代收银行若同意进口方借单，万一汇票到期不能收回货款，则代收银行应承担偿还货款的责任。但有时出口方主动授权代收银行凭信托收据将单据借给进口方。这种做法将由出口方自行承担汇票到期拒付的风险，与代收银行无关，称之为"付款交单，凭信托收据借单"（D/P，T/R）。从本质上看，这已不是"付款交单"的做法了。

②承兑交单（Documents Against Acceptance，D/A）是指出口商的交单是以进口商在汇票上承兑为条件。即出口商在装运货物后开具远期汇票，连同商业单据，通过银行向进口商提示，进口商承兑汇票后，代收银行即将商业单据交给进口商，在

汇票到期时，方履行付款义务。承兑交单方式只适用于远期汇票的托收。由于承兑交单是在进口商承兑汇票后，即可取得货运单据，并凭以提货，这对出口商来说，已交出了物权凭证，其收款的保障只能取决于进口商的信用，一旦进口商到期不付款，出口商就有可能蒙受货款两空的损失。所以，如采用承兑交单这种做法，必须从严掌握。

根据表7-5中的内容，按照不同的跟单托收条件分别填写承兑日、付款日和交单日。

表7-5　　不同托收条件下的承兑、付款和交单日期

托收条件	代收行向进口商提示汇票和单据的日期	进口商在汇票上作出承兑的日期	进口商向代收行支付票款的日期	代收行向进口商提交货运单据的日期
D/P at Sight	3月8日			
D/P at 30 Days After Sight	3月8日			
D/A at 30 Days After Sight	3月8日			

4. 托收的业务程序

即期付款交单、远期付款交单和承兑交单的业务流程分别如图7-5至图7-7所示。

5. 托收的性质和风险防范

在托收项下的业务实践中，银行只是按照委托人的指示去办事，并不承担付款人必须付款的义务。所以，托收的性质为商业信用。即能否收回货款，全靠进口方的信用。采用托收付款方式，出口方有一定的风险，资金负担也较重，但对进口方却是很有利，因无须预垫资金，使得进口方的资金融通和周转都很便利，因而非常有利于调动进口商采购货物的积极性，达到扩大出口和销售的目的。

所以，在国际贸易实践中，若想使用托收方式来结算货款，为避免风险，出口商应认真调查进口商的资信状况、经营能力和经营作风，妥善制定授信额度，控制成交金额。严格按照合同规定装运货物并缮制单据，以防进口方以单据与合同不符拒付货款。

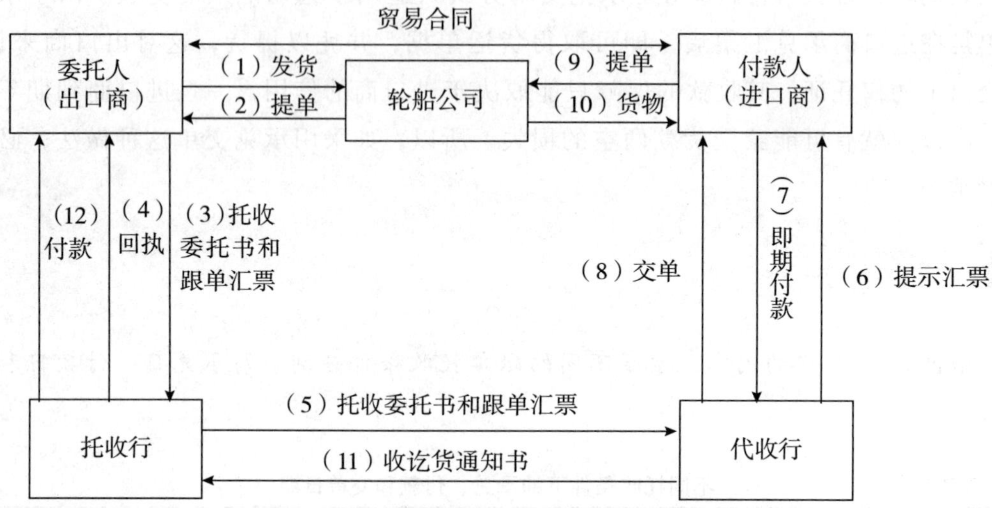

图7－5　即期付款交单业务流程

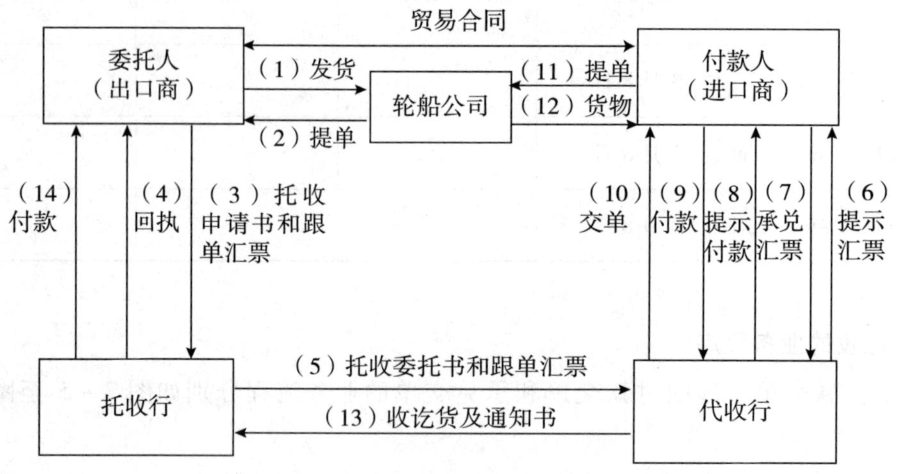

图7－6　远期付款交单业务流程

经典案例

浙江某进出口公司向日本客户出口玉米一批，支付方式为 D/P 30 Days After Sight。货物于2017年3月15日到达横滨港，日本客户于3月18日在汇票上承兑，并于当日出具信托收据向代收行借单提货。汇票于4月18日到期，当代收行向进口商提示汇票时，进口商因经营不善，无力偿还。

问题：该损失应由谁承担？为什么？

案例评析：由代收行向出口商支付货款。因为托收委托书的交单条件是 D/P 30

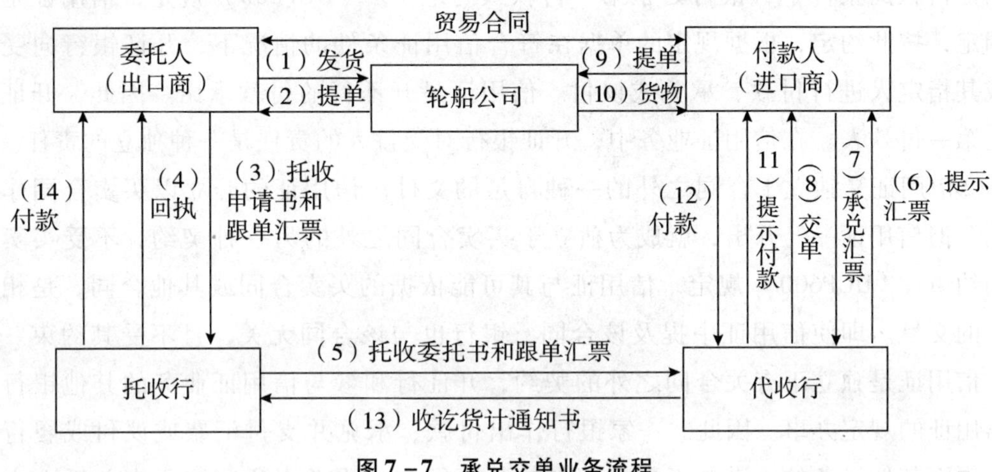

图 7－7　承兑交单业务流程

Days After Sight，代收行私自凭信托收据向进口商借单，违反托收规则。

三、信用证

信用证（Letter of Credit，L/C）结算方式是随着国际贸易的发展，银行与其他金融机构参与国际贸易结算而形成。由于银行资金雄厚、信誉度高，由银行开出的信用证容易被进出口商所接受，因此，信用证结算方式被人们普遍采用，成为国际贸易中一种主要支付方式。

1. 信用证含义、特点及作用

（1）信用证的含义。信用证是开证行根据开证申请人的请求和开证行以自身的名义向受益人开立的在一定金额和一定期限内凭规定的单据承诺付款的书面文件。简言之，信用证是一种银行开立的有条件的承诺付款的书面文件。信用证是银行做出的有条件的付款承诺，属于银行信用。

由此可见，信用证是开证银行对受益人的一种保证，只要受益人履行信用证所规定的条件，即受益人只要提交符合信用证所规定的各种提单，开证行就保证付款。因此，在信用证支付方式下，开证行成为第一付款人，故属于银行信用。

（2）信用证的特点。信用证的特点是“一个原则，两个凭证”。“一个原则”就是严格相符的原则。“两个凭证”是指银行只凭信用证，不问合同；只凭单据，不管货物。

银行信用一般比商业信用可靠，故信用证支付方式与恢复及托收方式比较，具有不同的特点，信用证支付方式的特点，主要表现在下列三个方面：

①信用证付款是一种银行信用。是由开证行以自己的信用作出付款的保证。在

信用证付款的条件下，银行处于第一付款人的地位。《UCP600》规定，信用证是一项约定，按此约定，根据规定的单据在符合信用证条件的情况下，开证银行向受益人或其指定人进行付款、承兑或议付。信用证是开证行的付款承诺。因此，开证银行是第一付款人。在信用证业务中，开证银行对受益人的责任是一种独立的责任。

②信用证是独立于合同之外的一种自足的文件。信用证的开立以买卖合同作为依据，但信用证一经开出，就成为独立于买卖合同之外的另一种契约，不受买卖合同的约束。《UCP600》规定，信用证与其可能依据的买卖合同或其他合同，是相互独立的交易。即使信用证中提及该合同，银行也与该合同无关，且不受其约束。所以，信用证是独立于有关合同之外的契约，开证行和参与信用证业务的其他银行只按信用证的规定办事。因此，一家银行作出付款、承兑并支付汇票或议付或履行信用证项下其他义务的承诺，不受申请人与开证行或与受益人之间在已有关系上产生索偿或抗辩的制约。受益人在任何情况下，不得利用银行之间或申请人与开证行之间的契约关系。

③信用证项下付款是一种单据买卖。在信用证方式之下，实行的是凭单付款的原则。《UCP600》规定："在信用证业务中，各有关方面处理的是单据，而不是与单据有关的货物、服务或其他行为。"所以，信用证业务是一种纯粹的单据业务。银行虽有义务"合理小心地审核一切单据"，但这种审核，只是用以确定单据表面上是否符合信用证条款，开证银行只根据表面上符合信用证条款的单据付款。因此，银行对任何单据的形式、完整性、准确性、真实性以及伪造或法律效力，或单据上规定的或附加的一般和特殊条件概不负责。在信用证条件下，实行严格符合的原则，不仅要做到"单证一致"（受益人提交的单据在表面上与信用证规定的条款一致），还要做到"单单一致"（受益人提交的各种单据之间的表面上一致）。

思 考

资料：我国某出口企业与加拿大A客户签订出口合同，我方出口节能灯5瓦5000支、8瓦5000支。A客户开立信用证，我方业务员收到信用证后，发现信用证规定节能灯5瓦4000支、8瓦8000支、10瓦3000支。

讨论：我方业务员应该如何处理这单业务？为什么？

（3）信用证的作用。采用信用证支付方式，给进出口双方以及银行都带来一定的好处。信用证在国际贸易结算中的作用，主要表现在以下几点。

对出口商的作用：

①保证出口商凭单取得货款。信用证支付的原则是单证严格相符，出口商交货后

提交的单据，只要做到与信用证规定相符，“单证一致，单单一致”，银行就保证支付货款。在信用证支付方式下，出口商交货后不必担心进口商到时不付款，而是由银行承担付款责任，这种银行信用要比商业信用可靠。因此，信用证支付为出口商收取货款提供了较为安全的保障。

②使出口商得到外汇保证，在进口管制和外汇管制严格的国家，进口商要向本国申请使用外汇并得到批准后，方能向银行申请开证，出口商如能按时收到信用证，说明进口商已得到本国外汇管理当局使用外汇的批准，因而可以保证出口商履约交货后，按时收取外汇。

③可以取得资金融通。出口商在交货前，可凭进口商开来的信用证做抵押，向出口地银行打包贷款（Packing Credit），用以收购、加工、生产出口货物和打包装船；或出口商在收到信用证后，按规定办理货物出运，并提交汇票和信用证规定的各种单据，叙作押汇取得货款，这是出口地银行对出口商提供的资金融通，从而有利于出口商资金周转，扩大出口。

对进口商的作用：

①可保证取得代表货物的单据。在信用证方式下，开证行、付款行、保兑行的付款及议付行货款都要求做到单证相符，都要对单据表面的真伪进行审核。因此，可以保证进口商收到的是代表货物的单据，特别是作为物权凭证的提单。

②保证按时、按质、按量收到货物。进口商申请开证时可以通过控制信用证条款来约束出口商交货的时间、交货的品质和数量，如在信用证中规定最迟的装运期限以及要求出口商提交由信誉良好的公证机构出具的品质、数量或重量证书等，以保证进口商按时、按质、按量收到货物。

③提供资金融通。进口商在申请开证时，通常要交纳一定的押金，如开证行认为进口商信用较好，进口商就有可能在少交或免交部分押金的情况下履行开证义务。如采用远期信用证，进口商还可以凭信托收据（Trust Receipt）向银行借单，先行提货、转售，到期再付款，这就为进口商提供了资金融通的便利。

对银行的作用：

开证行接受进口商的开证申请，即承担开立信用证和付款的责任，这是银行以自己的信用作出的保证，以银行信用代替了进口商的商业便利。此外，在信用证业务中，银行每做一项服务均可取得各种受益，如开证费、议付费、保兑费、修改费等各种费用。因此，承办信用证业务是各银行的业务项目之一。在国际贸易结算中，信誉良好、作风正派的银行以其高质量的服务，促进了信用证业务的发展。

2. 信用证涉及的当事人

信用证支付方式涉及的当事人较多，通常有以下几个：

(1) 开证申请人。开证申请人（Applicant，Opener）是指向银行申请开立信用证的人，即进口商或实际买主，在信用证中又称开证人。如由银行自己主动开立信用证，则此种信用证所涉及的当事人中没有开证申请人。

(2) 开证银行。开证银行（Opening /Issuing Bank）是指接受开证申请人的委托，开立信用证的银行，它承担保证付款的责任。开证行一般是进口商所在地银行。

(3) 通知银行。通知银行（Advising/Notifying Bank）是指受开证行的委托，将信用证转交出口商的银行。它只鉴别信用证的表面真实性，不承担其他义务。通知银行是出口商所在地银行。

(4) 受益人。受益人（Beneficiary）是指信用证上所指定的有权使用该证的人，即出口商或实际供货商。

(5) 议付银行。议付银行（Negotiating Bank）是指根据开证行的授权买入或贴现受益人开立和提交的符合信用证规定的汇票或单据的银行。议付银行可以是指定的银行，也可以是非指定的银行，由信用证条款来规定。

(6) 付款银行。付款银行（Paying Bank）是指开证行指定代行信用证项下付款或充当汇票付款人的银行，一般是开证行，也可以是它指定的另一家银行，这要根据信用证条款的规定来决定。

(7) 保兑银行。保兑银行（Confirming Bank）是指根据开证银行的请求在信用证上加具保兑的银行。保兑银行在信用证上加具保兑后，即对信用证独立负责，承担必须付款或议付的责任。保兑银行具有与开证银行相同的责任和地位。保兑银行可以由通知银行兼任，也可由其他银行加具保兑。

(8) 偿付银行。偿付银行（Reimbursing Bank）又称清算银行，是指接受开证银行的指示或授权，代开证银行偿还垫款的第三国银行，即开证银行指定的对议付行或代付行进行偿付的代理人。偿付银行的出现，往往是由于开证银行的资金调度集中在该第三国银行的缘故，要求该银行代为偿付信用证规定的款项。

信用证参考样例（一）

(本证) 由华盛顿中国银行转递。

“ZHUNGKRO” 广州

广东中国银行

2011 年 3 月 5 日广州

兹开立第 987 号不可撤销的信用证

受益人：ABC

开证人：广州市中国×××进出口公司

最高金额：USD8000000（捌佰万美元，溢交或短交货物金额以5%为限）

本信用证凭受益人开具以我行为付款人按发票金额100%计算无追索权的即期汇票用款，该汇票一式两份，并须附有下列写上数字的装运单据：

（1）全套清洁无疵，“货已装船”，“运费预付”，空白抬头、空白背书的海洋提单，并须注明“通知目的港中国对外贸易运输公司”。

（2）发票（一式五份），注明合同号码。

（3）重量单/装箱单，一式两份，载明每箱毛重和净重。

（4）制造商出具的品质、数量/重量证明书两份。

（5）受益人出具的证明书，证明上述各单据的另外四份已经分发如下：

一套已与货物一起，随船带交目的港中国对外贸易运输公司；一套已航空邮寄交开证人；另外两套已航空邮寄交目的港中国对外贸易运输公司。此项单据均已在载货船只起程后5天内付邮。

证明装运：800公吨（允许溢交或短交以5%为限），每公吨净重为1000千克的四甲基吡啶，纯度98%~99%，净重每千克1美元C&F广州港，包装费在内。

生产国别：美国

制造厂商：×××有限公司

包装：货物用适宜海运的新铁桶装。自英国口岸运往新港。不得分批装运。准许转船，但须交联运提单。装运日期不得晚于2011年4月30日并须由“和平轮”装运。本证在伦敦议付有效期截至2011年5月10日。所有根据本证开具的汇票须注明“根据北京中国银行总管理处营业部第846号信用证出具”。本行兹向根据本证并按照本证内条款开出汇票的出票人、背书人和合法持有人保证，在单据提交本行办公室时，本行即以电汇方式承兑该汇票。所有根据本证议付的汇票金额必须在本证背面批注。

单据处理办法：本证条件之一是，所有单据应分两次连续以航空邮寄交本行。第一次邮寄包括所有各项单据，但某项单据不止一份者，则留下一份由第二次邮寄。本行一旦收到此证要求的各项单据，并审核无误后，即刻以即期电汇方式偿付。请将此证通知受益人。

特别提示：

（1）本证在通知行见到受益人提交的有关出口许可证后，才开始生效。

（2）必须提交船舶代理人（海运代理人）出具的证明书，证明载运船只系由北京中国对外贸易运输公司或中国北京租船公司所租用或预订（需要此项单证时，租船提单可予接受)。

(3) 必须提交轮船公司出具的预订航程表，表明载运船只在到达本证指定目的港以前，不经过也不停靠中国台湾的任何口岸。

信用证参考样例（二）

FROM：THE ROYAL BANK OF CANADA

1052 WEST GEORGLA STREET，VANCOUVER，B. C. V6E 383

TELEX NO：4702581

TO：BANK OF CHINA TIANJIN BRANCH

123 JIEFANG BEILU，TIANJIN，CHINA

IRREVOCABLE DOCUMENTARY CREDIT NO. 00/0510 – FC

DATE OF ISSUE：25 – 5 – 2011

EXPIRY DATE AND PLACE：JUNE 30TH，2011 IN CANADA

APPLICANT：JAMES & SONS CO.

#304 – 7 JALAN STREET，TORONTO，CANADA

BENEFICIARY：TIANJIN SHANGSHI IMPORT & EXPORT CORP.

10 GEXIN ROAD，TIANJIN，CHINA

AMOUNT：US＄226800. 00（US DOLLARS TWO HUNDRED TWENTY – SIX THOUSAND EIGHT HUNDRED ONLY.）

AVAILABLE WITH：ANY BANK

BY：NEGOTIATION OF BENEFICIARY'S DRAFT（S）AT 30 DAYS' SIGHT DRAWN ON US ACCOMPANIED BY THE FOLLOWING DOCUMENTS：

SIGNED COMMERCIAL INVOICE IN 3 COPIES

PACKING LIST IN 3 COPIES SHOWING THE INDIVIDUAL WEIGHT AND MEASUREMENT OF EACH PACKAGE

ORIGINAL CERTIFICATE OF ORIGIN IN 3 COPIES ISSUED BY THE CHAMBER OF COMMERCE

FULL SET CLEAN ON BOARD OCEAN BILLS OF LADING SHOWING FREIGHT PREPAID CONSIGNED TO ORDER OF THE ROYAL BANK OF CANADA NOTIFY APPLICANT

INSURANCE POLICY OR CERTIFICATE FOR 110 PERCENT OF INVOICE VALUE COVERING ALL RISKS AND WAR RISKS AS PER AND SUBJECT TO OCEAN MARINE CARGO CLAUSES AND OCEAN MARINE CARGO WAR RISKS CLAUSES OF THE PEOPLE'S INSURANCE COMPANY OF CHINA DATED 1/1/1981.

BENEFICIARY'S CERTIFICATE CERTIFYING THAT EACH COPY OF SHIPPING DOCUMENTS HAS BEEN FAXED TO THE APPLICANT WITHIN 48 HOURS AFTER SHIPMENT

PARTIAL SHIPMENTS：PERMITTED

TRANSSHIPMENTS：PERMITTED

SHIPMENT FROM：TIANJIN，CHINA

TO：TORONTO，CANADA

NOT LATER THAN：JUNE 30TH，2011

COVERING SHIPMENT OF：720 SETS OF GREAT WALL BRAND COLOUR TELEVISION SETS

DOCUMENTS MUST BE PRESENTED WITHIN 15 DAYS AFTER SHIPMENT，BUT WITHIN VALIDITY OF THE LETTER OF CREDIT.

SPECIAL INSTRUCTIONS：

ALL BANKING CHARGES OUTSIDE CANADA ARE FOR ACCOUNT OF BENEFICIARY

ALL GOODS MUST BE SHIPPED IN FOUR 20 "CY TO CY" CONTAINER AND B/L SHOWING THE SAME

THE VALUE OF FREIGHT REPAID HAS TO BE SHOWN ON BILLS OF LADING

DRAFT MUST BE MARKED AS BEING DRAWN UNDER THIS CREDIT AND BEAR ITS NUMBER

WE HEREBY AGREE WITH THE DRAWERS ENDORSERS AND BONAFIDE HOLDER THAT ALL DRAFTS DRAWN UNDER AND IN COMPLIANCE WITH THE TERMS OF THIS CREDIT SHALL BE DULY HONORED UPON PRESENTATION

THIS CREDIT IS SUBJECT TO THE UNIFORM CUSTOMS AND PRACTICE FOR DOCUMENTARY CREDITS 1993 REVISION BY THE INTERNATIONAL CHAMBER OF COMMERCE PUBLICATION NO 600

3. 信用证的种类

信用证从其性质、用途、期限、流通方式等不同角度，可分为以下几种。

（1）跟单信用证和光票信用证。这是按信用证项下是否随附货运单据划分的。

①跟单信用证（Documentary Credit），指凭跟单汇票或仅凭单据付款的信用证。由于货运单据代表着货物的所有权，控制单据就意味着控制了货物，国际贸易结算中使用的信用证绝大部分是跟单信用证。

②光票信用证（Clean Credit），指凭不附货运单据的汇票付款的信用证。

（2）可撤销信用证和不可撤销信用证。这是按开证行对所开立的信用证所负的责任划分的。

①可撤销信用证（Revocable L/C），是在《跟单信用证统一惯例》（UCP500）之前的《跟单信用证统一惯例》中规定的一种开证行对所开信用证不必征得受益人同意，有权随时修改或撤销的信用证。但《UCP600》中明确规定，“信用证是不可撤销的，即使信用证中对此未做指示也是如此”。因此，按《UCP600》规定开出的信用证都是不可撤销信用证。

②不可撤销信用证（Irrevocable L/C），指信用证一经开出，在有效期内，除非经信用证有关当事人同意，开证行不能片面修改或撤销的信用证。其具有不可撤销性，是指自开立信用证之日起，开证行就受到其条款和承诺的约束。如果撤销或修改，在受益人向通知修改的银行表示接受该修改之前，原信用证的条款对受益人依然有效。当然，在征得开证行、保兑行和信用证受益人同意的情况下，即使是不可撤销信用证，也是可以撤销和修改的。由于不可撤销信用证对受益人较有保障，所以在国际贸易结算中使用最多。

（3）保兑信用证和不保兑信用证。这是从信用证是否有另一家银行对之加以保证兑付货款的角度划分的。

①保兑信用证（Confirmed Credit），指开证行开出信用证以后，再由另一家在开证行之外的银行做出承付或议付“相符单据”的确定承诺。对信用证加具保兑的银行称为保兑行。保兑行一经保兑，就和开证行一样承担付款责任。所以，保兑信用证是一种双重保证的信用证，对出口方安全收汇是非常有利的。

②不保兑信用证（Unconfirmed Credit），是未经保兑的信用证，即一般的信用证。

（4）即期信用证和承兑信用证。这是根据付款期限的不同划分的。

①即期信用证（Sight Credit），是开证行或付款行收到符合信用证条款的汇票和单据后，立即履行付款义务的信用证。

②承兑信用证（Acceptance Credit），是开证行或付款行收到符合信用证的单据时，不立即付款，而是等到汇票到期日履行付款义务的信用证。

（5）可转让信用证与不可转让信用证。这是按受益人对信用证权利可否转让划分的。

①可转让信用证（Transferable Credit），指开证行授权通知行在受益人要求下，可将信用证的全部或一部分金额转让给一个或数个第二受益人，即受让人。凡可转让信用证，必须注明“可转让”（Transferable）字样。如无此注明，则被视为不可转让信用证。

②不可转让信用证（Nontransferable Credit），指受益人不得将所持信用证的权利转让给任何人的信用证。

（6）循环信用证。当买卖合同的交易数量较大，需要在较长的一段时间内分期分批交货时，如分批开证，不但会增加买方的开证费用，而且卖方不能获得收取全部货款的银行保证。对此种交易，可使用循环信用证。

循环信用证（Revolving Credit）指受益人在一定时间内使用完规定的金额后，可以重新恢复信用证原金额再度使用，直至达到规定的时间、次数或余额为止的信用证。它与一般信用证的不同之处在于它可以多次循环使用，而一般信用证在使用后即告失效。循环信用证可分为两种：按时间循环使用的循环信用证；按金额循环使用的循环信用证。循环信用证主要用于长期或较长期内分批交货的供货合同。使用这种信用证，买方可节省开证押金和逐单开证的手续及费用，卖方也避免了等证、催证、审证的麻烦，因而有利于买卖双方业务的开展。

（7）对背信用证。对背信用证（Back to Back Credit），又称背对背信用证，指中间商收到进口方开来的信用证后，要求该证的通知行或其他银行以原证为基础另开立一张内容近似的新证给供货人，另开的新证称为对背信用证。

（8）对开信用证。在以一种出口货物交换另一种进口货物，货款需要逐笔平衡时，交易双方互相开立的信用证为对开信用证（Reciprocal Credit）。当交易双方进行互有进出口和互有关联的对等交易时，可使用对开信用证，即双方都对其进口部分向对方开出信用证。对开信用证的特点是两张信用证互相联系、互相约束、互为条件。任何一张信用证的开证人和受益人分别为另一张信用证的受益人和开证人；任何一张信用证的开证行通常就是另一张信用证的通知行；两证的金额大致相等；两证往往同时生效。对开信用证多用于易货贸易、补偿贸易和来料加工、来件装配等业务。

（9）预支信用证。预支信用证（Anticipatory Credit，Prepaid Credit），是开证行授权付款行，允许出口商在装货交单前支取全部或部分货款的信用证。这种信用证与其他信用证相反，是受益人收款在前而交单在后。等货运单据交到后，付款行再扣除预交货款本息。为引人注目，这种预交货款的条款常用红字打出，习惯称为“红字条款信用证”。不过，现在信用证的预支条款并非都用红字表示，但效力相同。

（10）备用信用证。备用信用证（Stand by L/C），是代表开证行对受益人承担一项义务的凭证。备用信用证是一种特殊形式的信用证，实际上是银行保证函性质的支付承诺：支付债务人承担的负债；债务不履约时负责偿付。备用信用证是美国创造的，是在债务上违约时使用的信用证。在备用信用证中，开证行保证在开证申请人未能履行其应履行的义务时，受益人只要凭备用信用证的规定向开证行开具汇票，并随附开证申请人未履行义务的声明或证明文件即可得到开证行偿付。

备用信用证有如下性质：

①不可撤销性。除非在备用信用证中另有规定，或者经对方当事人同意，否则开证人不得修改或撤销其在该备用信用证项下的义务。

②独立性。备用信用证项下开证人义务的履行并不取决于：开证人从申请人那里获得偿付的权利和能力；受益人从申请人那里获得付款的权利；备用信用证中对任何偿付协议或基础交易的援引；开证人对任何偿付协议或基础交易的履约或违约的了解与否。

③跟单性。开证信用人的义务要取决于单据的提示，以及对所要求单据的表面审查。

④强制性。备用信用证在开立后即具有约束力，无论申请人是否授权开立，开证人是否收取了费用，或者受益人是否收到或因信赖备用信用证或修改而采取了行动，它对开证行都是有强制性的。

（11）即期或延期付款信用证、承兑信用证和议付信用证。即期或延期付款信用证（Payment Credit）、承兑信用证（Acceptance Credit）、议付信用证（Negotiation Credit），分别是指采用即期或延期付款、承兑、议付来使用信用证金额的信用证。

①即期付款信用证（Sight Payment Credit）指信用证规定受益人开立即期汇票或不需即期汇票仅凭单据即可向指定银行提示请求付款的信用证。付款行付款后无追索权。

②延期付款信用证（Deferred Payment Credit）指不需汇票，仅凭受益人交来单据，审核相符，指定银行承担延期付款责任起，延长一段时间，直至到期日付款的信用证。

在业务处理上，延期付款信用证与承兑信用证类似，所不同的是受益人不需要出具汇票，只需将符合信用证规定的单据交到指定银行；指定银行在验单无误后收入单据，待信用证到期再行付款。

延期付款信用证由于没有汇票，也就没有银行承兑，对受益人来说明显的不利之处在于无法像承兑信用证那样去贴现银票。如果受益人急需资金而向银行贷款，银行贷款利率比贴现率高，可见不利于企业对资金的利用。

③承兑信用证指信用证规定开证行对受益人开立以开证行自己为付款人或以其他银行为付款人的远期汇票，在审单无误后，应承担承兑汇票并于到期日付款责任的信用证。

④议付信用证指议付行议付或购买受益人在信用证项下交来的汇票或单据，只要这些汇票、单据与信用证条款相符，就将被开证行正当付款，这种信用证即为议付信用证。

双到期信用证

有的信用证规定的最迟装运期和信用证的有效期是同一天，这就是所谓的“双到期”，为保证有足够的改单、交单时间，一般应提前10天左右装运。如果信用证没有规定交单期，应在提单日后的21天内且在信用证有效期前交单。

4. 信用证的业务程序

信用证的一般业务流程如图7－8所示。

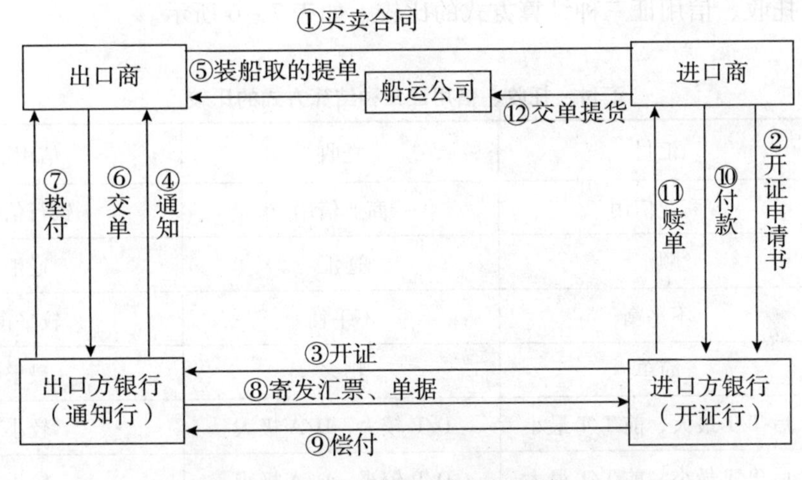

图7－8　信用证的业务流程

（1）买卖双方在贸易合同中规定使用信用证支付①。

（2）买方通知当地银行（开证行）开立以卖方为受益人的信用证。并向开证行递交开证申请书，约定信用证内容，并支付押金或提供保证人②。

（3）开证行接受开证申请书后，根据申请开立信用证，正本寄给通知行，指示其转递或通知出口商③。

（4）由通知行转递信用证或通知出口方信用证已开立④。

（5）出口商认真核对信用证是否与合同相符，如果不符，可要求进口商通过开证行进行修改待信用证无误后，出口商根据信用证备货、装运、开立汇票并缮制各类单据，船运公司将装船的提单交予出口商；即装运货物⑤。

（6）卖方将单据向指定银行提交。该银行可能是开证行，或是信用证内指定的付款、承兑或议付银行⑥。

（7）该银行按照信用证审核单据。如单据符合信用证规定，银行将按信用证规定进行支付、承兑或议付⑦。

（8）开证行以外的银行将单据寄送开证行⑧。

（9）开证行审核单据无误后，以事先约定的形式，对已按照信用证付款、承兑或议付的银行偿付⑨。

（10）进口方付款赎单，如发现不符，可拒付款项并退单。进口人发现单证不符，也可拒绝赎单⑩。

（11）开证行将单据交予进口商⑪。

（12）进口商凭单据提货⑫。

5. 信用证与汇付、托收的比较

汇付、托收、信用证三种结算方式的比较，如表 7－6 所示。

表 7－6　　汇付、托收、信用证三种结算方式的比较

比较内容	汇付	托收	信用证
信用性质	商业信用	商业信用	银行信用
付款方向	顺汇	逆汇	逆汇
资金负担	不平衡	不平衡	较平衡
手续繁简	简单	稍多	最繁
卖方风险	后 T/T 最大，前 T/T 最小	D/P 较大，D/A 极大	较小
买方风险	后 T/T 最小，前 T/T 最大	D/P 较小，D/A 极小	较小
银行收费	较低	较高	最高
使用汇票	信汇和电汇不使用汇票，票汇大多数使用即期银行汇票	一般使用出口方开立的以进口方为受票人的商业汇票	一般使用出口方开立的以开证行为受票人的商业汇票

四、其他结算方式

1. 银行保函

在国际贸易中，当一方担心对方不履行合同义务，需要银行出具保证文件而又不宜使用信用证方式时，往往要求对方通过银行开具银行保函或备用信用证。银行保函和备用信用证都是建立在银行信用之上，通常使用于期限较长、金额较大、交易条件比较复杂的项目，而且不仅适用于货物买卖，也适用于承包工程项目、融资等一切有关国际经济交往的业务中。由于目前国际经济往来中使用最多的是银行保函，所以是

在此主要介绍银行保函的运作实务。

（1）银行保函的含义。银行保函（Letter of Guarantee，L/G）又称银行保证书，是指银行或其他金融机构应交易（贸易项下，合约关系）一方当事人的要求，向交易的另一方开出的、为保证该当事人交易项下责任或义务的履行而作出的在一定期限内承担一定金额支付责任或经济赔偿责任的书面付款保证承诺。当申请人未能履行其所承诺的义务时，银行负有向受益人赔偿经济损失的责任。为区别于其他金融机构公司、保证公司、信托公司、金融公司等所开的保函，由银行开立的保函，称为银行保函。

（2）银行保函的当事人。银行保函有三个基本当事人：申请人、担保行和受益人。

①申请人（Applicant），又称委托人（Principal）、被保证人，是要求银行开立保函的一方。

②担保行（Guarantor Bank），是根据申请人的请求，开立保函的银行。

③受益人（Beneficiary），是接受保函，并且当申请人未履行合同义务时有权向担保行提出索赔的一方。

除了以上三个基本当事人之外，银行保函还有可能涉及转递行、保兑行和转开行等其他当事人。

（3）银行保函的种类。银行保函根据不同用途，可分为多种，但概括起来主要有投标保函和履约保函两种。

①投标保函（Tender L/G），是在工程项目进行招标时担保银行应投标人（申请人）的请求，向招标人（受益人）出具的保函，保证投标人在开标前不得中途撤销投标或片面修改投标条件，中标后按时与招标人签订合同并提交履约保函或交付履约保证金。否则，担保银行负责赔偿招标人一定金额的损失。投标保函的金额一般为投标报价的1% ~5%。

②履约保函（Performance L/G），是银行应申请人的请求，向受益人开立的保证申请人履行某项合同项下义务的书面保证文件。在保函有效期内如发生申请人违反合同的情况，银行将根据受益人的要求向受益人赔偿保函规定的金额。履约保函的适用范围很广泛，不仅用于一般的进出口贸易，而且还用于工程项目建设、国际租赁、技术贸易、对外加工贸易和补偿贸易等。履约保函的担保金额一般为合同金额的5% ~10%。

在进出口贸易中，履约保函又分为进口保函和出口保函两种。

①进口保函（Import L/C），是银行应进口商的申请，开给出口商的信用文件，保证出口商按交易合同交货后进口商一定如期付款，否则由担保行负责偿付一定金额的款项。

②出口保函（Export L/G），是银行应出口商的申请开给进口商的保证文件，保证

出口商按约履行交货义务，如出口商未能交货，担保行负责赔偿进口商一定金额。这种银行保函又可称作还款保函。

（4）银行保函与跟单信用证的区别。

①跟单信用证主要用于贸易货款的结算；银行保函既可用作货款结算工具，又可用于其他各种信用担保。

②跟单信用证的支付在正常情况下是必然发生的；银行保函的支付具有偶然性。

③跟单信用证一概独立于贸易合同；银行保函却未必独立于基础合约。

④跟单信用证的开证行负有第一性的付款责任；银行包含的担保行未必负有第一性的付款责任。

⑤跟单信用证的交单地点可以是议付行、代付行或保兑行所在地，有多种款项的支付方式，并可作为融资工具使用；银行保函只能向担保行索偿或索赔，其到期地点只能是担保行所在地。

2. 国际保理

随着国际贸易买方市场的普遍形成，贸易竞争已发展到了付款条件方面，越来越多的进口商拒绝使用信用证方式，使得出口商不得不更多地依赖于托收和赊销方式结算货款，从而加重了出口商的商业风险和资金负担。为了帮助出口商减少风险和获得资金融通的方便，一种新的支付方式——国际保理业务（International Factoring）应运而生。

国际保理业务主要包括以下几方面的内容：

①对进口商进行资信调查及评估，并对其确定一个合理的信用额度。

②代收账款并负责账务管理，保理商买断出口商的票据，所有应收账款的催收和账务管理的责任由保理商承担。

③风险担保，又称坏账担保，即在进口商信用额度内所有风险均由保理商承担，如进口商在付款到期日拒付或无力付款，由进口保理商在一定期限内无条件地支付不超过其核定信用额度的货款。

五、付款方式的选用及合同中结算条款的表述

以上我们介绍了汇付、托收、信用证、银行保函、国际保理 5 种国际贸易结算方式，在具体的某一项进出口交易中可以根据实际情况选用其中的一种方式，也可以将两种以上的方式结合起来使用，同时还要在合同条款中正确地表述。

1. 付款方式的选用

在出口业务中，一般情况下使用即期信用证，收汇比较迅速、安全，如果采用延期付款信用证，计算价格时应将利息因素考虑在内。为了促进某些货物对外成交，对某些

地区资信良好的客户，可用付款交单（D/P）托收方式，以适应市场特点，扩大销售。对某些积压货物或库存较大又急于处理的货物，必要时可采用承兑交单（D/A）托收方式。当然，如有条件，把付款交单或承兑交单与保理业务结合起来，是最佳的选择。

在进口业务中，可以使用信用证、托收、汇款和银行保函，对于成交金额大的应争取使用托收方式，也可以使用银行保函，但应尽量减少使用即期信用证。

权衡各种付款方式的利弊，对于成交金额较大的交易，可有 3 种做法：信用证与汇付结合、信用证与托收结合、汇付与银行保函或信用证结合。

（1）信用证与汇付结合。信用证与汇付结合是指一笔交易的货款，部分用信用证方式支付，余额用汇付方式结算。这种结算方式的结合形式常用于允许其交货数量有一定机动幅度的某些初级产品的交易。对此，经双方同意，信用证规定凭装运单据先付发票金额或在货物发运前预付金额若干成，余额待货到目的地（港）后或经再检验实际数量后用汇付方式支付。使用这种结合形式，必须首先订明采用的是何种信用证和何种汇付方式，以及按信用证支付金额的比例。

（2）信用证与托收结合。信用证与托收结合是指一笔交易的货款，部分用信用证方式支付，余额用托收方式结算。这种结合形式的具体做法通常是：信用证规定受益人（出口人）开立两张汇票，属于信用证项下的部分货款凭光票支付，而其余额则将货运单据附在托收的汇票项下，按即期或远期付款交单方式托收。这种做法对出口方收汇较为安全，对进口方则可减少垫付资金，易为双方接受。但信用证必须订明信用证的种类和支付金额以及托收方式的种类，也必须订明“在全部付清发票金额后方可交单”的条款。

思考

资料：某国 A 公司与我方公司洽谈一笔交易，其他条款均已取得一致意见，唯独支付条款我方坚持以不可撤销的即期信用证付款，对方坚持 D/P 即期，为达成交易，双方各作让步，最后以 L/C 即期与 D/P 即期各 50% 约定。

讨论：货物出运后，货运单据和汇票该如何处理？

（3）汇付与银行保函或信用证结合。汇付与银行保函或信用证结合使用的形式常用于成套设备、大型机械和大型交通运输工具（飞机、船舶等）等货款的结算。这类产品交易金额大、生产周期长，往往要求买方以汇付方式预付部分货款或定金，其余大部分货款则由买方按信用证规定或加开保证函分期付款或延期付款。

此外，还有汇付与托收结合、托收与备用信用证或银行保证函结合等形式，我们在开展对外经济贸易业务时，可酌情而定。

2. 合同中结算条款的表述

合同中的支付条款是根据采用的结算方式来确定的。不同的结算方式，合同中规定支付条款的内容也不一样。

（1）汇款方式的规定方法。采用汇款方式时，应在合同中明确规定汇款的办法、汇款时间、汇款金额和汇款途径等。例如，“The Buyers shall pay 50% of the sales proceeds in advance by M/T to reach the Sellers not later than April 30th，2016.”（买方应不迟于2016年4月30日将50%的货款用信汇预付给对方。）

（2）托收方式的规定方法。采用托收方式时，应在合同中明确规定托收种类、进口方的承兑和（或）付款责任以及期限等。

①即期付款交单的规定方法。例如，合同中规定：“Upon first presentation the Buyers shall pay against documentary draft drawn by the Sellers at sight. The shipping documents are to be delivered against payment only.”（买方应凭卖方开具的即期跟单汇票于见票时立即付款，付款后交单。）

②远期付款交单的规定方法。例如，合同中规定：“The Buyers shall duly accept the documentary draft drawn by the Sellers at... days upon first presentation and make payment on its maturity. The shipping documents are to be delivered against payment only.”（买方对卖方开具的见票后××天付款的跟单汇票，于提交时应即承兑，并应于汇票到期日即予付款，付款后交单。）

③承兑交单的规定方法。例如，合同中规定：“The Buyers shall duly accept the documentary draft drawn by the Sellers at... days upon first presentation and make payment on its maturity. The shipping documents are to be delivered against acceptance only.”（买方对卖方开具的见票后××天付款的跟单汇票，于提交时应即承兑，并应于汇票到期日即予付款，承兑后交单。）

（3）信用证方式的规定方法。采用信用证方式时，应在合同中明确规定信用证种类、开证日期、信用证有效期和议付地点等。

①即期信用证的规定方法。例如，在合同中规定：“The Buyers shall open through a bank acceptable to the Sellers an Irrevocable Sight Letter of Credit to reach the Sellers... days before the month of shipment，valid for negotiation in China until 15th after shipment.”（买方应通过卖方所接受的银行于装运月份前××天开立并送达卖方的不可撤销即期信用证，有效期至装运后15天在中国议付。）

②延期付款信用证的规定方法。例如，合同中规定：“The Buyers shall open through a bank acceptable to the Sellers an Irrevocable Sight Letter of Credit available by payment after sight to reach the Sellers... days before the month of shipment，valid for negotiation in China until 15th after shipment.”（买方应通过卖方所接受的银行于装运月份前××天开立送达卖方不可撤销见面后××天付款的信用证，有效期至装运后15天在中国议付。）

（4）部分信用证、部分托收的规定方法。采用部分信用证、部分托收方式时，应注意有关装运单据必须全部随附于托收方式项下的汇票，待全部货款收妥后，银行才能将单据交给买方。例如，合同中规定："The Buyers shall open through a bank acceptable to the Sellers an L/C to reach the Sellers... days before the month of shipment, stipulating that 80% of the invoice value available against clean draft at sight while the remaining 20% on D/P at sight. The full set of the shipping documents of 100% invoice value shall accompany the collection item and shall only be released after full payment of the invoice value. If the Buyers fail to pay full invoice value, the shipping documents should be held by the issuing bank at the Sellers disposal.”（买方应通过卖方所接受的银行于装运月份前××天开立以卖方为受益人的即期信用证，规定80%发票金额凭即期光票支付，其余20%即期付款交单。100%发票金额的全套装运单据随附托收项下，于买方付清发票的全部金额后交单。如买方不付清全部发票金额，则装运单据须由开证行掌握，凭卖方指示处理。）

知识巩固

一、单项选择题

1. 某银行签发一张汇票，以另一家银行为受票人，则这张汇票是（　　）。

A. 商业汇票　B. 银行汇票　C. 商业承兑汇票　D. 银行承兑汇票

2. 某公司签发一张汇票，上面注明“at 90 days after sight”，则这是一张（　　）。

A. 即期汇票　B. 远期汇票　C. 光票　D. 跟单汇票

3. 当信用证条款与买卖合同规定不一致时，受益人可以要求（　　）。

A. 开证行修改　B. 开证申请人修改　C. 通知行修改　D. 自行修改

4. 在汇票的使用过程中，使汇票在一切债务终止的环节是（　　）。

A. 提示　B. 承兑　C. 背书　D. 付款

5. 在信用证结算方式下，汇票的受款人通常的抬头方式是（　　）。

A. 限制性抬头　B. 指示性抬头　C. 持票人抬头　D. 来人抬头

6. 在我国实际出口业务中，出口公司开出的汇票在信用证结算方式下出票条款应填写（　　）。

A. 合同号码及签订日期　B. 发票号码及签发日期

C. 提单号码及签发日期　D. 信用证号码及出证日期

7. 属于顺汇方法的支付方式是（　　）。

A. 汇付　　B. 托收　　C. 信用证　　D. 银行保函

8. 信用证上如未明确付款人，则制作汇票时，受票人应为（　　）。

A. 开证申请人　B. 开证行　　C. 议付行　　D. 通知行

9. 接受汇出行的委托将款项解付给收款人的银行是（　　）。

A. 托收银行　　B. 汇入行　　C. 代收行　　D. 转递行

10. 通过汇出行开立银行汇票的转移实现货款支付的汇付方式是（　　）。

A. 电汇　　B. 信汇　　C. 票汇　　D. 银行转账

11. 备用信用证是（　　）。

A. 跟单信用证的一种

B. 一种特殊形式的光票信用证

C. 既可是跟单信用证，又可是光票信用证

D. 既不是跟单信用证，也不是光票信用证

12. 付款方式为信用证和D/P即期各半，为收汇安全起见，应在合同中规定（　　）。

A. 开两张汇票，各随附一套等价的货运单据

B. 开两张汇票，托收项下的为光票，全套货运单据随附于信用证的汇票项下

C. 开两张汇票，信用证项下的为光票，全套货运单据随附于托收的汇票项下

D. 开两张汇票，全套货运单据另行寄发

13. 托收方式中使用的汇票是（　　）。

A. 银行汇票，属于银行信用　　B. 商业汇票，属于商业信用

C. 商业汇票，属于银行信用　　D. 银行汇票，属于商业信用

14. 承兑交单方式下开立的汇票是（　　）。

A. 即期汇票　　B. 远期汇票　　C. 银行汇票　　D. 银行承兑汇票

15. 在国际贸易中，用以统一解释、调和信用证各有关当事人矛盾的国际惯例是（　　）。

A.《托收统一规则》　　B.《UCP600》

C.《合约保证书统一规则》　　D.《联合国国际货物销售合同公约》

二、多项选择题

1. 国际货款收付在采用非现金结算时的支付工具是（　　）。

A. 货币　　B. 支票　　C. 汇票　　D. 本票

2. 一张汇票，可以是一张（　　）。

A. 即期汇票　　B. 跟单汇票　　C. 商业汇票　　D. 银行承兑汇票

3. 汇票抬头的方法有3种，具体有（　　）。

A. 限制性抬头　　B. 指示性抬头　　C. 记名抬头　　D. 持票人或来人抬头

4. 一张汇票是否有效，按照有关票据法的规定，它必须具备的基本内容有（　　）。

A. 无条件支付命令　　　　　　　　B. 汇票的受票人

C. 付款期限　　　　　　　　　　　D. 一定金额

5. 汇付方式通常涉及的当事人是（　　）。

A. 汇入行　　B. 汇款行　　C. 收款人　　D. 汇出行

6. 托收根据所使用的汇票不同，可分为（　　）。

A. 付款交单　　B. 承兑交单　　C. 光票交单　　D. 跟单托收

7. 属于商业信用的国际贸易结算方式是（　　）。

A. 信用证　　B. 托收　　C. 汇付　　D. 汇款

8. 信用证结算方式所涉及的主要当事人有（　　）。

A. 受益人　　B. 开证行　　C. 通知行　　D. 议付行

9. 在分批交货的大宗交易中，为节省开证费用易使用（　　）。

A. 对开信用证　　　　　　　　　　B. 循环信用证

C. 时间循环信用证　　　　　　　　D. 金额循环信用证

10. 对一成套设备、大型机械产品和交通工具的交易，一般采用的清偿货款的方式是（　　）。

A. 分期付款　　B. 延期付款　　C. 信用证　　D. 托收

三、判断题

1. 汇票、本票、支票都可以分为即期和远期两种。（　　）

2. 在一般情况下，汇票一经付款，出票人对汇票的责任即告解除。（　　）

3. 在票汇情况下，买方购买银行汇票直接寄给卖方，因采用的是银行汇票，这种付款方式属于银行信用。（　　）

4. 可撤销信用证在任何时候均可以撤销。（　　）

5. 托收是商业信用，所使用汇票是商业汇票；信用证是银行信用，所使用汇票是银行汇票。（　　）

6. 只有银行承兑汇票才可在贴现市场上贴现。（　　）

7. 若错过了信用证有效期到银行议付，只要征得开证人同意，即可要求银行付款。（　　）

8. 对于卖方而言，D/A 60 天要比 D/P 60 天风险大。（　　）

9. 信用证是一种银行开立的无条件地付款承诺的书面文件。（　　）

10. 汇票经背书后，是汇票的收款权利转让给背书人，背书人若日后遭到拒付，可以向前手行使追索权。（　　）

能力提升

一、实训设计

出口业务信用证支付方式的业务实训。

【实训目的】

熟悉信用证业务的基本内容；

掌握每个环节的主要内容。

【实训内容】

假设你是外贸公司的业务员，根据出口业务的基本流程，进行托收和信用证结合支付的业务模拟。

【实训步骤】

步骤1：洽谈业务；

步骤2：签订出口贸易合同；

步骤3：要求进口商及时申请信用证；

步骤4：办理商品采购、货物出运并缮制相关单证；

步骤5：进行出口押汇；

步骤6：议付行与开证行之间的业务结算；

步骤7：开证行审单付款；

步骤8：开证行通知进口商付款赎单；

步骤9：业务善后处理。

二、案例分析

（1）某公司向日本某企业以D/P见票即付方式推销某商品，对方答复，如我方接受D/P见票后90天付款，并通过它指定的银行代收则可接受。

试问：日方提出此项要求的出发点是什么？

（2）某公司收到国外开来的不可撤销信用证一份，由设在我国境内的某外资银行通知并加保兑。该出口公司在货物装运后，正拟将有关单据交银行议付时，忽接该外资银行通知，由于开证行已宣布破产，该行不承担对该信用证的议付或付款责任，但可接受该出口公司委托向买方直接收取货款的业务。

试问：该出口方应如何处理为好？并简述理由。

（3）2016年8月5日，中国某进出口公司与欧洲某公司以电传方式达成出口小家电协议，根据协议，卖方发出了已经签署的“售货确认书”，其主要内容为：数量3万套，单价30美元，总价90万美元，价格条件是CIF（成本加保险费加运费）某港交货，并明确要求买方在同年9月5日以前，向卖方开出百分之百的、保兑的、不可撤销的、可分割的即期付款信用证。8月20日，卖方收到了经过买方签字的确认书，但买方将确认书中的CIF条件改为托盘运输条款。9月2日，卖方收到了经过买方开出的信用证，金额与确认书相符，但信用证种类与价格条款等却与确认书原有的规定存在重大差异：其一，信用证并非保兑；其二，确认书原定的CIF价格条件变成了托盘运输条款。据此，卖方于9月下旬电告买方拒收上述信用证，并将信用证退给了开证银行。此后，双方未能就确认书条款与信用证条款的差异达成一致，导致此合同不能履行，双方因此发生争议。

试问：买方修改了确认书而卖方未及时答复，合同是否成立？信用证是否有效？

（4）2015年3月，宁波市某食品进出口公司（以下简称宁波公司）对外推销某种罐头食品，由于质优价廉，口味独特，该种罐头食品在新加坡市场的销售情况日趋看好，逐渐成为抢手货。同年8月，新加坡某进口商贸公司来电要求订购大批商品，宁波公司希望对方以信用证方式付款，但对方坚持使用汇付方式支付。此时，在宁波公司内部就货款支付方式问题产生不同的意见，一些业务员认为汇付的风险较大，不宜采用，主张使用信用证方式；有些人认为汇付方式可行；还有一部分业务员认为托收方式可行。

试问：如果你是宁波公司的业务员，应如何选择恰当的支付方式？并说明理由。

模块八　进出口合同的履行

任务一　出口合同的履行

学习目标

知识目标

1. 掌握出口合同履行的基本程序；
2. 熟悉“证、货、船、款”各环节的有关要求。

能力目标

能够根据业务资料，正确完成出口合同履行相关各环节。

任务导入

我某公司与外商按 CIF 条件签订一笔大宗商品出口合同，合同规定装运期为 8 月份，但未规定具体开证日期。外商拖延开证，我方见装运期快到，从 7 月底开始连续多次电催外商开证，直到 8 月 5 日外商才发简电开证，我方怕延误装运期，急忙按简电办理装运。8 月 28 日外商开来信用证正本，正本上对有关单据作了与合同不符的规定。我方审证时未予注意，通过银行议付，银行也未发现，但开证行以单证不符为由拒付货款。我方以货物及单据均与合同相符为由，要求买方付款，经过多次交涉未果，最后该批货物被港口海关拍卖处理，使我方遭受款、货两空的损失。

思考：

我方应从案例中吸取哪些教训？

相关知识

出口合同的履行是指在国际贸易中，卖方按照合同的规定，履行从备货、报检、报关、装运、投保等一系列义务，直至其收回货款的整个过程。履行出口合同的程序，一般包括备货、催证、审证、改证、租船、订舱、报关、报验、保险、装船、制单、结汇等工作环节。在这些工作环节中，以货（备货）、证（催证、审证和改证）、船（租船、订舱）、款（制单、结汇）四个环节的工作最为重要。只有做好这些环节的工作，才能防止出现有货无证、有证无货、有货无船、有船无货、单证不符或违反装运期等情况发生。在我国出口贸易中，除大宗交易有时采用 FOB 条件成交外，多数采用 CIF 与 CFR 条件成交，并采用即期信用证付款。

以 CIF 术语成交，以 L/C 方式支付，出口合同履约流程如图 8－1 所示。

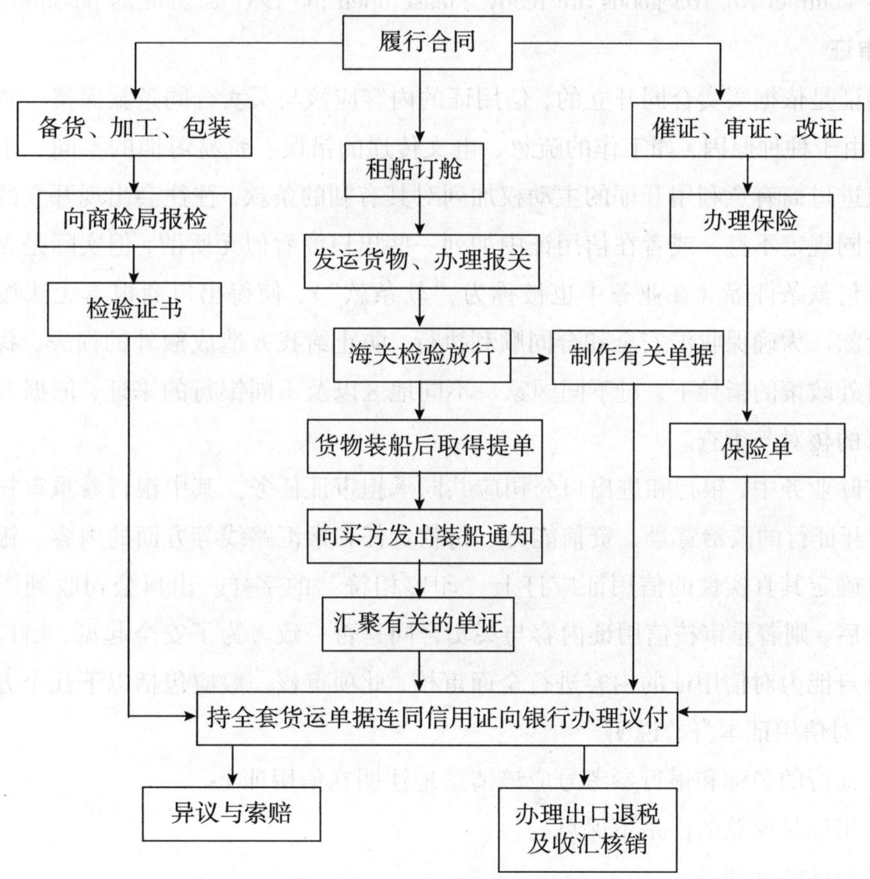

图 8－1　CIF 术语、议付信用证下出口合同履约流程

一、落实信用证

信用证付款的合同在履行过程中，信用证的掌握、管理和使用直接关系到进出口企业的收汇安全。主要包括催证、审证和改证等几项内容，这些都是与履行合同有关的重要工作。

1. 催证

在出口合同中，买卖双方如约定用信用证方式付款，买方应严格按照合同的规定，按时开立信用证。如果合同中对买方开证时间未作规定，买方应在合理时间内开出，因为买方按时开证是卖方正常履约的前提。但在实际业务中，经常遇到国外进口商拖延开证，或者在行市发生变化或资金短缺的情况下，故意不开证。对此我们应催促对方迅速办理开证手续。特别是针对大宗商品交易或应买方要求而特制的商品交易，更应结合备货情况及时进行催证。必要时也可请驻外机构或有关银行协助代为催证。

例如，105 号合同下货物已备妥，请即开证。

Sales contract No. 105 goods are ready. Please open the L/C as soon as possible.

2. 审证

信用证是依据买卖合同开立的，信用证的内容应该与买卖合同条款保持一致。但在实践中，由于种种原因，如工作的疏忽、电文传递的错误、贸易习惯的不同、市场行情的变化或进口商有意利用开证的主动权加列对其有利的条款，往往会出现开立的信用证条款与合同规定不符。或者在信用证中加列一些出口商看似无所谓，但实际是无法满足的信用证付款条件等（在业务中也被称为“软条款”），使得出口商根本无法按该信用证收取货款。为确保收汇安全和合同顺利执行，防止给我方造成额外的损失，我们应该在国家对外政策的指导下，对不同国家、不同地区以及不同银行的来证，依据合同进行严格认真的核对与审查。

在实际业务中，银行和进出口公司应共同承担审证任务。其中银行着重审核信用证真实性，开证行的政治背景、资信能力、付款责任和索汇路线等方面的内容。银行对于审核后已确定其真实性的信用证应打上“印鉴相符”的字样。出口公司收到银行转来的信用证后，则着重审核信用证内容与买卖合同是否一致。为了安全起见，出口商应尽量根据自身能力对信用证的内容进行全面审核，此项审核一般应包括以下几个方面。

（1）对信用证本身的说明

①开证行的名称和银行参考号应该清楚地注明在信用证上。

②信用证是保兑的还是不保兑的。

③信用证的到期日。

④信用证的到期地点。

⑤信用证中注明的买方和卖方名称、地址的准确性。

⑥信用证的金额与支付货币应表述清楚。信用证金额应与合同金额相一致。如果合同订有溢短装条款，信用证金额也应包括溢短装部分的金额。信用证金额中的单价与总值要填写正确，大、小写并用且应一致。来证所采用的货币应与合同规定相一致。

⑦信用证所规定的汇票的提交要求。

⑧信用证付款银行的所在地址。

（2）对货物的要求

信用证对货物的描述应该清楚并使用惯常的描述方法。

（3）对运输的要求

①装运地点和到货地点。

②有关分批装运和转运的规定。按照《UCP600》的有关规定只要信用证未表明是不可分批装运和不可转运的，就视为可以分批装运和可以转运。

③在信用证中一般不应指明承运货物的货运代理人，以便出口商本着节约费用的原则自由选择货运代理人。

④在信用证中一般不应指明运输航线，以便出口商和货运代理人本着节约费用的原则灵活选择航运线路。

（4）对单据的要求

信用证要求受益人提交单据的种类和份数，对于来证中要求提供的单据种类和份数及填制方法等，要进行仔细审核，如发现有不正常规定的，如要求商业发票或产地证明须由国外第三者签证，以及提单上的目的港后面加上指定码头等字样，都应慎重对待。

在非海运情况下，如航空运输，为了保证出口商安全收回货款，航空运单的收货人一般应写明是开证银行，但应事先征得开证行的同意。

（5）特殊要求与指示

可以根据进口国政治经济贸易情况的差异，或每一笔具体业务的需要做出不同的规定。但特别需要注意的是，对于在信用证中是否对开证行付款责任方面加列了“限制性”条款或“保留性”条件的条款，受益人对此必须特别注意。如来证注明“以领到进口许可证通知后方能生效”，电报来证注明“另函详”等类似文句，应在接到上述生效通知书或信用证详细条款后方能履行交货义务。

（6）开证行保证付款的责任文句

信用证应受国际商会最新出版的《跟单信用证统一惯例》（UCP600）的约束。

3. 改证

对信用证进行了全面细致的审核后，如果发现问题，区别问题的性质，分别同银行、运输、保险、商检等有关部门进行研究，做出恰当妥善的处理。凡是属于不符合我国对外贸易方针政策，影响合同执行和安全收汇的情况，我们必须要求国外客户通过开证行进行修改，并坚持在收到银行修改信用证通知书后才能对外发货，以免发生货物出运而通知书未到的情况，造成我方工作上的被动和经济上的损失。

（1）改证的程序

①出口商向进口商发出“信用证修改函”。

②进口商向开证行提交“信用证修改申请书”。

③开证行修改后向通知行发出“信用证修改通知书”。

④通知行将“信用证修改通知书”转交出口商。

（2）改证原则及注意事项

①修改必须及时提出，如果拖延时间太长，容易使对方误认为我方已接受 。

②同一证上需要多处修改的，应一次通知开证申请人。

③修改内容有两处以上的，出口企业只能全部接受或全部拒绝，部分接受当属无效。

④对可改可不改的内容，可酌情处理。

⑤对修改内容的接受或拒绝有两种表示形式：

a. 受益人做出接受或拒绝修改的通知。

b. 受益人以行动按照修改后的要求办事。

⑥改证通知书必须通过原证通知行传递，通过客户直接寄送的无效。

（3）信用证修改函

出口方审核信用证，如果发现有不符合买卖合同或不利于出口方安全收汇的条款，应当及时开具一封改证函，联系进口方通过开证行对信用证进行修改。

实际业务模拟操作

撰写一封改证函。

Dear Sirs,

While we thank you for your L/C No. 123641, we regret to say that we have found some discrepancies. You are, therefore, requested to make the following amendments:

1. The amount both in figures and in words should respectively read GBP15340. 00.

2. “From Copenhagen to China port” should read from China port to Copenhagen.

3. The Bill of Landing should be marked “Freight Prepaid” instead of “Freight to Collect.”

4. Delete the clause “Partial shipments and transshipment prohibited.”

5. “This L/C is valid at our counter” should be amended to read “This L/C is valid at your counter.”

Please confirm the amendments by fax as soon as possible.

Yours sincerely,

(signed)

小贴士

关于落实信用证

在绝大部分国际实务教材中，强调备货在先，催证、审证、改证环节在后。随着国际贸易形式的变化及出口企业的实际情况，在实际出口业务流程中，往往一线业务人员是等待进口商开立信用证之后，才着手生产备货。主要原因有：①某些买家的信誉并不是我们所认为的那么好，或者某些国家属于外汇管制国家，即使客户有心购买，但是进口国有关部门不批准外汇，也是无法开立信用证的；②有些出口商品属于客户专门订购，规格性能与国内的规定相差较大，甚至无法在国内使用，如我国的电器规格是220V，而日本等国家的电器规格是110V，显然是不能出口转内销的；③如果可以转卖其他客户或在国内销售，也会积压资金，造成损失。基于上述原因，在实际业务中往往等客户开出信用证之后，再抓紧备货才是明智的对策。

二、备货报检

1. 备货

备货也叫排产，是出口单位根据合同或信用证规定，向生产加工及仓储部门或国内工厂下达联系单或购销合同，并对货物进行清点、加工整理、刷制运输标志及办理申报检验和领证等工作。根据《联合国国际货物销售合同公约》规定，卖方的基本义务是交付货物、移交与货物有关的单据并转移货物所有权。安排好货物是保证卖方按时、按质、按量履行合同的前提条件，应当引起高度重视。

在备货工作中，应注意以下5个方面的问题。

（1）货物的品质、规格必须与出口合同的规定一致。凡是凭规格等文字说明达成的合同，交付货物的品质必须与合同规定的规格等文字说明相符；凡是凭样品达成的合同，则必须与样品相符。若既凭文字说明，又凭样品达成的合同，则两者均须相符。

（2）货物的数量必须符合出口合同和信用证的规定。货物的数量是国际货物买卖合同中的主要交货条件之一。按约定数量交货，是卖方的重要义务。备货的数量应适当留有余地，以备装运时可能发生的调换和适应舱容之用。此外，还要注意合同规定采用何种度量衡制度和计量方法，如按重量计量而合同中未写明采用何种方法计算重量的，则按惯例以净重计重。

（3）货物的包装必须符合出口合同的规定和运输的要求。在备货过程中，对货物的内、外包装和装潢，必须认真核对，一方面使之符合合同的规定；另一方面达到保护商品和适应运输的要求。如果发现包装不良或破损情况，应及时进行修整或换装，以免在装运时取不到清洁提单，造成收汇困难。在货物备齐以后，还应视需要和合同或信用证规定刷写包装和运输标志。

（4）货物备妥的时间应严格按照出口合同以及信用证上规定的装运期限，同时结合船期进行安排，以利于船货衔接。为防止意外，一般应适当留有余地。

（5）凡合同规定收到买方信用证后若干天内装运货物的，为保证按时履约，防止被动，应督促买方按照合同规定期限开出信用证。同时，出口方收到信用证后必须立即审核，确认后及时安排生产。

2. 报检

凡属法定检验的出口货物，必须根据国家有关进出口商品检验检疫方面的法规，在规定的时间和地点向检验检疫机构报验。经检验检疫合格后，由检验检疫机构发给检验证书，海关方可予以放行，否则不得出口。

申请报验须填写出口报验申请单，并附上合同和信用证副本等有关资料，供商检局发证时参考。出口报验申请单的内容一般包括品名、数量（或重量）、规格、包装、产地等项目。出口单位在检验合格取得检验证书后，务必在有效期内运出货物。关于商品检验证书的有效期，一般货物是发证日期起 2 个月内有效；鲜果、鲜蛋类为 2 ~ 3 个星期内有效；动植物检疫证书 20 天内有效；鲜活商品证书 14 天内有效。如果超过有效期装运出口，应向检验检疫机构申请展期，由检验检疫机构复验合格后，才能出口。商检部门根据情况进行抽验换证，报验后发现申报检验单内容有误需要更正时，应填写更改申请书，并阐明理由。

三、租船订舱和装运

出口企业在备货的同时，还必须及时办理运输、投保和报关等手续。

1. 租船订舱

按 CIF 或 CFR 条件成交时，租船、订舱由我方负责，而我方可将此项工作委托给中国对外贸易运输公司办理。出口货物数量较大，需要整船载运的，可由外运公司办理租船手续；如出口货物数量不大，不需整船装运的，可由外运公司代为洽订班轮或租订部分舱位运输。其程序如下：

（1）外运公司每月编印出口船期表分发各进出口公司。在表内列明航线、船名、国籍、抵港日期、截止收单期、预计装运日期和停挂港口的名称等项内容，供各进出口公司委托订舱时参考。

（2）各进出口公司如货证齐全，即可办理托运手续。根据信用证和合同的有关运输条款，将货物名称、件数、装运港、装运日期等写在出口托运单（Booking Note，B/N）上（如图 8 - 2 所示），作为订舱的依据，在截止收单期以前送交外运公司。

海运出口托运单

托运人 DALIAN PAN – CHEM TRADING CORPORATION
Shipper

编号：CTC22CI258　　　　船名
No.　　　　　　　　　　S/S

目的港 SINGAPORE
For

<table>
<tr><td rowspan="2">标记及号码
Marks & Nos.</td><td rowspan="2">件数
Quantity</td><td rowspan="2">货名
Description of Goods</td><td colspan="2">重量公斤
Weight Kilos</td></tr>
<tr><td>净重
Net Weight</td><td>毛重
Gross Weight</td></tr>
<tr><td colspan="3">SINGAPORE　680 DRUMS IN 170 PALLETS OF
CHLOROPICRIN 99. 5% MIN
FOR TRANSSIPMENT TO
CHITTAGONE, BANGLADESH
GROSS WEIGHT: 294KGS
TARE WEIGHT: 24KGS
SHIPMENT NO.: 2</td><td>183600KGS</td><td>199920KGS</td></tr>
<tr><td colspan="3" rowspan="2">共计件数（大写）
Total Number of Packages in Writing: SIX HUNDREN AND EIGHTTY DRUMS ONLY.</td><td colspan="2">运费付款方式</td></tr>
<tr><td colspan="2">FREIGHT TO COLLECT</td></tr>
</table>

<table>
<tr><td>运费计算</td><td colspan="2"></td><td colspan="2">尺　码
Measurement</td><td colspan="3"></td></tr>
<tr><td>备注</td><td colspan="7"></td></tr>
<tr><td>抬头</td><td>TO ORDER</td><td>可否转船</td><td>ALLOWED</td><td>可否分批</td><td colspan="3">ALLOWED</td></tr>
<tr><td rowspan="2">通知</td><td rowspan="2">SAME AS CONSIGNEE</td><td>装期</td><td>NOT LATER THAN MAY 31, 2016</td><td>效期</td><td></td><td>提单张数</td><td>3</td></tr>
<tr><td>金额</td><td colspan="5">USD312120. 00</td></tr>
<tr><td>收货人</td><td>PAN – CHEM COMPOUNDS SINGAPORE LTD.</td><td>银行编号</td><td></td><td>信用证号</td><td colspan="3"></td></tr>
</table>

制单 2016 年 5 月 16 日

图 8 – 2　海运出口托运单

（3）外运公司在收到托运单后，会同中国外轮代理公司，根据配载原则，结合货物性质、数量、装运港和目的港等情况安排船只和舱位。然后，由外轮代理公司签发装货单（Shipping Order，S/O）（如图 8－3 所示），作为通知船方收货装船的凭证。

<table>
<tr><td colspan="4">Shipper（发货人）
DALIAN PAN－CHEM TRADING CORPORATION</td><td colspan="2">D/R NO.（编号）</td></tr>
<tr><td colspan="4">Consignee（收货人）
PAN－CHEM COMPOUNDS SINGAPORE LTD.</td><td colspan="2">装 货 单
场站收据副本</td></tr>
<tr><td colspan="4">Notify party（通知人）
SAME AS CONSIGNEE</td><td colspan="2" rowspan="3">Received by the Carrier the Total number of containers or other packages or units stated below t be transported subject to the terms and conditions of the Carrier's regular form of Bill of Lading (for Combined Transport or Port to Port Shipment) which shall be deemed to be incorporated herein.
Date（日期）：</td></tr>
<tr><td colspan="2">Pre－carriage by（前程运输）</td><td colspan="2">Place of Receipt（收货地点）</td></tr>
<tr><td colspan="2">Ocean Vessel（船名）
Voy. No.（航次）
CSCL YANTIAN 0042S</td><td colspan="2">Port of Loading（装货港）
DALIAN，CHINA</td></tr>
<tr><td colspan="2">Port of Discharge（卸货港）
CHITTAGONE，BANGLADESH</td><td colspan="2">Place of Delivery（交货地点）
SINGAPORE</td><td colspan="2">Final Destination for the Merchant's Reference 目的地</td></tr>
<tr><td>Container No.
集装箱号 &
Seal No.
封志号</td><td>Mark & Nos.
标记与号码</td><td>No. of Containers or P'kgs（箱数或件数）</td><td>Kind of Packages;
Description of Goods
包装种类与货名</td><td>Gross Weight
毛重
（千克）</td><td>Measurement
尺码（立方米）</td></tr>
<tr><td>CLHU3 122339
CLHU3 122597
CLHU3 122811
CLHU3 122827
CLHU3 122869
CLHU3 122940
CLHU3 122961
CLHU3 122977
CLHU3 122979
CLHU0 762612</td><td>SINGAPORE
FOR TRANSSIP-
MENT TO
CHITTAGONE,
BANGLADESH
GROSS
WEIGHT：294KGS
TARE
WEIGHT：24KGS
SHIPMENT
NO.：2</td><td>680 DRUMS</td><td>170 PALLETS OF
CHLOROPICRIN
99.5% MIN</td><td>199920</td><td></td></tr>
</table>

图 8－3　装货单

<table>
<tr><td colspan="2">TOTAL NUMBER OF CONTAINERS
OR PACKAGES（IN WORDS）
集装箱数或件数合计（大写）</td><td colspan="6"></td></tr>
<tr><td colspan="8">Container No.（箱号） Seal No. 封志号 P'kgs（件数）
Container No.（箱号） Seal No. 封志号 P'kgs（件数）</td></tr>
<tr><td colspan="5"></td><td colspan="3">Received（实收） By Terminal Clerk（场站员签字）</td></tr>
<tr><td colspan="2" rowspan="2">FREIGHT & CHARGES
运费与附加费</td><td>Prepaid at 预付地点</td><td colspan="2">Payable at（到付地点）</td><td colspan="3">Place of Issue（签发地点）
DALIAN</td></tr>
<tr><td>Total prepaid 预付总额</td><td colspan="2">No. of Original B（S）/L 正本提单份数
THERE（3）</td><td colspan="3">BOOKING（订舱确认）
APPROVED BY</td></tr>
<tr><td colspan="2">Service Type on Receiving
□ - CY，□ - - CFS，
□ - - DOOR</td><td>Service Type on Delivery
□ - - CY，□ - - CFS，
□ - - DOOR</td><td colspan="3">Reeter - Temperature Required（冷藏温度）</td><td>℉</td><td>℃</td></tr>
<tr><td rowspan="2">TYPE OF GOODS 种类</td><td colspan="2">□Ordinary，□ Reeter，☑Dangerous，□Auto.
（普通）（冷藏）（危险品）（裸装车辆）</td><td rowspan="2">危险品</td><td rowspan="2">Class：
Property：
IMDGCode
Page：
UN No.</td><td rowspan="2">可否转船：否
装期：
金额：</td><td rowspan="2" colspan="2">可否分批：否
有效期：
制单日期：</td></tr>
<tr><td colspan="2">□Liquid，液体 □Live Animal，活动物
□ Bulk，散货 □ ____</td></tr>
</table>

图 8-3　装货单（续）

（4）船到港后，外运公司到仓库提取货物送到码头，经海关查验放行后，凭装船单装船。

（5）装船完毕，由船长或大副签发大副收据（Mate's Receipt），载明收到货物的详细情况。托运人则凭大副收据向外轮代理公司交付运费后，换取正式提单（Bill of Landing，B/L）。

2. 出口报关

出口货物发货人或其代理人应在装货的 24 小时之前向出境地海关申报，报关时应填写出口货物报关单（如图 8-4 所示），连同其他必要的单证，如装货单、合同副本或信用证副本、发票、装箱单、商检证、出口许可证等交海关申报。货物经海关检验货、证、单相符无误，并在装货单上加盖放行章后，即可放行装船。

目前，我国的出口企业在办理报关时，既可以自行办理报关手续，又可以通过专业的报关行或国际货运代理公司来办理。

中华人民共和国海关出口货物报关单

预录入编号：　　　　　　　　　　　　　海关编号：

收发货人	出口口岸		出口日期	申报日期
生产销售单位	运输方式		运输工具名称	提运单号
申报单位	监管方式		征免性质	备案号
贸易国（地区）	运抵国（地区）		指运港	境内货源地
许可证号	成交方式	运费	保费	杂费
合同协议号	件数	包装种类	毛重（千克）	净重（千克）
集装箱号	随附单证			
标记唛码及备注				
项号　商品编号 商品名称、规格型号　数量及单位　最终目的国（地区）单价　总价　币制 征免				
特殊关系确认：　　价格影响确认：　　支付特许权使用费确认：				

录入员录入单位	兹申明对以上内容承担如实申报、依法纳税之法律责任	海关批注及签章
报关人员	申报单位（签章）	

图 8-4　出口货物报关单

3. 出口投保

按照 CIF 贸易术语成交的出口合同，在装船前须由我进出口公司及时向保险公司办理投保手续，填制投保单（如图 8－5 所示）。出口商品的投保手续一般都是逐笔办理的。投保人投保时，应将货物名称、保额、运输路线、运输工具、开航日期、投保险别等一一列明。保险公司接受投保后，即签发保险单或保险凭证。

PICC　　中国人民财产保险股份有限公司湖南分公司

货物运输保险投保单

APPLICATION FORM FOR CARGO TRANSPORTATION INSURANCE

被保险人：

Insured：

发票号（INVOICE NO.）

合同号（CONTRACT NO.）

信用证号（L/C NO.）

发票金额（INVOICE AMOUNT）　　投保加成（PLUS）

兹有下列物品向中国人民保险公司广东分公司投保（INSURANCE IS REQUESTED ON THE FOLLOWING COMMODITIES）：

MARKS & NOS.	QUANTITY	DESCRIPTION OF GOODS	AMOUNT INSURED

启运日期：　　装载运输工具：

DATE OF COMMENCEMENT　　PER CONVEYANCE：

自　　经　　至

FROM　　VIA　　TO

提单号　　赔款偿付地点

B/L NO.：　　CLAIM PAYABLE AT

投保险别：（PLEASE INDICATE THE CONDITIONS &/ OR SPECIAL COVERAGES：）

请如实告知下列情况：（如“是”，打“✓”，“不是”打“×”）

1. 货物种类：　袋装　散装　冷藏　液体　活动物　机器/汽车　危险品等级

GOODS　BAG/JUMBO　BULK　REEFER　LIQUID　LIVE ANIMAL　MACHINE/AUTO　DANGEROUS CLASS

2. 集装箱种类：　普通　开顶　框架　平板　冷藏

CONTAINER　ORDINARY　OPEN　FRAME　FLAT　REEFERAGERATOR

3. 转运工具：　海轮　飞机　驳船　火车　汽车

BY TRANSIT　SHIP　PLANE　BARGE　TRAIN　TRUCK

4. 船舶资料：　船籍　船龄

PARTICULAR OF SHIP　REGISTRY　AGE

备注：被保险人确认本保险合同条款和内容已经完全了解。 THE ASSURED CONFIRMS HEREWITH THE TERMS AND CONDITIONS OF THIS INSURANCE CONTRACT FULLY UNDERSTOOD. 投保日期（DATE）	投保人（签名盖章）：（APPLICANT'S SIGNATURE） 电话：（TEL） 地址：（ADD）

本公司自用（FOR OFFICE USE ONLY）

费率　　保费

RATE：　　PREMIUM

经办人　核保人：　负责人：　联系电话：　承保公司签章

By　　Tel　　Insurance Company's Signature

图 8－5　货物运输保险投保单

思　考

资料：我国某外贸公司向泰国以 CFR 价格出口一批商品，国外开来信用证，虽列明 CFR，但要求我方提供保险单且投保水渍险。我方为避免改证，同意代办保险，但按照习惯投保了一切险加战争险。在国内某银行议付时，议付行发现险别不符，但我方认为一切险的承保责任范围大于水渍险，对买方有利，可不必改证。但国外开证行收到单据后，表示拒付。

讨论：国外开证行拒付正确吗？为什么？

4. 发出装船通知

货物装船后，在信用证规定的时间内，卖方应及时向买方发出装船通知（如图 8－6 所示）。若按 FOB 或 CFR 价成交，卖方向买方发出装船通知，以便买方及时办理进口投保手续及做好接货准备。如果由于卖方未及时或未发出装船通知，对方未能办理保险，一旦货物遭受损失，卖方将承担责任。若按 CIF 价成交，卖方在装完船并取得提单后，也应及时向买方发出装船通知，以便买方了解装运情况和进行接货前的准备。

四、制单结汇

货物装运出口后，出口商按照信用证规定，缮制各种单据，在信用证规定的交单有效期内，递交银行办理结汇手续。

制单结汇是收取货款中最重要的一个环节。以信用证项下的交易为例，通常需要缮制的单据主要有汇票、发票、装箱单、保险单、产地证书等。缮制结汇单据时，要求做到正确、完整、及时、简明和整洁。

1. 出口结汇的方式

（1）收妥结汇。又称先收后结或收妥付款，是指议付行收到出口商的出口单据后，经审查无误，将单据寄交国外付款行索取货款的结汇做法。这种方式下，议付行都是待收到付款行的货款后，即从国外付款行收到该行账户的贷记通知书（Credit Note）时，才按当日外汇牌价，将货款折成人民币拨入出口商的账户。

（2）定期结汇。指议付行根据向国外付款行索偿所需时间，预先确定一个固定的结汇期限。并与出口商约定，该期限到期后，无论是否已经收到国外付款行的货款，都主动将票款金额折成人民币拨交出口商。

（3）议付结汇。又称买单结汇或出口押汇，是指议付行在审单无误的情况下，按信用证条款贴现受益人（出口商）的汇票或者以一定的折扣买入信用证项下的货运单据，从票面金额中扣除从议付日到估计收到票款之日的利息，将余款按议付日外汇牌

装船通知
Shipping Note

<table>
<tr><td colspan="2" rowspan="2">1. 出口商 Exporter</td><td colspan="2">4. 发票号 Invoice No.</td></tr>
<tr><td>5. 合同号 Contract No.</td><td>6. 信用证号 L/C No.</td></tr>
<tr><td colspan="2" rowspan="2">2. 进口商 Importer</td><td colspan="2">7. 运输单证号 Transport documents No.</td></tr>
<tr><td colspan="2">8. 价值 Value</td></tr>
<tr><td colspan="2">3. 运输事项 Transport details</td><td colspan="2">9. 装运口岸和日期 Port and date of shipment</td></tr>
<tr><td>10. 运输标志和集装箱号
Shipment marks；Container No.</td><td colspan="3">11. 包装类型及件数；商品编码；商品描述
Number and kind of packages；Commodity No.；Commodity description</td></tr>
<tr><td colspan="2"></td><td colspan="2">12. 出口商签章
Exporter stamp and signature</td></tr>
</table>

图 8－6　装船通知

价折成人民币，拨给出口商。议付行向受益人垫付资金、买入跟单汇票后，即成为汇票持有人，可凭票向付款行索取票款。银行之所以做出口押汇，是为了给出口商提供资金融通的便利，这有利于加速出口商的资金周转。

实践表明，由议付银行议付结汇是一种广为使用且行之有效的结汇方式。按《跟单信用证统一惯例》的规定，银行如仅审核单据，而不付出对价，不能构成议付。在信用证付款条件下推广议付结汇方式，有利于发展我国的出口贸易。

2. 主要出口单据的制作顺序

在出口业务中，单据的签发日期应晚于信用证的开证日期，但必须早于信用证规定的最迟交单期限和有效期。单据制作的先后顺序排列如下：

（1）商业发票的日期一般应早于保险单和运输单据的签发日；海关发票的签发日期不应迟于运输单据的日期；形式发票的日期应先于装运日期；领事发票的日期不应迟于汇票和装运日期；装箱单、重量单日期相同或略迟于发票日期。

（2）原产地证书包括普惠制产地证书（GSP Form A）的日期可迟于发票日期，但不能迟于运输单据的日期。

（3）保险单的日期应早于运输单据的日期，如果保险单的签发日期在运单日期之后，则应注明保险责任何时开始生效。

（4）各种运输单据的签发日期不得迟于合同或信用证规定的最迟装运期。

（5）商业汇票的日期等于或晚于发票日期，但不能早于运输单据的日期，也不能晚于信用证的有效期及交单期。

（6）其他一些单据的签发日期，须符合合同或信用证的规定。

出口合同履行过程中各个环节的单据及其签发人，如表 8－1 所示。

表 8－1　出口合同履行过程中的单据及其签发人

合同履行阶段	单据的名称	出单机构
办理运输	海运货物委托书	出口方
	海运出口托运单	货代
	海运提单	承运人或货代
办理保险	投保单	出口方
	保险单	保险公司
办理商检	出境货物报检单	出口方
	商检证书/出境货物通关单	质检局
办理报关	出口报关单	出口方
	商业发票	出口方
	装箱单	出口方

3. 信用证项下结汇单据

信用证下结汇单据很多，主要包括下列几种。

（1）发票（Invoice）。发票种类很多，通常指的是商业发票。此外，还有其他发票，如海关发票、领事发票和厂商发票等。

1）商业发票（Commercial Invoice）。它是卖方开立的载有货物名称、数量、价格等内容的清单，是买卖双方交接货物和结算货款的主要单证，也是进出口报关完税必不可少的单证之一，如图 8－7 所示。

INVOICE

<table>
<tr><td>INVOICE NO.　P/11331</td><td>DATE　07　APRIL　05</td><td colspan="2">SALES CONTRACT NO.</td></tr>
<tr><td>SHIPPED FROM HONGKONG</td><td>TO SHANGHAI</td><td colspan="2">CONTRACT NO. 05 AIQ－046HK（A）</td></tr>
<tr><td colspan="4">PER BY M/T TONG AN V015 SAIL TED　ON/ABOUT　10 APRIL 05</td></tr>
<tr><td colspan="2">BY ORDER FOR ACCOUNT AND RISK OF：
SHANGHAI AJ IMPORT & EXPORT CO.
12/F，583 LINGLING ROAD，
SHANGHAI 200030 CHINA</td><td colspan="2">CONSIGNED TO：
B/L NO. RS05－4417</td></tr>
<tr><td colspan="4">SHIPPING MARKS</td></tr>
<tr><td colspan="2">DESCRIPTION</td><td>UNIT PRICE</td><td>AMOUNT</td></tr>
<tr><td colspan="2">RE：LINEN/COTTON FABRIC
DYED SHEETING
ART 317　LINEN/COTTON FRBRIC（麻棉梭织布）
2839 METRES
ART 318　LINEN/COTTON FABRIC（麻棉梭织布）
224 METRES
HS CODE 53092900　计量单位：米/千克
SAY HONGKONG DOLLARS SEVENTY THOUSAND THREE HUNDRED EIGHTY－SEVEN AND CENTS SEVENTY－FOUR ONLY
49 ROLLS
G. W. 996KGS
N. W. 900KGS
COUNTRY OF ORIGIN：HK CHINA</td><td>22. 98/M
22. 98/M</td><td>CIF SHANGHAI
65240. 22
5147. 52
70387. 74</td></tr>
</table>

图 8－7　商业发票格式示例

商业发票没有统一格式，但主要项目基本相同，包括发票编号、开制日期、数量、包装、单价、总价和支付方式等项内容。在制作发票时应注意以下几个问题：

①收货人的填写，如属信用证方式，除少数信用证另有规定外，一般均应填写来证的开证申请人。

②凡属信用证方式，货物的名称、规格、数量、单价、包装等项内容的填制，必须与来证所列各项要求完全相符，不能与之抵触，以防国外银行拒付货款。

③凡属信用证方式，发票的总价不能超过信用证规定的最高金额。按照银行惯例的解释，开证银行可以拒绝接受超过信用证所许可金额的商业发票。

④如信用证内规定选港费（Optional Charge）、港口拥挤费（Port Congestion Charge）或超额保费（Additional Premium）等费用，应由买方负担，可在发票上将各项有关费用加在总价内，一并向开证银行收款。但如信用证内未做上述注明，即使合同中有此约定，也不能凭信用证支取。除非国外客户同意并经银行通知在信用证内加列上述条款，否则上述增加的费用应另制单据通过银行托收解决。

⑤如来证规定在发票内加列船名、原产地、生产企业的名称、进口许可证号码等，均可一一照办。

⑥来证和合同规定的单价含有佣金，发票上不能以“折扣”字样代替，如规定有“现金折扣”（Cash Discount）的字样，在发票上也要全名照列，不能只写“折扣”或“贸易折扣”（Trade Discount）等字样。

⑦由于各国法规或习惯不同，有的来证要求在发票上加注“证明所列内容真实无误”等证明文句时，应在不违背国家政策、法令的情况下酌情办理。

2）海关发票（Customs Invoice）。海关发票是某些国家的海关制定的一种固定的发票格式，是要求由卖方填写的单证。进口国家要求国外出口商按进口国海关规定的格式填写海关发票，主要是作为估价完税或征收差别待遇关税、反倾销税的依据。此外，也可供编制统计资料之用。在填写海关发票时，一般应注意以下几个问题：

①各国使用的海关发票，都有其特定的格式，不得混用。

②凡海关发票与商业发票上共有的项目和内容，必须完全一致，不得互相矛盾。

③对“出口国国内市场价格”一栏，因为其价格的高低是进口国海关作为是否征收反倾销税的重要依据，所以填写该内容时应按有关规定审慎处理。

④如售价中包括运费（CFR）或包括运费和保险费（CIF），应分别列明 FOB 价、运费、保险费各多少。FOB 价加运费，应与 CFR 货值相等，FOB 价加运费和保险费，应与 CIF 货值相等。

⑤海关发票的签字人和证明人不能为同一个人，他们均以个人身份签字，而且必须手签才有效。

3）领事发票（Consular Invoice）。有些进口国家要求国外出口商必须向该国海关提供该国领事签证的发票，其作用与海关发票基本相似。有些国家规定了领事发票的特定格式，也有些国家规定可在出口商的发票上由该国领事签证。各国领事签发领事发票时，均需收取一定的领事签证费。

4）厂商发票（Manufacturer's Invoice）。它是由出口厂商所出具的以本国货币计算价格、用来证明出口国国内市场的出厂价格的发票，其作用是进口国海关可以据此估价、核税以及征收反倾销税。如国外来证要求提供厂商发票，应参照海关发票有关国内价格的填写办法处理，发票的抬头人应该是出口人。

（2）汇票（Bill of Exchange，Draft，B/E）。汇票一般开具一式两份，两份具有同等效力，其中一份付讫，另一份则自动失效。汇票内容应按信用证规定填写。

①付款人。采用信用证方式时，汇票的付款人应按信用证规定填写。如来证未规定付款人名称，则认为是开证行。

②受款人。除个别来证另有规定外，汇票的受款人应为议付行或托收行，即中国银行。

③出票依据。采用信用证方式时，应按来证规定的文句填写。如信用证内没有规定具体文句，可在汇票上注明开证行的名称、地点、信用证号码及开证日期。

（3）提单（Bill of Lading）。提单是各种单据中最重要的单据，是确定承运人和托运人双方权利与义务、责任与豁免的依据。各船公司所印制的提单格式各不相同，但其内容大同小异，其中包括：承运人、托运人、收货人、通知人的名称、船名、装卸港名称、有关货物和运费的记载，以及签发提单的日期、地点及份数等。

（4）保险单（Insurance Policy）。按 CIF 条件成交时，出口商应代为投保并提供保险单，保险单的内容应与有关单据的内容衔接。例如，保险险别与保险金额应与信用证的规定相符；保险单上的船名、装运港、目的港、大约开航日期以及有关货物的记载，应与提单内容相符；保险单的签发日期不得晚于提单日期；保险单上的金额，一般应相当于发票金额加成 10%。

（5）产地证明书（Certificate of Origin）。产地证明书是一种证明货物原产地或制造地的证件。不用海关发票或领事发票的国家，要求提供产地证明，以便确定对货物应征收的税率。有的国家限制从某个国家或地区进口货物，因而要求以产地证明书来证明货物的来源。

产地证明书没有固定格式，内容没有统一规定。一般列明发票号、信用证号、货物名称、数量或重量，并注明中国出产或制造。

产地证明书一般由出口地的公证行或工商团体签发。在我国可由国家出入境质量监督检验检疫总局或各地贸易促进委员会签发。

（6）普惠制单据（Generalized System of Preferences Documents）。这种单据是给惠国的进口海关给受惠国减免关税的依据。目前，已有新西兰、加拿大、日本、欧盟等国家和地区给予我国普惠制待遇。对这些国家和地区的出口货物，须提供普惠制单据，作为进口国海关减免关税的依据。因此，填制单据时务必将单据中的有关内容正确填写，并符合各个项目的要求。一旦填错，就可能丧失享受普惠制待遇的机会。

（7）装箱单和重量单（Packing List and Weight Memo）。装箱单和重量单是用来补充商业发票内容的不足的，便于国外买方在货物到达目的港时供海关检查和核对货物。装箱单又称花色码单，列明每批货物的逐件花色搭配；重量单则列明每件货物的毛重和净重。

（8）检验证书（Inspection Certificate）。各种检验证书分别用以证明货物的品质、数量、重量和卫生条件。在我国这类证书一般由检验检疫机构出具。如合同或信用证无特别规定，也可以依据不同情况，由进出口公司或生产企业出具。但应注意，证书的名称及所列项目或检验结果，应与合同及信用证规定相同。

4. 处理单证不符情况的几种办法

在信用证项下的制单结汇中，议付行要求“单、证严格相符”。但是，在实际业务中，由于种种原因，单证不符情况时有发生。如果信用证的交单期允许，应及时修改单据，使之与信用证的规定一致。如果不能及时改正，出口企业应视具体情况，选择如下处理方法。

（1）表提。表提又称为“表盖提出”，即信用证受益人在提交单据时，如存在单证不符，向议付行主动书面提出单、证的不符点。通常，议付行要求受益人出具担保书，担保如日后遭到开证行拒付，由受益人承担一切后果。在这种情况下，议付行才为受益人议付货款。因此这种做法也被称为“凭保议付”。表提的情况一般是单证不符情况并不严重，或虽然是实质性不符，但事先已经开证人确认可以接受。

（2）电提。电提又称为“电报提出”，即在单、证不符的情况下，议付行先向国外开证行拍发电报或电传，列明单、证的不符点，待开证行复电同意后再将单据寄出。电提的情况一般是单、证不符属于实质性问题，金额又较大。用电提方式可以在较短的时间内由开证行征求开证申请人的意见。如果获得同意，则可以立即寄单收汇；如果未获得同意，受益人可以及时采取必要措施对运输途中的货物进行处理。

（3）跟单托收。如出现单、证不符，议付行不愿用表提或电提方式征询开证行的意见，在此情况下，信用证就会彻底失效。出口企业只能采用托收方式，委托银行寄单代收货款。

这里需要指出的是，无论采用“表提”“电提”，还是“跟单托收”方式，信用证受益人都失去了开证行在信用证中所作的付款保证，从而使出口收汇从银行信用变成了商业信用。

五、出口收汇核销

出口收汇核销是指国家为了加强出口收汇管理，保证国家的外汇收入，防止外汇流失，指定外汇管理等部门对出口企业贸易项下的外汇收入情况进行监督检查的一种制度。

当货款汇至出口地外汇指定银行后，该银行向出口方出具结汇水单或收账通知，并在出口收汇核销单专用联盖章。出口商持已用于出口报关的核销单通过专门的申报系统软件网上向当地外汇管理局申报交单，经审核后出口商持收汇核销单和出口核销专用联、结汇水单或收账通知、出口发票去外汇管理局办理核销手续，按规定核销后，将其中的出口退税专用联退还出口方。

六、出口退税

出口退税是指一个国家为了扶持和鼓励本国商品出口，交所征税款（国内税）部分或全部退还给出口商的一种制度。出口退税是提高货物的国际竞争力，符合税收立法及避免国际双重征税的有力措施。我国政府对出口的已纳税产品，在报关离境后，将其在生产环节已纳的消费税、增值税退还给出口企业，使企业及时收回投入经营的流动资金，加速资金周转，降低出口成本，提高企业经济效益。

1. 退税的基本条件

可以退税的货物必须是报关离境的出口货物，必须是财务上做出口销售处理的货物，必须是属于增值税、消费税征税范围的货物。

2. 出口商品的退税率

根据国家税务总局编制的20110201A 版出口商品退税率文库，目前我国现行出口货物增值税退税率共有17%、16%、15%、13%、9%、5%、0七档。一般来说，加工程度越高的商品，退税税率越高。近几年我国不断调整出口退税率，一方面提高中国拥有较多知识产权的 IT 等产品的出口退税率，另一方面降低或取消了“两高一资”（高能耗、高污染、资源性）出口产品的退税率。

3. 退税凭证

（1）增值税专用发票（税额抵扣联）。

（2）税收（出口货物专用）缴款书或出口货物完税分割单。

（3）出口销售和销售明细账。

（4）出口货物报关单（出口退税联）。

（5）出口收汇核销单（出口退税专用联）。

4. 退税程序

出口企业设专职或兼职办理出口退税人员，按月填报出口货物退（免）税申请书，并提供有关凭证，先报外经贸主管部门稽查签章后，再报国税局进出口税收管理分局办理退税。目前，出口报关单、出口收汇核销单、出口税收缴款书已经全国联网，缺少其中一个信息，即不能退税。

小贴士

关于出口退税

目前，我国众多中小微企业积极将企业产品出口海外市场，但是由于许多企业没有取得进出口经营权，不能享受国家退税优惠待遇。在实际业务中，可以选择买单出口，也就是选择一家有进出口经营权的公司代理出口，支付少许代理费，间接享受国家退税优惠待遇，或者选择“不征也不退”的方式，降低出口成本。

总之，为使出口合同的履行工作顺利开展下去，我们应遵循长期在实践工作中总结出的经验，即要认真做好“四排”“三平衡”的工作。

所谓“四排”就是指以买卖合同为对象，根据履行合同的进程卡片反映的情况，如信用证是否开到、货源是否落实等进行分类，排出以下四种类型的情况：“有证有货、有证无货、无证有货、无证无货”，通过“四排”发现问题，及时解决。

所谓“三平衡”就是指以信用证为对象，根据信用证规定的装运期和信用证有效期的远近，结合货源、船源情况分出轻重缓急，力争做到货、证、船三方面的衔接和平衡，防止出现有货无船、有船无货、拖延装运或制单结汇不在信用证有效期内进行等脱节现象。

任务二　进口合同的履行

学习目标

知识目标

1. 掌握进口合同履行的基本程序；
2. 熟悉“证、船、款、货”各环节的有关要求。

能力目标

能够根据业务资料，正确完成进口合同履行相关各环节。

任务导入

上海瑞鑫公司以CIF术语于2017年2月从澳大利亚进口巧克力食品3000箱，以即期不可撤销信用证为支付方式，目的港为上海港。货物从澳大利亚悉尼港装运后，出口商凭已装船清洁提单和投保一切险及战争险的保险单，向银行议付货款。货到上海港后，经我方公司复验后发现下列情况：①该批货物共有8个批号，抽查16箱，发现其中2个批号涉及300箱内含沙门氏细菌超过进口国的标准；②收货人实收1997箱，短少7箱；③有21箱货物外表情况良好，但箱内货物共短少85千克。

思考：

进口商就以上损失情况应分别向谁索赔？并说明理由。

相关知识

进口合同的履行是指买方按照合同和法律的规定办理接货、付款、复验、报关纳税等一系列事宜的过程。在进口贸易的整个流程中，要涉及多个单位的协作，如进出口国家银行、货代公司、保险公司、商检机构、海关等。还要涉及如信用证的开证申请书、租船订舱委托书、投保单、检验证书、报关单等多种单证。作为进口贸易业务的实际操作人员，必须了解和掌握整个国际贸易进口的流程，把握进口的关键环节，正确填制各种进口相关单证，处理好进口贸易中可能发生的问题。我国进口业务中，大多数是采用FOB价格条件成交，少数零星商品交易采用CIF价格条件成交，并且绝大多数是采用即期信用证支付方式。

以FOB术语成交，以L/C方式支付，进口合同履约流程如图8－8所示。

一、开立信用证

买方开立信用证是履行合同的前提条件，因此，签订进口合同后应按合同规定办理开证手续。若合同规定在收到卖方货物备妥后通知或在卖方确定装运期后开证，则买方应在接到上述通知后及时开证；若合同规定在卖方领到出口许可证或支付履行的保证金后开证，则买方应在收到对方已领到许可证的通知或银行通知履约保证金已收讫后开证。买方向银行办理开证手续时，必须按合同内容填写开证申请书，银行则按开证申请书内容开立信用证，因此信用证内容是以合同为依据开立的，它与合同内容应当一致。如品质、规格、数量、价格、交货期、装货期、装运条件及装运单据等，应以合同为依据，并在信用证中一一做出规定。

信用证开出后，如发现内容与合同不符，或因其他原因，需信用证进行修改时，

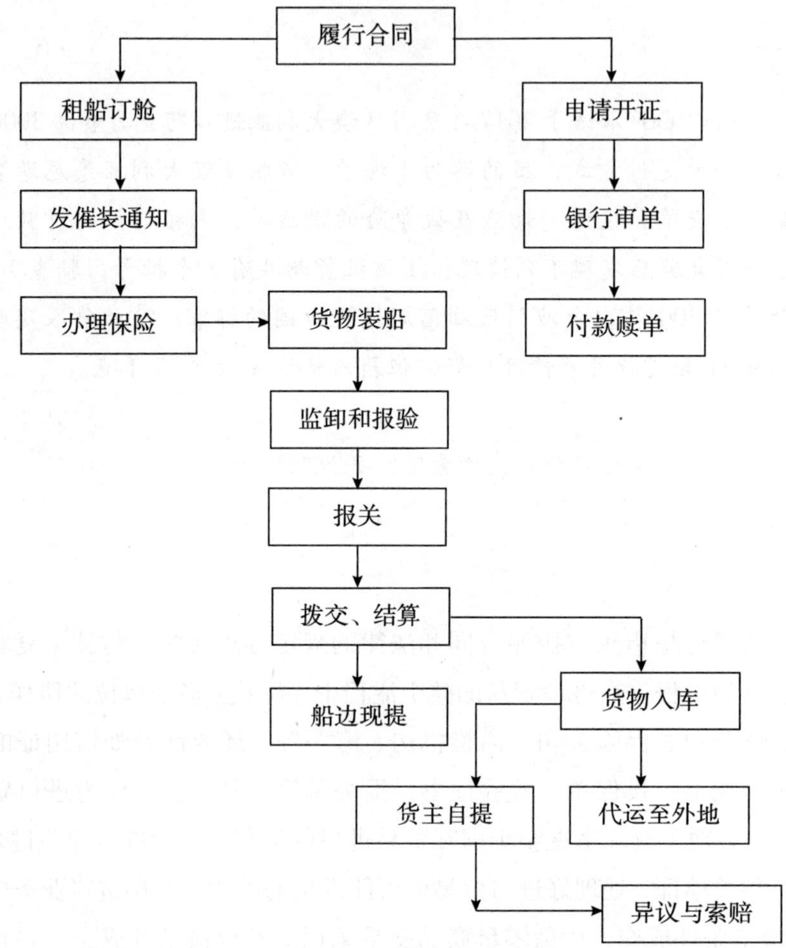

图 8－8　FOB 术语、信用证结算方式下进口合同履约流程

应立即通知开证行。如出口方提出要求修改某些条款，如进口方同意修改，则应及时通知开证行修改信用证条款；如进口方不同意修改，也应及时通知出口方，并敦促其按原证条款履行。

如合同规定采用其他商业信用付款方式，则对买方比较有利。如合同规定买方需要支付一定的预付款或定金，进口方则应及时申购外汇、对外付款，以便进口合同的顺利履行。

思　考

资料：A 公司与 B 公司订立了一份国际货物销售合同，由 A 公司向 B 公司销售一批计算机显示屏，双方约定以信用证方式付款。合同订立后，B 公司依约申请银行开出即期不可撤销信用证。A 公司收到信用证后，便开始准备货源、安排装运及制作单据。此时，因国内用户要求B公司提供原产地证明，B公司便向开证行提出修改信用证的申请，要求在信用证的“单据”栏增加原产地证明书这一单据。银行接受B公司的申请，修改了信用证，并通知A公司信用证修改事宜。A公司接到通知后未作出接受或拒绝修改的通知，并仍按原信用证的规定向银行提交了单据。银行审单后，认为单证相符，便向A公司支付了信用证项下的货款。此后，B公司以单据中缺少原产地证明书，单证不符为由，拒绝向银行付款赎单。

讨论：银行接受A公司提交的单据并支付款项的行为是否正确？为什么？

二、租船订舱和办理保险

1. 租船订舱

按FOB贸易术语成交的进口合同，货物采用海洋运输，应由进口方负责租船或订舱工作。租船订舱事宜可委托进出口贸易运输公司办理，也可直接向远洋运输公司或其他运输机构办理。

在办妥租船订舱手续后，应按规定的期限将船名、船期及时通知对方，以便对方备货装船。派船通知中一般包括船名、船籍、船舶吃水深度、装载重量、预计到达港口日期以及其他需要说明的问题。这些信息对于出口方及时做好交付准备是很有帮助的。

2. 办理保险

按FOB或CFR术语签订的进口合同，货物运输保险是由进口方办理的。从事进口业务的企业，通过与中国人民保险公司签订“海运进口货物运输预约保险合同”的方式，办理“预约保险”的手续。

若买方没有与保险公司签订预约保险合同，则需对进口货物逐笔办理投保手续。在买卖方接到发货通知后，必须立即向保险公司办理保险手续。如果进口公司没有及时向保险公司投保，则货物在投保之前的运输途中，发生的一切由于自然灾害和意外事故所造成的损失，保险公司不负赔偿责任。

三、审单付汇

在进口业务中，如果采用托收或汇付方式，则由进口公司负责对货物单据进行全面审核；如果采用信用证的支付方式，则由开证银行和进口公司共同对货物单据进行审核。通常由开证银行对单据进行初审，进口公司进行复审。在单据符合信用证及合同规定的条件下，开证银行履行付款责任。

若开证银行或进口公司审核国外单据时，发现单、证不符或单单不符，应由开证银行立即向国外银行提出，并根据具体情况作出必要的处理。一般来说，处理“不符点”

的方法有以下几种：①拒绝接受单据并拒付全部货款；②部分付款，部分拒付；③货到经检验后付款；④国外议付行书面担保后付款；⑤更正单据后付款；⑥放弃该不符点，进口方按单证相符对外付款。

目前，在国际贸易结算领域，《跟单信用证统一惯例》已被大多数国家与地区接受和使用，并成为各国银行处理信用证结算业务必须遵循的基本准则。在实际业务中，审单付款中的情况比较复杂，银行、进口企业对审单工作应高度重视，尽量避免错付或被诈骗，给公司、企业造成重大损失。因此，有关当事人要按照《跟单信用证统一惯例》的要求，合理、谨慎地审核信用证要求的所有单据，以确定其表面上是否与信用证条款相符。当信用证的规定与《跟单信用证统一惯例》有冲突时，应遵守信用证优于《跟单信用证统一惯例》的原则，按照信用证的要求审核单据。

思　考

资料：我国南方某化工进出口公司和德国汉诺公司以 CFR 青岛条件订立了进口化肥6000 公吨的合同，根据合同规定，我方开出以德国汉诺公司为受益人的不可撤销信用证的跟单信用证，总金额为 295 万欧元。双方约定如果发生争议，提交中国国际经济贸易仲裁委员会上海分会仲裁。2017 年 1 月，货物装船后，德国汉诺公司持包括提单在内的全套单据向银行议付了货款。货到青岛后，我方发现化肥有严重质量问题，立即请当地商检机构进行了检验，证实该批化肥是没有太大实用价值的饲料。于是，我方持商检证明要求银行追回已付款项，否则将拒绝向银行支付货款。

讨论：银行是否应追回已付货款？我方是否有权拒绝向银行付款？我方应采取什么补救措施？

四、报关、验货和拨交

进口货物到达后，由进口公司或委托运输机构，根据进口单据填写“进口货物报关单”向海关申报，并按海关规定随附发票、提单、保险单、商检证书等单据。经海关查验认可后，才准予放行。

进口货物在卸货时，港务局要进行卸货核对。如发现短缺，要填制“短卸报告”，由船方签字确认，并向船方提出书面声明，保留索赔权。如卸货时发现残损，应将货物存放于海关指定仓库，由保险公司会同商检局等有关单位检验，明确残损程度和原因，并由商检局出具证明，以便向责任方索赔。

如用货单位在卸货港口，由外运公司就地办理拨交，可由进口公司向用货单位进行结算。如用货单位不在卸货港口，则可委托外运机构代为安排将货物转运内地，并拨交给用货单位，一切费用均由外运机构与进口公司结算，再由进口公司与用货单位办理结算手续。

经典案例

我国某公司从美国进口牛肉一批。合同规定每箱净重15千克，共2000箱，合计30公吨。但货物抵达广东汕头港，经海关查验后发现，每箱净重为20千克，2000箱合计40公吨。海关认为单货不符，进口商以多报少。

思考：进口商面临的后果是什么？

案例评析：严格检查报关单据、严格检查进出口货物是海关重要职责。进出口企业报关时必须如实申报，绝不允许瞒报、漏报、错报的行为。如进口商申报的数量与到货的数量不符，轻则认为偷逃关税，重则认为走私。海关坚决打击偷漏税行为，严格查处违法走私行为。该进口商轻则受海关重罚，重则被追究刑事责任。

小贴士

关于进口货物申报的规定

（1）申报时间。《中华人民共和国海关法》规定，进口货物收货人应当自运输工具申报进境之日起14日内，向海关办理进口申报手续，超过14日期限到海关申报的，从第15日起按日征收滞报金。计算滞报金按日征收，日征收额为进口货物CIF价格的0.05%，滞报金的起征点为50元，不足1元的部分免收。其计算公式为：进口货物完税价格×0.05%×滞报天数。如果运输工具申报进境之日起超过3个月未向海关申报，其进口货物将由海关提取变卖。变卖后所得价款扣除运输、装卸、储存等费用和税款后，尚有余款的，自货物变卖之日起一年内经收货人申请，予以发还；逾期无人申请的，上缴国库。

（2）申报地点。根据规定，进口货物应当由收货人在货物的进境地海关办理海关手续。

（3）申报应备文件。进口货物申报时，应填写一式两份的进口货物报关单，并随附以下单证：许可证、提单、发票、装箱单、减免科或免验的证明文件。

五、进口索赔

进口索赔一般是指货物自出口方交到进口方的过程中，由于人为、天灾或其他种种原因，使进口方收到的货物不符合合同规定或货物有其他损害，进口方依责任归属，向有关方面提出赔偿要求，以弥补其所受的损失。根据造成原因不同，进口索赔的对象主要有 3 个：卖方、船公司和保险公司。

在进口业务中，办理对外索赔时，一般应注意以下事项。

1. 索赔证据

首先，应制备索赔清单，随附商检局签发的检验证书、发票、装箱单、提单副本。其次，对不同的索赔对象要另附其他有关证件。向卖方索赔时，如果是属于 FOB 价格或 CFR 价格成交的合同，还要随附保险单一份；向承运人索赔时，还应另附由船长及港务理货员签证的理货报告及船长签证的短缺或残损证明；向保险公司索赔时，还应另附保险公司与买方的联合检验报告等。

2. 索赔金额

索赔金额应适当确定，除包括受损商品价值外，还应加上有关费用，如商品检验费、装卸费、银行手续费、仓租、利息等。索赔金额究竟多少，其中应包括哪些费用，应视具体情况而定。

3. 索赔期限

向责任方提出索赔，应在规定的期限内提出，过期提出索赔无效。在买卖合同中，一般都规定了索赔期限，如向卖方索赔，则应在规定期限内提出。如合同未规定索赔期限，按《联合国国际货物销售合同公约》规定，买方向卖方声称货物不符合合同规定的时限，是买方实际收到货物之日起两年；向船公司索赔的时限，按《海牙规则》的规定，是货物到达目的港交货后一年；向保险公司索赔的时限，按《中国人民保险公司海洋运输货物保险条款》的规定，为货物在卸货港全部卸离海轮后两年。

4. 卖方的理赔和补救

进口货物发生损失，除属于承运人和保险公司的索赔责任外，如属于卖方必须承担的责任，应直接向卖方要求索赔，防止卖方制造借口来推卸责任。除此之外，买卖双方还可以根据具体情况采取一些其他补救办法：由买方给予卖方一段合理时间，让卖方继续履行其义务；降低价格；交付替代货物；进行修理。

综上所述，履行进口合同需要经过各种工作环节，其中有些基本环节是不可缺少的。应当指出，履行进口合同的环节及其工作内容，主要取决于合同的类别及交易双方约定的支付条件。例如，在履行凭信用证付款的 FOB 进口合同时，上述许多业务环节都是很重要的，甚至是不可缺少的，但是在履行凭其他付款方式和其他贸易术语成交的进口合同时，其工作环节有所区别。在采用汇付或托收的情况下，就不存在买方开证的工作环节；在履行 CFR 进口合同时，则买方不负责租船订舱，此项工作由卖方办理；在履行 CIF 进口合同时，买方不仅不承担货物从装运港到目的港的运输任务，而且不负责办理货运投保手续，此项工作由卖方按约定条件代为办理。

实际业务模拟操作

根据合同内容审核信用证，指出下面一张信用证的不符之处，并提出修改意见。

SALES CONTRACT

THE SELLER：

SHANDONG YIHAI IMP. & EXP. CO.，LTD.　　NO. YH08039

NO. 51 JINSHUI ROAD，QINGDAO，CHINA　　DATE：DEC. 1，2008

SIGNED AT：QINGDAO，CHINA

THE BUYER：

LINSA PUBLICIDAD，S. A.

VALENCIA，195 BAJOS. 08011. BARCELONA，SPAIN

This Sales Contract is made by and between the Sellers and Buyers，where the sellers agree to sell and the buyers agree to buy the under－mentioned goods according to the terms and conditions stipulated below：

Commodity & Specification	Quantity	Price Terms	
		Unit price	Amount
CARDHOLDER DYED COW LEATHER	5000PCS	FOB QINGDAO	USD7250. 00
BLACK	8000PCS	USDl. 45/PC	USD12000. 00
BROWN		USDl. 50/PC	USD19250. 00

Total amount：US DOLLARS NINETEEN THOUSAND TWO HUNDRED AND FIFTY ONLY

Packing：1PC/POLYBAG，500PCS/CTN　　Shipping Mark：　L. P.

Time of Shipment：DURING JAN. 2009 BY SEA

BARCELONA

NOS. 1 －26

Loading Port and Destination：FROM QINGDAO TO BARCELONA

Partial Shipment and Transshipment：　ALLOWED

Insurance：TO BE EFFECTED BY THE BUYER

Terms of Payment：THE BUYER SHALL OPEN THROUGH A BANK ACCEPTABLE TO THE SELLER AN IRREVOCABLE SIGHT LETTER OF CREDIT TO REACH THE SELLER 30 DAYS BEFORE THE MONTH OF SHIPMENT AND TO REMAIN VALID FOR NEGOTIA-

TION IN CHINA UNTIL THE 15TH DAY AFTER THE FORESAID TIME OF SHIPMENT.

ISSUE OF DOCUMENTARY CREDIT

27：SEQUENCE OF TOTAL：1/1

40A：FORM OF DOC. CREDIT ：IRREVOCABLE

20： DOC. CREDITNUMBER ：103CD137273

31C：DATE OF ISSUE ：081215（开证日期比合同规定晚了半个月）

40E：APPLICABLE RULES，UCP LATEST VERSION

31D：DATE AND PLACE OF EXPIRY：DATE 090202 PLACE IN SPAIN

（有效期和到期地与合同不符，应为 090215 和 CHINA）

51D：APPLICANT BANK：BANCO SANTANDER，S. A.

28660 BOADILLA DEL BARCELONA，SPAIN

50：APPLICANT：LINSA PUBLICIDAD，S. A.

VALENCIA，195 BAJOS. 08011. BARCELONA，SPAIN

51：BENEFICIARY：SHANDONG YIHAN IMP. & EXP. CO.，LTD.

NO. 51 JINSHIII ROAD，QINGDAO，CHINA

（受益人名称与合同不符，应改为“SHANDONGYIHAI IMPORT AND EXPORT CO.，LTD.”）

32B：AMOUNT：CURRENCY EUR AMOUNT 19250. 00

（货币名称与合同规定不符，应改为“USD”）

41A：AVAILABLE WITH... BY ANY BANK IN CHINA BY NEGOTIATION

42C：DRAFTS AT... 30 DAYS AFFER SIGHT

（汇票的付款期限与合同规定不符，应改为“AT SIGHT”）

42A：DRAWEE ：LINSA PUBLICIDAD，S. A.

（汇票的付款人为开证申请人不妥，应改为“BANCO SANTANDER，S. A.”）

43P：PARTIAL SHIPMTS... NOT ALLOWED

（不允许分批装运与合同规定不符，应改为“ALLOWED”）

43T：TRANSSHIPMENT：NOT ALLOWED

（不允许转运与合同规定不符，应改为“ALLOWED”）

44E：PORT OF LOADING：ANY CHINESE PORT

44F：PORT OF DISCHARGE：VALENCIA，SPAIN

（目的港与合同规定不符，应改为“BARCELONA”）

44C：LATEST DATE OF SHIPMENT：090115

（最迟装运期与合同规定不符，应改为“090131”）

45A：DESCRIPTION OF GOODS

GOODS AS PER S/C NO. YH08036 DATED ON DEC. 1, 2008

（合同号错误，应为“YH08039）

CARDHOLDER DYED COW LEATHER

BLACK COLOUR/8000PCS AT USDl. 45/PC FOB QINGDAO

（数量与合同规定不符，应为“5000PCS”）

BROWN COLOUR/5000PCS AT USDl. 50/PC FOB QINODAO

（数量与合同规定不符，应为“8000PCS”）

PACKING：200PCS/CTN

（每箱的件数与合同不符，应为“500PCS/CTN”）

46A：DOCUMENTS REQUIRED

1. SIGNED COMMERCIAL INVOICE IN 3 COPIES

2. CERTIFICATE OF ORIGIN GSP FORM A ISSUED BY OFFICIAL AUTHORITIES

3. PACKING LIST IN 3 COPIES

4. FULL SET CLEAN ON BOARD BILLS OF LADING MADE OUT TO ORDER MARKED FREIGHT PREPAID AND NOTIFY APPLICANT

（海运提单的运费项目不符，应为“FREIGHT COLLECT”）

5. INSURANCE POLICY OR CERTIHCATE IN DUPLICATE ENDORSED IN BLANK FOR 110% INVOICE VALUE COVERING ALL RISKS AND WAR RISK AS PER CIC.

（要求提供保险单与 FOB 术语不符，应该要求取消）

47A：ADDITIONAL CONDITIONS

BILL OF LADING ONLY ACCEPTABLE IF ISSUED BY ONE OF THE FOLLOWING SHIPPING COMPANIES：KUEHNE – NAGEL（BLUE ANCHOR LINE）VILTRANS（CHINA）INT' L FORWARDING LTD. OR VILTRANS SHIPPING（HK）CO., LTD.

71B：CHARGES：ALL CHARGES ARE TO BE BORN BY BENEFICIARY

（所有的费用由受益人负担不妥，应改为“ALL CHARGES OUTSIDE SPAIN ARE TO BE BORN BY BENEFICIARY”）

48：PERIOD FOR PRESENTATION：WITHIN 5 DAYS AFTER THE DATE OF SHIPMENT, BUT WITHIN THE VALIDITY OF THIS CREDIT

（交单期规定不合适，应改为“WITHIN 15 DAYS AFTER THE DATE OF SHIPMENT”）

49：CONFIRMATION INSTRUCTION：WITHOUT

同步训练

知识巩固

一、单项选择题

1. 卖方可以向买方催证的情况为（　　）。

A. 买方提前备货　　B. 买方拖延开证

C. 合同刚刚签订　　D. 汇率变化

2. 所谓单证相符的原则，是指受益人必须做到（　　）。

A. 单据与合同相符　　B. 单据和信用证相符

C. 信用证和合同相符　　D. 修改后信用证与合同相符

3. 按惯例规定，银行开立信用证所产生的一切费用和风险应由（　　）负担。

A. 受益人　　B. 申请人　　C. 银行　　D. 第三方

4. 在实际业务中，由（　　）作为当事人承担审证任务。

A. 银行　　B. 银行和出口公司

C. 出口公司　　D. 进口公司

5. 在信用证支付方式下，开证行对受益人履行付款责任，是以（　　）。

A. 卖方将货物装运完毕为条件的

B. 买方收到货物为条件的

C. 按时收到与信用证相符的全套单据为条件的

D. 收到卖方提供的代表货物所有权的提单为条件的

6. 进口时，检验检疫机构对已报验的货物，应在（　　）内检验完毕，并出具相应的检验检疫证书。

A. 合同规定期限　　B. 索赔期限

C. 报验期限　　D. 海关规定期限

7. 保险单的签发日期不得晚于（　　）日期。

A. 合同签订　　B. 开立信用证　　C. 提单签发　　D. 缮制发票

8. 按照《联合国国际货物销售合同公约》规定，如买卖合同中未规定索赔期限，买方行使索赔权的最长期限为自实际收到货物起不超过（　　）。

A. 1 年　　B. 60 天　　C. 2 年　　D. 30 天

9. 进口的货物，如发生残损或到货数量少于提单所载数量，而运输单据是清洁的，则应向（　　）提出索赔。

A. 卖方　　B. 承运人　　C. 保险公司　　D. 银行

10. 在我国，产地证明书一般由（　　）签发。

A. 国家质量监督检验检疫总局　　B. 各省市贸易促进委员会

C. 中华人民共和国对外贸易经济合作部　　D. 各进出口企业

二、多项选择题

1. 采用信用证付款方式签订的 CIF 合同，卖方履约所包括的环节很多，其中主要的环节有（　　）。

A. 备货　　B. 催证、审证和改证

C. 投保　　D. 租船订舱

2. 买卖合同中规定买方的基本义务有（　　）。

A. 开立信用证　　B. 按合同规定支付货款

C. 收取货物　　D. 租船订舱、派船接货

3. 所有的买卖合同都规定了交易双方的基本义务，其中卖方的基本义务有（　　）。

A. 按照合同规定交付货物　　B. 移交一切与货物有关的单据

C. 转移货物的所有权　　D. 办理租船订舱工作

4. 外贸单证常用的发票有（　　）。

A. 商业发票　　B. 银行发票　　C. 海关发票　　D. 购销发票

5. 制单结汇工作中必须做到一致是（　　）。

A. 单单一致　　B. 单证一致

C. 单合（同）一致　　D. 证合（同）一致

6. 对于下列单据，（　　）是银行有权拒收的。

A. 迟于信用证规定的到期日提交的单据

B. 迟于装运日期后 15 天提交的单据

C. 内容与信用证内容不相符的单据

D. 单据之间内容有差异的单据

7. 在信用证结算方式下，我国银行提供的结汇方式包括（　　）。

A. 收妥结汇　　B. 定期结汇　　C. 预付结汇　　D. 议付结汇

8. 开证行拒付货款的理由可以是（　　）。

A. 单证不符　　B. 货物不符合同规定　　C. 单单不符　　D. 货物未装运

9. 进口报关的程序为（　　）。

A. 收货人或其代理人在货物抵达卸货港后，应立即填制进口货物报关单向海关申报

B. 进口货运达港口时，港务局要进行卸货核对

C. 进口货物经申报，海关依法验关

D. 就近转交货物给用货单位

E. 货证经查验无误，即签章放行

10. 进口索赔对象主要有（　　）。

A. 卖方　　B. 买方　　C. 银行　　D. 保险公司　　E. 承运人

三、判断题

1. 货、证、租船订舱及制单结汇是出口合同履行中最重要的环节。（　　）

2. 审证是由银行与出口公司共同审核信用证内容与合同是否相符。（　　）

3. 海关发票与商业发票一样均无固定格式。（　　）

4. 进口货物一律须经海关检验。（　　）

5. 进口保险金额如按 CIF 的估价计算的，保险公司一般不接受。（　　）

6. 修改信用证时，可不必经开证行而直接由申请人修改后交给受益人。（　　）

7. 在出口业务中，卖方履行合同的基本义务是向买方提交符合合同规定的货物。（　　）

8. 信用证结算方式只对卖方有利，对买方不利。（　　）

9. 在实际业务中，如果进口方未按时开立信用证，卖方需进行催证工作。（　　）

10. 报关是指出口货物装船后向海关申报出口放行的手续。（　　）

能力提升

一、实训设计

1. 出口贸易流程的综合业务技能实训

【实训目的】

①熟悉出口贸易流程的全部内容；

②掌握进行市场调研、交易磋商、签订合同的能力；

③熟悉出口合同履行的过程的全部内容；

④掌握出口贸易制单结汇的业务技能。

【实训内容】

（1）假设你是中国辽宁省铁岭市红星国际傢俬贸易有限责任公司的外贸业务员，根据公司的新产品 RDC－166 中式红木家具欧洲市场的出口战略，做好德国市场调研，寻找到交易伙伴，并开展复杂的交易磋商，直至签订价值 178 万欧元的销售合同。

（2）假设你是浙江南岭红星家具贸易公司的外贸业务员，根据上述工作签订双方交易合同，进一步开展履行合同的工作。

【实训步骤】

步骤 1：公司战略分析；

步骤 2：德国市场调研；

步骤3：寻找合作伙伴；

步骤4：开展业务洽谈；

步骤5：签订合同；

步骤6：履行合同；

步骤7：制单结汇；

步骤8：到外汇管理局申请出口信物核销单；

步骤9：申领核销单；

步骤10：收到外汇后按照要求办理；

步骤11：出口收汇核销。

2. 根据合同内容审核信用证

我国某进出口公司与外商签订了合同，后来外商开来信用证，指出6处信用证与合同不符的地方。

销售合同条款

卖方：中国粮油公司（China National Cereals，Oils & Foodstuffs Corporation）；

买方：温哥华香港食品公司（Hong Kong Company，Vancouver）；

食品名称：长城牌草莓酱（Great Wall Brand Strawberry Jam）；

规格：340克听装；

数量：50000听；

单价：125000加元；

装运期：2006年11月自中国港口运往温哥华，允许转船和分批装运；

付款条件：凭不可撤销的即期信用证付款。信用证议付有效期应为最后装运期后第15天在中国到期。

合同号码：06/8712

COMMECIAL BANK OF VANCOUVER

To：China National Cereals，Oils & Foodstuffs Corporation

DATE：Oct. 5，2006

Beijing，China

Advised Through Bank of China，Beijing

No. BOC 06/10/05

DOCUMENTARY LETTER OF CREDIT IRREVOCABLE

Dear Sirs，

We open this by order of Hong Kong Food Company，Vancouver for a sum not exceeding

CAN ＄120000（SAY CANADIAN DOLLARS ONE HUNDRED AND TWENTY THOUSAND ONLY）available by drafts drawn on us at sight accompanied by the following documents：

—Full set of clean on board bill of lading made out to order and blank endorsed, marked "freight collect" dated not later than November 30, 2005 and notify accountee.

—Signed commercial invoice in quintuplicate.

—Canadian customs invoice in quintuplicate.

—Insurance policies（or certificates）in duplicate covering marine and war risks.

Evidencing shipment from China port to Montreal, Canada of the following goods：

50000 tins if 430 grams of Great Wall Strawberry Jam, at Can ＄2. 5 per tin CFR C 3% Vancouver, details as per your S/C No. 06/8712

Partial shipment are allowed.

Transhipment is allowed.

This credit expires on November 30, 2006 for negotiation in China.

二、案例分析

（1）2017 年 2 月 12 日，买卖双方按信用证付款条件签订了两份买卖黄铜的合同。合同订立后，黄铜价格上涨，买方依约开出了信用证，但卖方拒不按约交货。买方见信用证已过期，为减少损失，便从别的公司购买了相同品质的替代货物。然后，买方以卖方违约为由，向卖方索赔差价损失。双方经协商未果，买方遂向中国国际经济贸易仲裁委员会上海分会提请仲裁。仲裁庭开庭审理后，对买方采取的补救措施予以支持，裁定卖方应赔偿买方购买合同替代货物所造成的货物差价损失。

试分析：卖方为何赔偿买方损失。

（2）某中行曾收到香港某金融公司开出的以海南某信息公司为受益人的信用证，金额为 USD992000. 00 元，出口货物是 20 万部照相机。信用证要求发货前由申请人指定代表出具货物检验证书，其签字必须由开证行证实，且规定 1/2 的正本提单在装运后交予申请人代表。在装运时，申请人代表来到出货地，提供了检验证书，并以数张大额支票为抵押，从受益人手中拿走了其中一份正本提单。后来，受益人将有关支票委托当地银行议付，但被告知："托收支票为空头支票，而申请人代表出具的检验证书签名不符，纯属伪造。"更不幸的是，货物已被全部提走，下落不明。受益人蒙受重大损失，有苦难言。

请指出案例中信用证软条款，并分析：如果你是受益人，收到该证后，应如何处理？

（3）大连久久国际货运代理公司接受货主委托，安排一批茶叶海运出口。货代公司在提取了船公司提供的集装箱并装箱后，将整箱货交给船公司。同时，货主自行办理了货物运输保险。收货人在目的港拆箱提货时发现集装箱内异味浓重，经查明，该集装箱前一航次所载货物为精萘，致使茶叶受精萘污染。

请问：

①收货人可以向谁索赔？为什么？

②最终应由谁对茶叶受污染事故承担赔偿责任？

（4）我方与伊朗一中间商成交尼龙线 10 万磅，合同规定 2017 年 5 月底前开证，6 月装船。该商品是以销定产，我方为此安排工厂加班生产。但到 5 月底，未见开证，经一再催证，对方回告需要改规格后方能开证，但此时大部分货已备妥，无法更换。

试分析：我方对此应如何处理？应吸取哪些教训？

模块九　国际贸易争端的解决

任务一　争议与索赔操作

学习目标

知识目标

1. 了解争议与索赔的定义；
2. 掌握索赔条款。

能力目标

1. 能根据实际情况选择合适的争议解决方式；
2. 能够拟定索赔条款。

任务导入

2015 年 10 月，我省吉达五金贸易公司以 CFR 汉堡价格对德国出口一批小五金工具，按合同规定，货物到达目的港后 30 天内进行检验，如出现任何问题，买方有权凭检验结果提出索赔。正式销售合同签订后，我省吉达五金贸易公司在收到德方开来的保兑的不可撤销的信用证后如期在大连港发货，德国公司也按期凭单支付了货款。但到了 2016 年 4 月，我省吉达五金贸易公司却突然收到了德国客户的索赔文件，上称：上述小五金工具有 70% 的锈损，丧失了部分的使用功能，已无法按正常价格在商场出售；并且在文件中附有德国某内地一检验机构出具的检验证书；同时要求我方以降价 50% 的价格计算退还部分货款，或将货物全部返还我方。

思考：

你认为我方对德国客户的索赔要求应如何处理？为什么？

一、争议

国际货物贸易涉及面广，情况复杂多变，牵涉的当事人多。在履约过程中，如一个环节出问题，就会影响到合同的履行，会给某一方当事人带来不利影响。有些进口商可能不愿意履行合同，这样就使守约的另一方遭受损害，因而引起了关于履行合同规定的责任义务方面的纠纷，争议由此产生。

1. 争议的概念

争议（Disputes），是指交易的一方认为另一方未能全部或部分履行合同规定的责任而引起的业务纠纷。

2. 争议产生的原因

在国际贸易中，业务纠纷是常常出现的，其原因很多，主要有以下几种情况：

（1）合同是否成立，双方国家法律和国际贸易惯例解释不一致；

（2）在履行合同过程中发生了双方不能预见和无法控制的情况，导致合同无法履行或无法按时执行，但双方对发生的不可抗力的法律后果解释不一致；

（3）买方不按时开证、不按时赎单、无理拒收货物、不按时派船等；

（4）卖方不按时交货，不按合同规定的品质、数量、包装交货，卖方不提供合同和信用证规定的单据等，诸如此类都可能引起双方的争议。

3. 争议解决的方式

产生争议，应该采取适当的方法予以解决：

（1）双方应该在平等的基础上进行友好协商、互相谅解，不能为一时的业务纠纷而影响正常的贸易关系；

（2）如果经过友好协商不能得到圆满解决，要在分清责任的基础上，由承担责任一方向对方做出一定补救表示；

（3）双方自愿将有关争议提交第三者裁决。

二、违约、索赔与理赔

国际货物买卖合同对合同双方当事人具有法律约束力，任何一方当事人都必须按照合同规定严格履行其合同义务，否则即构成违约。违约一方当事人应承担相应的违约责任，对方有权提出赔偿要求，甚至解除合同。只有当履约中发生不可抗力的事故，导致一方不能履约或不能按期履约时，才可根据合同规定或法律规定免责。

《中华人民共和国合同法》对违约责任做出的规定是："当事人一方不履行合同义务或者履行合同义务不符合约定的，应承担继续履行、采取补救措施或赔偿损失等违约责任。"

索赔（Claim）在法律上是指"主张权利"，在进出口交易中是指受损的一方根据合同或法律规定，向违约的一方提出赔偿要求；而违约的一方对索赔进行处理，即为理赔（Claim Settlement）。我们说索赔和理赔是一个问题的两个方面，对受损方而言是索赔，对违约方而言是理赔。索赔是处理违约的一种最常见的补救措施。此外，还可按具体情况，采取其他补救措施，如退货、更换、修理、延迟履行、替代履行和解除合同等。按照目前国际上大多数国家法律和惯例的一般规定，在采取其他违约补救措施时，都不影响受害的一方向违约方提出索赔的权利。但受损害的一方提出索赔时可否同时要求解除合同，则要视违约的具体情况而定。

1. 贸易索赔

贸易索赔（Trade Claim）是指买卖双方以合同为基础，当一方当事人违反合同规定时，受损方可依据买卖合同的规定和违约事实提出索赔。国际贸易中违反合同的情况，大致可归纳为如下三种：

（1）卖方违约。卖方不按合同规定的交货期交货或不交货，或所交货物的品质、规格、数量、包装等与合同（或信用证）规定不符，或所提供的货运单据种类不齐、份数不足等。

（2）买方违约。在按信用证支付方式成交的条件下，买方不按期开证或不开证，买方不按合同规定付款赎单，无理拒收货物；在 FOB 条件下，买方不按合同规定如期派船提货等。

（3）买卖双方均负有违约责任。如合同条款规定不明确，致使双方理解或解释不统一，造成一方违约，引起纠纷。

2. 运输索赔

运输索赔（Transportation Claim）又称装运索赔，是以运输合同（或契约）为基础的，当一方当事人违反运输合同（契约）规定时，受损人可以依据运输合同（或契约）的规定和违约事实提出索赔。如收货人持有清洁提单而收到的货物发生残损短缺，这与发货人（卖方）无关，收货人只能凭单向承运人索赔。

出现下列情况，发货人或收货人可以向承运人或其代理人提出索赔：

（1）提单上标明是清洁提单，但货物或包装却有残损等缺陷。

（2）交货数量少于提单上写明的数量。

（3）因为承运人或其雇用人员或其代理人的过失与疏忽引起的火灾造成的货物灭失、损害或延迟交付；或因当事人采取扑灭火灾的方法不当而造成的货物灭失、损害或延迟交付。

(4) 货物所受损失，根据提单或租船合同有关条款应由承运人负责的部分。

根据国际惯例及有关公约，承运人的赔偿责任是有最高限额的。也就是说，货物损害属于承运人的责任范围，承运人对超出限额规定的部分也不负责赔偿。

收货人或发货人决定向承运人索赔时需要提供必要的索赔单证：①索赔函。②索赔清单。根据损失的程度和造成损失的原因，确定对外索赔的比例，按 CIF 价格计算损失金额，编制索赔清单。例如，商业发票上是 FOB 价格而按 CIF 价格索赔，经承运人要求，还应提供运费及保险收据。③货物残、短证明。在向承运人索赔时，发货人或收货人必须提交由港务机构签发的理货报告及船长或大副签署的短缺或残损证明。同时，托运人或收货人还应向承运人及时发出货物灭失、损害或延迟交付的通知。必要时，还应提供商检证书和船舶检验证书。④商业发票。必要时应加附装箱单。⑤提单。提供提单正本或影印件。⑥费用单证。向船方索赔修理、整理货物的费用的证明文件。⑦其他单证。如火灾鉴定报告、卫生或动植物检验证明等。

3. 保险索赔

保险索赔（Insurance Claim）是以保险合同为基础的，在承保范围内的货物发生损失，应向保险公司索赔。例如，按 CIP 条件成交的货物，在运输过程中遭遇暴雨而水浸损坏，因投保了水渍险，买方可凭保险合同向保险公司索赔。通常情况下，只要货物损失属于保险人的承保责任范围，保险人必须对该项损失予以理赔。如货物损失的起因是由船方造成的，保险公司在向被保险人理赔后可向船方追索。保险索赔应注意的问题有以下几个方面。

(1) 及时通知。当被保险人获悉或发现保险货物遭受损失时，应立即通知保险公司，以便保险公司立即采取相应措施。通知一经发出，索赔行为已经开始。

(2) 合理补救。当货物受损时，被保险人应及时采取合理的补救措施，防止损失扩大，由此产生的费用由保险人承担。

(3) 索赔单证。有保险单或保险凭证正本、运输合同、发票、装箱单、重量单、向承运人等第三者责任方请求赔偿的有关证明或文件、检验报告、海事报告、货损货差证明、索赔清单等。

(4) 索赔时效。保险人一般都规定了索赔受理的时限，过期不再受理。

思考

资料：2016 年 10 月，我国某外贸公司与美国进口商签订一份茶叶出口合同，并要求采用合适的包装运输，成交术语为 CIF 纽约，向中国人民保险公司投保一切险。生产厂家在最后一道工序将茶叶的温度降低到了合同规定值，并用硬纸盒作为容器装入双层纸箱，再装入集装箱后，货物于2016年11月到达纽约。检验结果表明：全部茶叶变质、湿霉，总共损失价值达10万美元。但是当时货物出口地温度适中，进口地温度与湿度也适中，运输途中并无异常发生，完全为正常运输。

讨论：以上货物的损失该由谁来赔偿？为什么？

三、买卖合同中的索赔条款

进出口合同中的索赔条款有两种规定方式：一种是异议和索赔条款；另一种是罚金。在一般的货物买卖合同中，多数只订立异议和索赔条款，只有在买卖大宗商品和机械设备一类商品的合同中，除异议和索赔条款外，还要订立罚金条款。

1. 异议和索赔条款

异议和索赔条款（Discrepancy and Claim Clause）主要是针对卖方交货品质、数量或包装不符合合同规定而订立的，包括以下情况。

（1）索赔期限。这是指索赔的一方向违约方提出索赔要求的有效期限。根据国际惯例，受损害一方只能在一定的索赔期限内提出索赔，否则即丧失索赔权。索赔期限的长短根据不同商品的特点而有所不同。对于易变质的商品，索赔的期限应规定得短一些；一般商品的索赔期限可定得长一些，为30～45天；成套设备的索赔期限则更长，可按照全套设备安装、调试所需时间而定。

对索赔期限的起算时间通常做出如下规定：

①货物到达目的港后××天起算。

②货物到达目的港卸离海轮后××天起算。

③货物到达买方营业场所或用户所在地后××天起算。

④货物经检验后××天起算。

（2）索赔依据。一方当事人提出索赔时，必须有足够的索赔依据。索赔的依据包括法律依据和事实依据两个方面。按照法律规定，向贸易对方索赔，买卖合同为主要依据；向承运人索赔须提供运输合同；向保险公司索赔，保险单据为主要凭证，而检验证书则是任何索赔都须出具的。对于检验机构，买卖双方应事先在合同中约定。

（3）违约处理办法和索赔金额。关于这个问题，除个别情况外，通常在合同中只做一般笼统规定。因为违约的情况比较复杂，事先对违约的环节、性质、程度等都无法预知，因而对于违约处理办法和赔偿金额也难以预知和确定，所以在合同中不做具体规定。

例，Any claim by the Buyers regarding the goods shipped shall be filed within ××days after the arrival of the goods at the port/place of destination specified in the relative Bill of Lading and/or transport document and supported by a survey report issued by a surveyor approved by the Sellers.

Claims in respect of matters with in responsibility of insurance company, shipping company/other transporting organization will not be considered or entertained by the Sellers.

买方对于装运货物的任何索赔，必须于货物到达提单或运输单据所规定的目的港（地）之日××天内提出，并需提供卖方同意的公证机构出具的检验报告。

属于保险公司、运输公司，或者其他运输机构责任范围内的索赔，卖方不予受理。

2. 罚金条款

罚金条款（Penalty Clause）一般适用于卖方拖延交货、买方拖延接货和延迟开立信用证等情况。

（1）罚金又称违约金或罚则，指合同一方当事人因没有履行或没有完全履行合同义务，而向对方支付约定的金额。违约金条款适用于卖方延期交货或买方延迟开立信用证和延期接运货物等情况。

（2）罚金条款主要内容及约定此条款的注意事项。罚金条款主要内容包括交易双方协商确定的违约金数额，并写明履约过程中若出现当事人违约情况，则违约方应向对方支付约定的违约金数额。还有违约产生的损失赔偿额的计算方法，在签约时即已由双方当事人约定。

交易双方约定罚金条款时，需要注意下列事项。

①违约金数额的确定应当合理。根据《国际统一私法协会国际商事合同通则》第7章第4条第13款的规定："如合同规定不履行方当事人应支付受损害方当事人一笔约定的金额，则受损害方当事人有权获得该笔金额，不管其实际损失如何。但是，如约定金额大大超过因不履行以及其他情况造成的损害，则可将该约定金额减少至一个合理的水平，而不考虑任何与此相反的约定。"由此可见，交易双方应根据公平合理的原则，实事求是地约定一个合理的违约数额，防止估计过高或过低情况的发生。因为，估计过高，无疑会加重对违约方的惩罚；估计过低，则不仅对当事人不能有效地起到约束作用，甚至可能难以弥补违约所造成的实际损失。

②罚金条款应明确具体。在国际货物贸易中，有些公司在约定违约金条款方面，积累了实践经验。例如，一份买卖粮食的CIF合同中规定："装运期为8月份，如卖方延迟装运，每迟延10天，应向买方支付相当于合同总金额1%的违约金，迟延时间不足10天，按10天计。违约金累计不得超过合同总金额的5%。如卖方逾期2个月仍未装运，则买方有权终止合同。"上述规定是可取的，其内容不仅明确具体、易于执行，而且还体现了合同的严肃性。

例，Should the Buyers for its own sake fail to open the Letter of Credit of time stipulated in the contract, the Buyers shall pay a penalty to the Sellers. The penalty shall be charged at the rate of ××% of the amount of the Letter of Credit, however, the penalty shall not exceed ××% of the total value Letter of Credit which the Buyers should have opened. Any fractional days less than ××days shall be deemed to be ××days for the calculation of penalty. The penalty shall be the sole compensation for the damage caused by such delay.

买方因自身原因不能按合同规定的时间开立信用证，应向卖方支付罚金。罚金按迟开证每××天收取信用证金额的××%，不足××天按××天计算，但罚金不超过买方应开信用证金额的××%。该罚金仅作为因迟开信用证引起的损失赔偿。

思 考

资料：中国某粮油进出口公司与法国B公司以FOB条件签订出口大米合同。该合同规定：水分最高为20%，杂质最高为1%，以中华人民共和国出入境商品检验检疫局的检验证明为最后依据。买方需于××年××月派船只接运货物。但B公司一直延误了数月才派船接货。货到目的地后，B公司发现大米生虫，于是委托当地检验机构进行了检验，并签发了虫害证明，据此向我方提出索赔20%货款的要求。我方接到对方的索赔后，不仅拒赔，而且要求B公司支付因延误派船发生的仓储保管费及其他费用。

讨论：B公司的索赔要求能否成立？我方的要求是否合理？

任务二 不可抗力操作

学习目标

知识目标

1. 了解不可抗力的含义与范围；
2. 掌握不可抗力的解决方法；
3. 理解不可抗力条款的内容。

能力目标

1. 能够处理不可抗力事件；
2. 能准拟定不可抗力条款。

任务导入

某年5月我国南方一出口企业与日方签订一份大米出口合同，交货期为当年10～11月。夏季南方发生特大洪水灾害，我方以不可抗力为由，要求免除交货责任。但对方回电拒绝，称大米市场价格已上涨，因多方未交货已造成其损失，要求我方赔偿。双方发生争议。

思考：

你认为我方可以免除交货责任吗？

相关知识

国际贸易合同是双方当事人在特定的环境条件下签订的。如果在合同的履行过程中，合同赖以存在的环境条件发生了非常人所能预见和控制的变化，使得合同的履行受阻，那么不能履行合同义务的一方当事人能否免责，另一方当事人能否因此而要求损害赔偿呢？大陆法系国家虽然有以情势变迁或合同落空为理由要求免责的情况，但在具体案件中，要判断合同是否已落空或能否适用情势变迁原则，往往十分困难。因此双方当事人最好在合同中拟订一项条款，事先约定在发生双方都不能控制的意外事故时，不能履行义务，从而避免引用合同落空或情势变迁原则的困难，这项条款叫作不可抗力条款。

一、不可抗力条款的含义

不可抗力（Force Majeure）是指买卖合同订立以后，非订约者任何一方当事人的过失或疏忽，而是因为发生了当事人不能预见、无法避免和预防及非当事人所能控制的意外事故，致使合同不能按期履行或不能履行，遭受意外事故的一方当事人依照法律或合同而免负责任，另一方当事人不得对此要求损坏赔偿。

从其起因上看，不可抗力事件主要包括3类：自然力量引发的事故如水灾、火灾、地震、海啸等；政府的行动如颁布禁令、调整制度等；社会异常事故如战争、罢工等。

二、不可抗力引起的法律后果

不可抗力引起的法律后果主要有两种：解除合同和延期履行合同。

解除或延期履行合同一般视不可抗力事件对履行合同影响的程度。如果不可抗力事故的发生，只是暂时或在一定期限内阻碍合同的履行，就只能延期执行合同，不能解除有关当事人履行合同的义务，一旦事故消除后仍必须履行合同。解除合同是不可抗力一旦发生，经过一段时间以后完全影响了履行合同的根本基础，使履约已没有可能，即可解除合同。

英美国家的法律将不可抗力事故称为合同落空，这是指合同签订以后，不是由于合同双方当事人的自身过失，而是由于签订合同以后发生了双方当事人想不到的变化，致使签约的目的受挫，据此未履约，当事人得以免除责任。但是构成合同落空是有特定条件的。

大陆法通常称之为情况变迁原则或契约失效原则，其意是指由于不属当事人的原因，履约的基础发生了意想不到的变化，履行起来显然不合理，因此不可能再履行或对原有的法律效力需做相应的变更。

《中华人民共和国合同法》第 7 章第 117 条规定："因不可抗力不能履行合同的，根据不可抗力的影响，部分或者全部免除责任，但法律另有规定除外。当事人迟延履行后发生不可抗力的，不能免除责任。"

三、合同中不可抗力条款

一个合理的不可抗力条款，应做到在适用不可抗力条款时不会产生新的争议，因此应包括如下内容。

1. 不可抗力事故的范围

对于这个问题，一般容易引起当事人的争议，所以在一般情况下，应当规定得具体一些，不能笼统或含混不清。防止一旦发生不可抗力事故，容易产生不同解释，导致纠纷出现。

2. 不可抗力事故的法律后果

不可抗力条款中应规定清楚在哪些情况下可以解除合同，在哪些情况下只能延期履行合同，因为解除合同和延期履行合同对当事人的影响是不一样的。如果解除合同或延期履行的条件规定得不明确，在市场行情发生变化时，就会出现一方当事人主张只能延期履行的情况。

3. 不可抗力发生后通知对方的责任

合同中应明确规定发生不可抗力后通知对方的期限和方式。发生不可抗力时，遭受不可抗力的一方应及时通知另一方，以便对方及时采取一些相应措施，如查明不可抗力的事实真相，对履行合同的影响程度等。

4. 证明文件及出具文件的机构

不可抗力条款是一种免责条款，只有确实发生不可抗力，当事人一方才可免责。因此，发生不可抗力时，一方面，当事人一方要查明事实的真相；另一方面，也要遭遇不可抗力的一方提供有效的证明文件。遭受损失的一方自己查明事实真相可能十分困难，这时有关机构的证明就非常重要。在我国，可通过中国国际贸易促进委员会出具；在国外是由事故发生地点的政府主管当局签发，或由当地的商会以及登记注册的公证人出具。

在我国进出口贸易合同中，不可抗力条款规定方法有3种：

（1）概括式。在合同中不具体规定不可抗力事件的范围，只做笼统的规定。例如，如果由于不可抗力的原因导致卖方不能履行合同规定的义务时，卖方不负责任，但应立即电报通知买方，并需向买方提交证明发生此类事件的有效证明书。又如，“由于不可抗力的原因，致使卖方不能全部或部分装运，或延迟装运合同货物，卖方对于这种不能装运，或延迟装运本合同货物不负责任。但卖方须用电报或电传通知买方，并须在××天内，以航空挂号信件向买方提交由中国国际贸易促进委员会出具的证明此类事件的证明。”这种方法含义模糊，解释伸缩性大，难以作为解释问题的依据，不宜采用。

（2）列举式。在合同中明确规定不可抗力事件的范围，凡在合同中没有订明的，均不能作为不可抗力事件加以援引。例如，如果由于战争、洪水、火灾、地震、雪灾、暴风雨等原因致使卖方不能按时履行义务时，卖方可以推迟这些义务的履行时间，或者撤销部分或全部合同。在合同中列举不可抗力的范围，虽然具体明确，但难以一览无余，且可能出现遗漏情况，这样仍可能发生争执，因此也不是最好的方法。

（3）综合式。也就是采用概括式和列举式并用的方式。在我国进出口合同中，一般都采用这种规定办法。

例如，如果因战争或其他人力不可控制的原因，买卖双方不能在规定的时间内履行合同，而此种行为或原因在合同有效期后继续三个月，则本合同的未交货部分即视为取消，买卖双方的任何一方不负任何责任。

应当指出的是，上述3种方式中，概括式较为笼统，列举式难以兼容，唯独综合式明确具体，又具有一定的灵活性，因而合同中多采用综合式。

思　考

资料：国内某研究所与日本客户签订一份进口合同，欲引进一台精密仪器，合同规定10月交货。10月15日，日本政府宣布该仪器为高科技产品，禁止出口。该禁令自公布之日起15日后生效。日商来电以不可抗力为由要求解除合同。

讨论：日商的要求是否合理？我方应如何妥善处理？

四、援引不可抗力条款和处理不可抗力事件应注意的问题

当不可抗力事件发生后，合同当事人在援引不可抗力条款和处理不可抗力事件时，应注意以下问题：

（1）双方当事人都要认真分析事件的性质，看其是否属于不可抗力事件的范围。

（2）发生事故的一方当事人应按约定期限和方式将事件情况通知对方，对方也应及时答复。

（3）发生事件的一方当事人应出具有效的证明文件，以作为发生事件的证据。

（4）双方当事人应就不可抗力的后果，按约定的处理原则和办法进行协商处理。处理时，应弄清情况，体现实事求是的精神。

经典案例

我国某出口公司以CIF纽约的条件与美国某公司订立了300套特制家具的出口合同。合同规定2016年12月交货，当年11月底，该企业出口商品仓库因雷击发生火灾，致使一半左右的出口家具烧毁。该企业以发生不可抗力事故为由，要求免除交货责任。美方不同意，坚持要求我方按时交货。该企业经过努力，于次年1月初交货，而美方则以该企业延期交货为由提出索赔。

思考：

（1）本案中，该企业应主张何种权利？为什么？

（2）美方的索赔要求是否合理？为什么？

案例评析：

（1）本案中，该企业可以援引不可抗力条款要求免责，并要求延迟交货。

（2）美方的索赔要求不合理。因为雷击发生火灾属于不可抗力，发生不可抗力事件的一方可以提出免责。

任务三　仲裁

学习目标

知识目标

1. 了解仲裁的含义与特点；

2. 理解仲裁裁决的效力；

3. 掌握仲裁条款的内容。

能力目标

1. 能拟定仲裁条款；

2. 能处理合同履行中遭受不可抗力。

任务导入

某公司与外商签约出口一批货物，合同中规定了仲裁条款，且仲裁地点为南京。在履行合同时双方对货物品质发生争议，外商在其本国法院起诉我方，且发来传票我方公司出庭应诉。

思考：

我方是否应到国外应诉？为什么？

相关知识

在国际贸易活动中，买卖双方分处两国（地区），贸易合同的履行在很大程度上受有关国家政治、经济和自然条件等因素的影响，买卖双方在执行合同过程中发生这样或那样的争议是难以避免的。因此，如何正确处理国际贸易过程中发生的各种争议，是关系到买卖双方切身利益的重大问题。在国际贸易中，解决交易双方所发生的争议的方式很多，主要有友好协商、调解、仲裁和司法诉讼。

一、仲裁的含义和特点

1. 仲裁含义

仲裁（Arbitration）又称公断，它是指买卖双方在争议发生以前或发生之后，双方达成一个书面协议，自愿把它们之间的争议交由双方同意的第三者裁决的解决争议的一种方式。由于仲裁是依照法律所允许的仲裁程度裁定争端的，因而仲裁裁决具有法律约束力，并且裁决是终局的，当事人双方必须遵照执行。

在国际货物买卖中，有些争议虽然经过友好协商和调解，但由于双方各执己见，相持不下，或者一方故意毁约，缺乏协商解决问题的诚意，使和解协议无法达成。在这种情况下，需要依靠仲裁或司法诉讼来解决。仲裁既不同于友好协商和调解，又不同于司法诉讼。与友好协商或调解相比较，仲裁的特点在于，它有仲裁员参加，由仲裁员组成的仲裁庭作为裁判，并对双方的争议做出裁决。仲裁的裁决是有约束力的，如败诉方不予执行，胜诉方有权要求法院强制执行。而协商和调解则无约束力。仲裁不同于司法诉讼，二者的区别如表 9－1 所示。

表 9－1　　仲裁与诉讼区别

比较内容	仲　裁	诉　讼
机构	仲裁庭	法院
机构性质	民间组织	官方机构
办案人员	仲裁员	法官
可否选择办案人员	可以	不可以
是否要协议	要	不要
程序	按仲裁机构程序	按法院规定
办案进度	一般较快	一般比仲裁慢
是否会影响双方关系	一般不会影响	会影响
费用	一般较低	一般较高
仲裁裁决/法院判决	是终局性的	可以上诉

2. 仲裁特点

（1）仲裁与诉讼的排斥性。在签订国际贸易销售合同时，交易双方选择以仲裁方式解决争议，必然排除法院对其争议案件的管辖权。

（2）仲裁方式解决争议灵活简单。仲裁机构是属于社会性民间团体所设立的组织，双方都有在仲裁机构中选择仲裁员的自由，仲裁比诉讼的程序简单，处理问题比较迅速及时，而且费用也较为低廉。

（3）仲裁不公开审理案件。这对于贸易双方的业务保密性较好，而且有可能使贸易双方继续发展业务关系。但是法院审理案件必须公开开庭，任何符合条件的人士均可以旁听。

（4）仲裁的裁决是终局的。已生效的仲裁裁决对双方当事人均有法律约束力，败诉方不得上诉，必须按裁决执行，否则胜诉方可以要求法院强制执行。

二、仲裁协议的形式

仲裁协议是双方当事人达成的自愿将争议交付仲裁机构解决的书面表示，是申请仲裁的必备材料。仲裁协议的形式主要包括以下两种。

1. 仲裁条款

双方当事人在争议发生之前订立的，表示同意把将来可能发生的争议提交仲裁解决的协议。这种协议一般都包含在买卖合同之内，即我们所说的仲裁条款（Arbitration Clause）。

2. 仲裁的协议

由双方当事人在争议发生之后订立的，表示同意将已发生的争议提交仲裁解决的协议。这种协议称为提交仲裁的协议（Submission）。

目前世界上大多数国家认为，这两种仲裁协议的作用和效力是一样的。如果合同已订有仲裁条款，则在争议发生后需要提交仲裁时，不需再订立提交仲裁的协议。我国国际经济贸易仲裁委员会《仲裁程序暂行规则》规定，合同中的仲裁条款和以其他形式订立的仲裁协议，其作用和效力是完全相同的，在法律上没有任何差别。

三、仲裁协议的作用

仲裁协议的作用包括以下3个方面：

（1）约束双方当事人只能以仲裁方式解决争议，不得向法院起诉。

（2）排除法院对有关争议案件的管辖权。如果任何一方违背仲裁协议自行向法院起诉，另一方可根据仲裁协议要求法院不予受理，将有关争议案件发还仲裁庭审理。

（3）使仲裁员和仲裁庭取得对有关争议案件的管辖权。

这里需要说明的是，在仲裁协议的3个作用中，最主要的是排除法院的司法管辖权。因此在签订合同时，双方当事人如果愿意把日后可能发生的争议提交仲裁，不愿诉诸司法程序，就应在合同中订立仲裁协议，以免一旦发生争议，双方因不能达成仲裁协议而不得不诉诸司法程序。

四、合同中的仲裁条款

目前，我国进出口合同中仲裁条款的内容一般包括下列几个方面。

1. 仲裁地点

交易双方磋商仲裁条款时，都极为关心仲裁地点的确定，因为仲裁地点与仲裁所适用的法律密切相关。按各有关国家的法律规定，凡属程序方面的问题，除非仲裁条款另有规定，一般都适用审判地法律，即在哪个国家仲裁，就适用哪个国家的仲裁法规。至于确定合同当事人权利、义务的实体法，如在合同中未具体约定，一般则由仲裁庭按仲裁地点所在国的法律冲突规则予以确定。

鉴于仲裁地点是双方当事人共同关心的一个十分重要的问题，故在仲裁条款中必须做出明确具体的规定。在我国进出口合同中，关于仲裁地点通常有3种规定办法：①约定在中国仲裁；②约定在被申请人所在国仲裁；③约定在双方同意的第三国仲裁。

2. 仲裁机构

国际贸易中的仲裁，可由双方当事人在仲裁协议中规定在常设的仲裁机构进行，也可以由当事人双方共同指定仲裁员组成临时仲裁庭进行仲裁。

（1）常设仲裁机构。当今世界上有许多国家和一些国际组织都设有专门从事处理商事纠纷、进行有关仲裁的管理与组织工作的常设仲裁机构。我国常设仲裁机构是中国国际经济贸易仲裁委员会和海事仲裁委员会。一般我国各外贸公司在订立进出口合同中的仲裁条款时，如双方同意在中国仲裁，必须订明在中国国际经济贸易仲裁委员会仲裁。

国际上常设商事仲裁机构有 3 类：①国际性的或区域性的仲裁机构，如国际商会仲裁院等；②全国性的仲裁机构，如英国伦敦仲裁院、美国仲裁协会、日本国际商事仲裁协会、瑞典斯德哥尔摩商会仲裁院等；③专业性的仲裁机构，如伦敦油籽协会、伦敦谷物商业协会等工商行业组织内设立的仲裁机构。

（2）临时仲裁机构。临时仲裁机构是专门审理指定的争议案件而由双方当事人指定的仲裁员组织起来的，案件处理完毕后自动解散。因此，在采取临时仲裁院方式解决争议时，双方当事人需要在仲裁条款中就双方指定仲裁员的办法、人数、组成仲裁庭的成员、是否需要首席仲裁员等问题做出明确规定。

3. 仲裁规则

仲裁规则主要规定进行仲裁的手续、步骤和做法，其中包括仲裁申请、指定仲裁员、仲裁审理、仲裁裁决的效力以及仲裁费用等。仲裁规则的作用主要是为当事人和仲裁员提供进行仲裁的准则，以便在仲裁时有所遵循。

我国的对外贸易仲裁规则是《中国国际贸易仲裁委员会仲裁规则》，其他国家的仲裁机构也都有自己的仲裁程序规则。为了便于仲裁，必须在仲裁条款中明确规定采用哪一个国家和哪一个仲裁机构的仲裁规则进行仲裁，一般采用所约定的仲裁机构的仲裁规则办理。但是，仲裁程序规则与仲裁地点并不是绝对一致的。按照国际仲裁的一般做法，有关仲裁规则方面的问题，原则上适用仲裁所在地的仲裁程序规则。例如，在瑞典进行仲裁，可以采用其他国家的仲裁机构的规则，但以不违反瑞典仲裁法中的强制性规定为限。

4. 仲裁裁决的效力

仲裁裁决的效力主要是指由仲裁庭做出的裁决对双方当事人的约束力，即是否具有终局性。

在我国，凡是由中国国际贸易仲裁委员会做出的裁决都是终局性的，对双方当事人都有约束力，双方都必须执行。若败诉方不执行裁决，胜诉方有权向有关法院起诉，请求强制执行，以维护自身的合法权益。

为了明确仲裁裁决的效力，以利于执行裁决，在订立合同中的仲裁条款时，应明确规定“仲裁裁决是终局性的，对双方当事人均有约束力”的条文。

5. 仲裁费的负担

仲裁费由谁负担，通常都会在仲裁条款中予以约定，以明确责任。根据双方当事人的意愿，有的约定由败诉方承担，也有的约定由仲裁裁决确定。

6. 仲裁条款格式

中国国际经济贸易仲裁委员会根据外贸公司的实践经验，结合国际上的习惯做法，针对在中国仲裁、在被申请人所在国仲裁和在第三国仲裁三种不同情况，提出了以下3种仲裁条款的格式。

（1）在中国仲裁的条款格式。“凡因本合同引起的或与本合同有关的任何争议，双方应当通过友好协商的办法解决；如果协商不能解决，均应提交中国国际经济贸易仲裁委员会，按照申请仲裁时该会现行有效的仲裁规则进行仲裁。仲裁裁决是终局的，对双方都有约束力。”

（2）在被申请人所在国仲裁的条款格式。“凡因本合同引起的或与本合同有关的任何争议，双方应当通过友好协商的办法解决；如果协商不能解决，应提交仲裁，仲裁在被申请人所在国进行。在中国，由中国国际经济贸易仲裁委员会根据申请仲裁时该会的仲裁规则进行仲裁。如在××国（被申请人所在国名称）由××国××仲裁机构（被申请人所在国的仲裁机构的名称）根据该组织的仲裁程序规则进行仲裁。现行有效的仲裁裁决是终局的，对双方都有约束力。”

（3）在第三国仲裁的条款格式。“凡因本合同引起的或与本合同有关的任何争议，双方应当通过友好协商的办法解决；如果协商不能解决，应按××国××地××仲裁机构根据该仲裁机构现行有效的仲裁程序规则进行仲裁。仲裁裁决是终局的，对双方都有约束力。”

五、约定仲裁条款的注意事项

交易双方商定买卖合同时，为了合理地制定仲裁条款，必须注意下列事项。

1. 选择合适的仲裁地点

因仲裁地点的约定与双方当事人有利害关系，故在商定仲裁地点时，应考虑适用的法律与费用负担等问题。

仲裁地点不同，适用的法律则不同，不同法律对同一问题的解释与处理结果也必然有别，因此交易双方都希望选择法律环境比较利于己方的地点仲裁。同时，仲裁地点与合同当事人所在地距离的远近以及在该处仲裁所花费的开支大小等，也是需要考虑的因素。若争议金额不大，一般应选择与自身距离近的地点仲裁，最好争取在本国仲裁，以利于节省开支和避免出现得不偿失的情况。

另外，交易双方如约定在双方同意的第三国仲裁，则应选择允许受理双方当事人都不是本国公民的争议案的仲裁机构，而且是态度比较公正并具有一定业务能力的机构。

2. 选择适当的仲裁机构

国际上常设的仲裁机构很多，它们的情况各不相同，因此需要根据择优选择的原则约定适当的机构。选择时，要考虑成交金额的大小，并考虑下列各种因素：①该机构的历史沿革和背景；②审理案件的态度是否公正；③办案效率和业务水平的高低；④裁决的权威性和对外影响程度等。

3. 合理约定仲裁费的负担

在仲裁条款中，关于仲裁费由何方负担有各种不同的规定，有的约定由败诉方负担，也有的约定由仲裁庭决定。但有时会出现争议双方均违约的情况，双方都负有不同程度的责任；或者虽属一方违约引起争议，但由于胜诉方要求索赔金额过高，而仲裁费是按索赔金额计收的，加之某些费用开支不合理，致使仲裁费用加大，若这些不合理的费用，全部由败诉方负担，显然有失公平。所以，在约定仲裁费用的负担时，最好明确约定是由败诉方承担还是由仲裁庭酌情决定相互承担的比率，这样既符合实事求是的原则，也体现出对仲裁庭裁量权的尊重。

4. 仲裁条款的规定应当明确具体

仲裁条款应当明确具体，以利于争议的解决。例如，有些合同在规定仲裁地点时，规定“在中国或外国仲裁”，或者规定“在进口国或出口国仲裁”；有的合同规定“由中国国际经济贸易仲裁委员会仲裁”，同时又规定“在香港仲裁”；有的合同规定“发生争议在中国的仲裁机构或法院依法解决”。这些模棱两可或含糊其辞的规定，都不利于解决争议。因此，订立合同中的仲裁条款或签订仲裁协议时，应保证其内容明确具体，以利于及时解决争议。

5. 合同中的仲裁条款示例

凡执行因本合同所发生的或与本合同有关的一切争议，双方应通过友好协商解决；如果协商不能解决，应提交××国××地××仲裁机构，根据该仲裁机构的仲裁规则进行仲裁。仲裁裁决是终局性的，对双方均有约束力。

All disputes arising out of the performance of, or relating to this contract, shall be settled amicably through friendly negotiation. In case no settlement can be reached through negotiation, the case shall then be submitted to for arbitration, in accordance with its rules of arbitration. The arbitral award is final and binding upon both parties.

经典案例

我国某公司出口大豆1500公吨，每公吨CFR伦敦495美元，总金额为735000美元，交货期为2016年9月。签约后，我国发生自然灾害（水灾），于是我方援引合同中的不可抗力条款，要求免除交货责任。但对方回电拒绝，并称该商品市场价格上涨（涨幅约8%），由于我方未交货已使其损失58800美元，要求我公司赔偿其损失。我方未同意，外商根据仲裁条款向中国仲裁机构提出仲裁。

思考：我方公司是否应赔偿？为什么？

案例评析：我方公司不应承担赔偿责任。因为发生不可抗力事件的一方可以要求免责。

同步训练

知识巩固

一、单项选择题

1. 导致争议发生的因素有（　　）。

A. 物价上涨　　B. 包装破裂　　C. 汇率上扬　　D. 配额

2. 在CIF出口贸易中，码头工人野蛮装运导致数件货物包装破损，收货后买方寻找的索赔方为（　　）。

A. 卖方　　B. 船长　　C. 港务　　D. 保险公司

3. 下列哪个为索赔的依据？（　　）

A. 货损证明、合同、信用证

B. 货损证明、商检证书、信用证

C. 保险单、贸易合同、运输合同

D. 商检证书、保险单、发票

4. 短交在多数情况下，应该向（　　）索赔。

A. 卖方　　B. 船方　　C. 保险公司　　D. 商检机构

5. 国际贸易中出现的索赔为（　　）。

A. 贸易索赔　　B. 运输索赔　　C. 保险索赔　　D. 三者均有

6. 不可抗力在大陆法系国家称为（　　）。

A. 人力不可抗拒　B. 合同落空　　C. 情势变化　　D. 免责条款

7. “公认的人力不可抗拒”的含义在国际上的解释为（　　）。

A. 自然灾害、社会异常事故和政府行为　　B. 自然灾害和政府行为

C. 自然灾害　　D. 无统一解释

8. 我国出具不可抗力事故证明的机构为（　　）。

A. 商会　　B. 仲裁机构

C. 国家质量监督检验检疫总局　　D. 中国国际贸易促进委员会

9. 我国法律对不可抗力的解释与哪个国家或条例的规定基本一致？（　　）

A. 英国　　B. 德国

C.《联合国国际货物销售合同公约》　　D. 美国

10. 在我国进出口合同中，关于仲裁地点的规定，我们应力争在（　　）仲裁。

A. 中国　　B. 对方国　　C. 第三国　　D. 本国和对方国

11. 一旦发现对方侵犯我方商标权，则最有效的解决途径为（　　）。

A. 协商　　B. 调解　　C. 仲裁　　D. 诉讼

12. 仲裁协议是仲裁机构受理争议案件的必要依据，按照有关规定，仲裁协议（　　）。

A. 必须在争议发生之前达成

B. 只能在争议发生之后达成

C. 可以在争议发生之前达成，也可在争议发生后达成

D. 上述说法都正确

13. 对其判定具有强制执行权的机构为（　　）。

A. 仲裁机构　　B. 中国国际贸易促进委员会

C. 调解中心　　D. 法院

14. 我国有权受理涉外经济贸易诉讼案件的法院或机构是（　　）。

A. 初级人民法院　　B. 中级人民法院

C. 中国经济贸易仲裁委员会　　D. 中国国际贸易促进委员会

15. 出口收汇核销单由（　　）制发。

A. 中国银行　　B. 中国人民银行　C. 国家外汇管理局　　D. 海关

二、多项选择题

1. 下列哪些事项可构成不可抗力？（　　）

A. 森林自燃　　B. 吸烟焚林　　C. 物价上涨

D. 禁运　　E. 海盗劫货

2. 不可抗力的事件范围较广，起因一般为（　　）。

A. 卖方原因　　B. 买方原因　　C. 自然力量　　D. 社会力量

3. 国际贸易中买卖双方发生争议的原因有（　　）。

A. 一方故意不履行已做出的承诺，或者对已成立的合同提出异议，给对方造成损害

B. 卖方不履行交货义务，或不按时交货，或不按合同有关规定交货

C. 买方不按时收货、不开立信用证、拒不付款等

D. 由于当事人一方的过失或疏忽，造成合同无法履行

E. 合同条款不够明确，致使合同无法履行

4. 仲裁的特点是（　）。

A. 仲裁的程序简单费用低

B. 任何仲裁机构不受理没有仲裁协议的案件

C. 仲裁机构对争议案件的受理以当事人自愿为基础

D. 仲裁裁决是终局性的，对双方均有约束力

E. 仲裁协议一定要在争议发生之前达成

5. 合同中不可抗力条款应包括（　　）。

A. 不可抗力事故的范围　　B. 不可抗力事故的处理

C. 不可抗力事故发生后通知对方的责任　D. 证明文件及出具文件的机构

6. 国际贸易销售合同中不可抗力的条款主要有（　）规定方法。

A. 概括式　　B. 列举式　　C. 综合式　　D. 分列式

7. 下列属于不可抗力的事件有（　　）。

A. 地震、暴风雨　B. 雪灾、原材料价格上升　C. 旱灾、飓风　D. 汇率变动

E. 政府禁运、贸易政策调整　F. 战争、罢工

8. 在国际贸易中，解决争议的方法主要有（　）。

A. 友好协商　　B. 调解　　C. 仲裁　　D. 诉讼

9. 异议和索赔条款包括（　　）。

A. 索赔依据　　B. 索赔期限　　C. 索赔处理办法

D. 索赔金额　　E. 索赔权力

10. 在国际贸易中，从事商品检验的机构主要有（　　）。

A. 官方和机构　B. 非官方机构　C. 生产制造商　D. 用货单位或买方

三、判断题

1. 仲裁裁决一旦做出，即具有法律效力，有关当事人应自觉执行。（　）

2. 在进出口业务中，进口商收货后发现货物与合同规定不符时，在任何时候都可以向出口商索赔。（　）

3. 我方从西欧某企业进口在当地通常可以买到的某种化工产品。在约定交货前，该企业所属生产上述产品的工厂之一因爆炸被毁，该企业要求援引不可抗力免责条款解除交货责任，我方必须同意。（　）

4. 当事人之间一旦发生争议，如果已签有仲裁协议，就只能以仲裁方式来解决。（　）

5. 合同中不可抗力事故范围的规定方法多采用综合式。（　）

6. 在进口业务中，进口人收货后发现货物与合同规定不符时，在任何时候都可向供货方索赔。（　）

7. 不可抗力事故是当事人不能预见、不能避免、不能控制或克服的。（　）

8. 索赔和理赔是两种不同的情况。（　）

9. 受理争议的仲裁机构是国家政权机关，对争议案件的受理具有强制管辖权。（　）

10. 一方违反合同，没有违约一方所能得到的损害赔偿金额最多不超过违约方在订立合同时所能预见到的损失金额。（　）

能力提升

一、实训设计

写一封进口索赔函，其内容如下：2011 年 5 月，我国 A 公司进口一批机器。货到检验时发现货物根本达不到合同规定的基本工作要求，A 公司提出换货或电汇偿还 CIF 价款，同时要求外方赔偿我方付出检验费 × ×元。

二、案例分析

（1）2016 年，我国某出口公司与新加坡客户签订了一份 CIF 术语的合同。合同规定用不可撤销的信用证支付。合同订立后，新加坡买方通过银行向卖方开出了信用证，其内容与合同相符。信用证中的装运条件规定为：数量 7000 箱，1 ~7 月等量装运。卖方按信用证规定在 1 ~5 月每月装运了 1000 箱，银行已分批议付了货款。对于第六批货物，原定于 6 月 28 日方才装运出港。但由于台风影响，该批货物延至 7 月 2 日方才装运出港。卖方凭 7 月 2 日的装运提单向银行要求议付货款时，遭到拒绝。卖方又以不可抗力为由要求再次议付，也遭到拒绝。

试问：你认为卖方公司遭到拒付的理由成立否？

（2）中国某外贸公司（买方）与日本甲公司（卖方）签订了一份购买 15 套 A 型设备和 8 台 K 型仪器的合同，总价值 40 万美元，价格条件 CFR 大连，装运期为 2015 年 9 月底，付款条件是，买方在货物装运前两个月开立货款全额的不可撤销议付信用证。9 月 30 日买方通过银行开出了以卖方为受益人的信用证（未交押金），卖方于 10 月 9 日、31 日分两批发运了货物，从议付银行议付了货款，议付行从开证行处获得偿付。10 月 15 日，第一批货物 15 套 A 型设备到港，11 月 8 日，第二批货物 8 台 K 型仪器到港，这两批货物买方都是在未取得正本提单情况下，以副本提单从船公司代理处提取。经省商检局检验认定，15 套 A 型设备其中有 4 套不合格，根本不能生产出标准部件，且无法修复。其余 11 套 A 型设备及 8 台 K 型仪器无质量问题。买方认为，所购 15 套 A 型设备系相互配套使用的，4 套不合格，则其余 11 套失去使用价值，遂于 2016 年 3 月 24 日向日方发出一份备忘录，要求将 15 套 A 型设备全部退回，日方既没有签字，也没有答复。买方最终提起仲裁，请求仲裁庭裁决：

①将 15 套 A 型设备作退货处理，卖方返还已收的全部货款并承担全部退货费用。

②8 台 K 型仪器比合同规定的交货期延迟五周到港，卖方应支付延迟到货的罚金 4 万美元。

③买方购买的 15 套 A 型设备用于出租，由于 A 型设备不合格，买方已向承租用户赔偿损失 2 万美元，这笔损失应由卖方负担。

试问：你认为仲裁庭对上述请求应如何处理？为什么？

现假设，如在开证行要求买方付款赎单时，买方鉴于货物状况，在单证相符情况下拒绝向开证行付款赎单，开证行会受到什么损失？应如何处理？

（3）中国某进出口公司向香港某公司售出 1 亿条沙包袋，CIF 香港 1 亿美元，交货期为合同成立后的 3 个月内，合同规定：如贸易一方违约必须向另一方支付合同总价 3.5% 的违约金。中方公司看利润丰厚，又急于扩大出口，赚取外汇，便与对方订立了合同。但到合同期满已生产出的沙包袋数量距 1 亿条还相距甚远。按规定，中方公司向香港某公司支付违约金 350 万美元，损失巨大。

试问：①中方公司的行为属于根本违约吗？为什么？

②我们从本案例中该吸取哪些教训？

参考文献

[1] 张亚芬. 国际贸易实务与案例教程 [M]. 3 版. 北京：高等教育出版社，2015.

[2] 吕春燕，叶影霞. 国际贸易实务 [M]. 北京：清华大学出版社，2017.

[3] 倪军. 国际贸易实务 [M]. 2 版. 南京：南京大学出版社，2016.

[4] 韩晶玉，李辉. 国际贸易实务实训教程 [M]. 大连：东北财经大学出版社，2016.

[5] 黎孝先. 国际贸易实务 [M]. 6 版. 北京：对外经济贸易大学出版社，2016.

[6] 刘丹. 国际贸易实务 [M]. 北京：北京理工大学出版社，2016.

[7] 任金秀. 新编国际贸易理论与实务 [M]. 2 版. 北京：北京大学出版社，2016.

[8] 李卫，胡欣婷. 新编国际贸易实务 [M]. 北京：电子工业出版社，2017.

[9] 金鑫. 国际贸易实务 [M]. 北京：北京大学出版社，2015.

[10] 傅龙海. 国际贸易理论与实务 [M]. 4 版. 北京：对外经济贸易大学出版社，2015.

[11] 吴国新，郭峥嵘. 国际贸易理论与实务 [M]. 北京：清华大学出版社，2015.

[12] 徐景霖. 国际贸易实务 [M]. 大连：东北财经大学出版社，2015.

[13] 刘慧，吕春燕. 国际贸易实务 [M]. 北京：北京大学出版社，2015.

[14] 安徽. 国际贸易实务教程案例与习题集 [M]. 3 版. 北京：北京大学出版社，2010.

[15] 黄海东. 国际贸易实务 [M]. 大连：东北财经大学出版社，2015.

[16] 姜宏. 国际贸易实务与综合模拟实训 [M]. 3 版. 北京：清华大学出版社，2012.

[17] 费景明，罗理广. 进出口实务 [M]. 3 版. 北京：高等教育出版社，2012.

[18] 毕甫清. 国际贸易实务与案例 [M]. 2 版. 北京：清华大学出版社，2011.

[19] 王莉. 中小企业外贸一本通 [M]. 2 版. 广州：广东经济出版社，2012.

[20] 李卫. 国际贸易实务 [M]. 北京：电子工业出版社，2008.